Aktuelle Themen und Theoriediskurse in der Sozialen Arbeit

RES HUMANAE

Arbeiten für die Pädagogik

Herausgegeben von
NINA OELKERS · HANS-JOACHIM PLEWIG
HORST SCARBATH

Band 11

PETER LANG
EDITION

Nina Oelkers / Martina Richter (Hrsg.)

Aktuelle Themen und Theoriediskurse in der Sozialen Arbeit

PETER LANG
EDITION

Bibliografische Information der Deutschen Nationalbibliothek
Die Deutsche Nationalbibliothek verzeichnet diese Publikation
in der Deutschen Nationalbibliografie; detaillierte bibliografische
Daten sind im Internet über http://dnb.d-nb.de abrufbar.

Umschlaggestaltung:
© Olaf Gloeckler, Atelier Platen, Friedberg

ISSN 0947-2347
ISBN 978-3-631-61954-4

© Peter Lang GmbH
Internationaler Verlag der Wissenschaften
Frankfurt am Main 2013
Alle Rechte vorbehalten.
Peter Lang Edition ist ein Imprint der Peter Lang GmbH.

Peter Lang – Frankfurt am Main · Bern · Bruxelles · New York ·
Oxford · Warszawa · Wien

www.peterlang.de

Inhalt

Zur Einleitung: Aktuelle Themen und Theoriediskurse in der Sozialen Arbeit

Nina Oelkers / Martina Richter

Sozialpädagogische Themen werden in zunehmender Weise bedeutsamer und finden eine vermehrte öffentliche Aufmerksamkeit. Als „unterstützungskompetente Profession" (Dollinger 2006: 8) erfährt Soziale Arbeit eine Aufwertung und dies vor allem angesichts einer stärkeren „Pädagogisierung sozialer Bedarfs- und Problemlagen" (Galuske 2008: 11). Diese Aufwertung Sozialer Arbeit scheint sich nicht zuletzt auch deswegen zu zeigen, da sie jene aktivierenden Strategien zur Hand hat, die der Förderung von Eigenverantwortung, sozialem Engagement und Selbstsorge dienen können. Soziale Arbeit sieht sich im Zuge einer sozialpolitischen Aktivierungsperspektive semantisch, personell, methodisch und organisatorisch einer vermehrten öffentlichen Inanspruchnahme gegenüber. Inwieweit diese zunehmende Inanspruchnahme als Ausdruck einer Instrumentalisierung, Verzerrung oder Aufwertung sozialpädagogischer Traditionen durch die Interessen sozialpolitischer Akteure zu verstehen ist, gilt es weiterführend zu analysieren (Dollinger 2006: 8). Denn es zeigt sich gleichwohl, dass sich die Reichweite und Art der sozialpolitischen Einbindung von Sozialer Arbeit zusehends verändert und sie als (Re)Produzentin des Sozialen vor der Herausforderung steht, ihre zukünftigen Aufgabenzuschreibungen (neu) zu konturieren, Konfliktlinien (neu) zu verhandeln und Möglichkeiten einer kritischen (Neu)Positionierung auszuloten (vgl. Kessl/Otto 2004; Bütow/Chassé/Hirt 2008; Anhorn et al. 2012; Hünersdorf/Hartmann 2013).

Mit einer Ringvorlesung des Instituts für Soziale Arbeit, Bildungs- und Sportwissenschaften an der Universität Vechta wurde sich der Analyse dieser gegenwärtigen Transformationsprozesse Sozialer Arbeit gewidmet und aus unterschiedlichen theoretischen Blickwinkeln genähert. Ausgewählt wurden in diesem Zusammenhang verschiedene aktuelle und u. E. bedeutsame Themen und Theoriediskurse der Sozialen Arbeit, die in den Beiträgen des vorliegenden Sammelbandes verhandelt werden. Der gemeinsame Nenner aller Beiträge ist die Frage, was diese neuen oder neu thematisierten Begriffe und Konzepte für die Soziale Arbeit als Disziplin und besonders als Profession bedeuten, denn sie fließen nicht selten als reformulierte Funktionsbestimmungen oder auch Zielsetzungen in die Arbeits- und Handlungsfelder ein und können in den Kontext von Debatten um einen „Aktivierenden Sozialstaat" gestellt werden. Als Beispiele sind hier Genderisierung, Prävention, Employability, Kohäsion, Aktivierung oder auch Verantwortung zu nennen. Andere Beiträge des Sammelbandes wer-

fen einen systematischen Blick auf übergreifende Themen wie die Rechtfertigung sozialpädagogischer Intervention, die Rationalisierung alltäglicher Lebensführung, die Entgrenzung des Sozialen sowie personenbezogene Wohlfahrtsproduktion.

Zu den Beiträgen: Ausgehend von einer geschlechtertheoretischen Grundlegung
entfaltet *Catrin Heite* (Zürich) in ihrem Beitrag *‚Gender und (Re)Genderi-
sierung'* zunächst sozialpolitische Dimensionen der Entstehung des so genannten Frauenberufs Soziale Arbeit als Teil von Sozialstaatlichkeit. Entlang der politischen Frauenbewegungen und geschlechtertheoretischer Inhalte sowie deren
Bedeutung für die Gestaltung des Sozialen nimmt sie die Vergeschlechtlichung
und weibliche Codierung sozialer Tätigkeiten in den Blick, die sich historisch
und auch aktuell in der Verwobenheit von Frauen- und Sozialpolitik mit Sozialer Arbeit zeigen. Auch die Ebene des professionellen Denkens und Handelns
wird in dem Beitrag rekonstruiert, um die Relevanz von Geschlecht in sozialpädagogischer Programmatiken zu diskutieren. Dies erfolgt anhand eines empirischen Hinweises zur Sichtweise einer Sozialarbeiterin auf die Dimension Geschlecht und Weiblichkeit in ihrem Berufsalltag in der Offenen Kinder- und Jugendarbeit. Der Beitrag von *Sascha Schierz* (Vechta) beschäftigt sich unter dem
Stichwort *‚Soziale Kontrolle'* mit Normalisierungs- und Kontrollaufgaben Sozialer Arbeit. Er fokussiert Situationen, in denen es nicht nur um Hilfe und Integration geht, sondern eben auch um die Kontrolle und Normalisierung von Abweichung sowie um die Verwaltung von sozialen Benachteiligungen und Problemen. Gegenstand seiner Analysen ist die Einbettung Sozialer Arbeit in Prozesse sozialer Kontrolle, deren Wandel und Funktionieren. Primär geht es dabei
um das Verstehen und Offenlegen von Wirkprozessen rund um Normalität und
Abweichung. Den Hintergrund der Analyse bildet eine Theorie der Modernität
bzw. Modernisierung, die die Wandlungen der Verbindungen wohlfahrtsstaatlicher Politik als Moment sozialer Kontrolle in den westlichen Gesellschaften
nachspürt. *Holger Ziegler* (Bielefeld) befasst sich in seinem Beitrag *‚Soziale Arbeit und Paternalismus'* mit der Rechtfertigbarkeit sozialarbeiterischer Intervention aus der Perspektive des Capabilities Ansatzes (CA). Das Paternalismusproblem ist eines der zentralen Probleme Sozialer Arbeit, allerdings sind fundierte
und explizite Auseinandersetzungen eher weniger zu finden. Die zentrale Frage
in dieser Auseinandersetzung mit dem Thema ist weniger ob, sondern vielmehr,
welche paternalistischen Interventionen der Sozialen Arbeit gerechtfertigt werden können. Als politisch-normativen Referenzpunkt für die Rechtfertigung sozialpädagogischer Interventionen wird das gelingende, gute Leben der AdressatInnen aus der Perspektive des CA herausgearbeitet. Der Maßstab für den Nutzen Sozialer Arbeit sowie die Legitimation ihrer Interventionen besteht dann

letztlich darin, inwiefern diese zum Wohlergehen, einem gelingenden oder umfassender formuliert, zu einem guten Leben ihrer AdressatInnen beiträgt. In dem Beitrag zu *Employability'* diskutiert *Margit Stein* (Vechta) die Frage nach der „Arbeitsfähigkeit" im Kontext gegenwärtiger arbeitsmarktpolitischer Programmatiken. Sie analysiert die Prozesse der Fragmentierung und Entgrenzung in Zeiten einer globalisierten Arbeitswelt, die von der/dem „aktiven" und „eigenverantwortlichen" ArbeitnehmerIn einiges abverlangt, wie z. B. hohe Flexibilität und Anpassungsfähigkeit. Das Employability–Konzept steht in Verknüpfung mit einem erweiterten Kompetenzansatz für die Arbeitswelt, der z. B. auch dem Deseco-Modell der OECD grundgelegt ist. Anhand dieses Modells entfaltet Margit Stein die Dimensionen und Bestandteile des Employability-Konzepts und problematisiert abschließend aktuelle Prozesse der Verwertbarmachung durch den Arbeitsmarkt. Ausgangspunkt des Beitrags von *Nadine Günnewig* und *Fabian Kessl* (beide Duisburg – Essen) mit dem Titel *,Professionelle Rationalisierung alltäglicher Lebensführung'* ist der gesellschaftliche Auftrag Sozialer Arbeit, geplante Unterstützung und aktive Beeinflussung subjektiver Lebensführung zu leisten. In bisherigen Überlegungen zu Funktionsbestimmungen und Gegenstandsbereichen Sozialer Arbeit wird die alltägliche Lebensführungsdimension zwar implizit oder auch explizit aufgegriffen, gleichwohl fehlt es insgesamt an theorie-systematischen und vor allem auch empirischen Bestimmungen dieser Dimension selbst. Dieses Desiderat entfalten die beiden AutorInnen u. a. auch vor dem Hintergrund der seit den 1970er Jahre andauernden grundlegenden Veränderungen bisheriger Formate des wohlfahrtsstaatlichen Arrangements, die die Soziale Arbeit in ihrem Auftrag der Gestaltung menschlicher Lebensführung massgeblich bestimmen. Ziel des Beitrags ist es, eine Analyseperspektive auf die professionellen Denkweisen und Deutungsmuster in Bezug auf die alltägliche Lebensführung ihrer NutzerInnen und AdressatInnen zu entwerfen. In dem Beitrag von *Karin Böllert* (Münster) wird *Soziale Arbeit als personenbezogene Wohlfahrtsproduktion* skizziert. Gegenstand der Analyse sind die Prozesse, Wandlungen, Bedingungen, Normalitätsannahmen, Rationalitäten, Reichweiten, Wirkungen und Diskurse einer Sozialen Arbeit als personenbezogener Wohlfahrtsproduktion. Hintergrund für ihre Ausführungen ist die kontinuierliche Expansion der sozialpädagogischen Handlungsfelder und des pädagogischen Aufgabenspektrums. Soziale Arbeit hat sich zu einer modernen Dienstleistungsprofession entwickelt und ist damit zum selbstverständlichen Bestandteil einer sozialen, öffentlich gewährleisteten Infrastruktur geworden. Angesichts dieser Expansion stellt sich die Autorin die Frage, was den Kern sozialpädagogischen Handelns, die gemeinsame Grundlage ihrer theoretischen Analysen und empirischen Studien ausmache, ohne dass bei der Beantwortung dieser Frage die Vielfalt sozialpädagogischer Fragestellungen und Diskurse verloren ginge. *Lothar*

Böhnisch (Dresden und Bozen) und *Wolfgang Schröer* (Hildesheim) diskutieren in ihrem Artikel zu *,Agency und die Entgrenzung des Sozialen'* die Frage nach einer systematischen Verknüpfung des Lebenslagenkonzepts und des aktuellen Agency-Diskurses. Entwickelt wird das Konzept der Bewältigungslage als Möglichkeit der Differenzierung und Dimensionierung von Agency (Handlungsfähigkeit) und als Kerndimension einer sozialpolitischen und geschlechterreflexiven Sozialen Arbeit vor dem Hintergrund einer Entgrenzung von Arbeit, Lernen und Freizeit in einem digitalen Kapitalismus. *Carsten Müller* (Emden/ Leer) greift in seinem Beitrag den politischen Streitbegriff *,Soziale Kohäsion'* auf und deutet diesen sozialräumlich aus. Er skizziert wie der Terminus eine breite Projektionsfläche für die Begründung gegensätzlicher Ziele bietet, wenn dieser einerseits genutzt wird, um den Umbau des Wohlfahrtsstaates zum aktivierenden Sozialstaat ideologisch zu untermauern und andererseits eben diese Umstrukturierung als Gefährdung des gesellschaftlichen Zusammenhaltes kritisiert wird. Der Beitrag zeigt auf, wie gesellschaftlicher Zusammenhalt respektive Soziale Kohäsion mit dem sozialräumlichen Kontext – beispielsweise dem bürgerschaftlich-städtischen Leben – zusammen hängt. Ziel des Autors ist es, das Thema ,Soziale Kohäsion' an eine kritische Praxis Sozialer Arbeit anschlussfähig zu machen und damit gegenüber einer politischen Indienstnahme (oder Funktionszuschreibung) gewappnet zu sein, die von unterschiedlichster Seite an Handlungsfelder Sozialer Arbeit herangetragen wird. Der Beitrag von *Christine Meyer* (Vechta) mit dem Titel *,Aktiv(es) Alter(n)[4]'* richtet den Blick auf gesellschaftliche Bedingungen von Alternsprozessen im Lichte aktivierungspolitischer Programmatiken. Sie analysiert die Gestalt, die Alter und Altern heute annehmen können und reflektiert ihre Überlegungen vor dem Hintergrund eigener Forschungen zu Beteiligungsprozessen von älteren Menschen an der Sozialplanung der Stadt bzw. dem Landkreis Lüneburg sowie des BMFSFJ- Aktionsprogramms zu „Mehrgenerationenhäusern". Sichtbar werden die sich nicht selten widersprechenden Anforderungen an die Aktivität, das Engagement und die Eigenverantwortung älterer Menschen im Kontext des Rückzugs des Sozialstaates, die auch an die Soziale Arbeit neue Herausforderungen richtet, um z. B. aktivierungspolitische Strategien der „Weiterverpflichtung" bzw. „Wiederverpflichtung" älterer Menschen nach ihrer Verrentung nicht unreflektiert zu perpetuieren. *Nina Oelkers* (Vechta) stellt Prozesse der *,Responsibilisierung oder Verantwortungsaktivierung'* – die in nahezu allen sozialpolitischen Bereichen zu finden sind – in den Mittelpunkt ihrer Analysen. Die Thematisierung des Verantwortungskonzeptes (und dessen rasanter Karriere) wird in den Aktivierungsdiskurs eingebettet, der Sozialpolitik, Sozialwissenschaften und Soziale Arbeit dominiert. In dem Beitrag werden Fragen zur Balance von Rechten und Pflichten aufgeworfen, denn wenn es um eine Entkollektivierung und Privatisierung von Verantwortung geht, werden die Anstrengungen, den Prozess der Verantwortungsübernahme zu stimulieren, zum sozialpolitischen Kernelement. Soziale Arbeit gilt hier als wesentlicher „Implementationsakteur" und erfährt eine entsprechende Aufgabenzuweisung, die kritisch zu beleuchten ist, da die Übernahme von Verantwortung prinzipielle Handlungsfähigkeit, Handlungsmöglichkeit und Handlungsautonomie voraussetzt. *Kim-Patrick Sabla* (Vechta) rundet den Sammelband ab und rekonstruiert in seinem Artikel zu *‚Familie im Fokus Sozialer Arbeit'* die aktuellen Diskurse über Familie. Akzentuiert werden die Relevanz und Aktualität von Familie in gegenwärtigen sozialpädagogischen und – politischen Diskursen, die nicht zuletzt auch über den Ausbau sozialer Dienste für Familien zum Ausdruck kommen. Gleichwohl mangelt es nach wie vor an theorie-systematischen Überlegungen zum Familienbegriff und an empirischen Analysen zu familialen Lebenswelten. Vor diesem Hintergrund gibt Kim-Patrick Sabla auf der Grundlage bisheriger konzeptioneller Entwürfe dem Konstrukt „Familie" eine theoretische Kontur und rekonstruiert ihre Funktion sowie gesellschaftliche Verortung im Kontext einer sich wandelnden Wohlfahrtsstaatlichkeit.

Als Herausgeberinnen möchten wir uns bei allen Autorinnen und Autoren herzlich für die gute Zusammenarbeit bedanken. Unser besonderer Dank gilt der Universitätsgesellschaft Vechta (ugv), die diese Veröffentlichung durch ihre finanzielle Förderung ermöglicht hat.

Literatur

Anhorn, R./Bettinger, F./Horlacher, C./Rathgeb, K. (2012): Zur Einführung: Kristallisationspunkte kritischer Sozialer Arbeit. In: Anhorn, R./Bettinger, F./Horlacher, C./Rathgeb, K. (Hrsg.): Kritik der Sozialen Arbeit – kritische Soziale Arbeit. Wiesbaden: Springer VS, 1-23.

Bütow, B./ Chassé, K.-A./ Hirt, R. (2008): Vorwort. In: Bütow, B./ Chassé, K.-A./ Hirt, R. (Hrsg.): Soziale Arbeit nach dem Sozialpädagogischen Jahrhundert. Opladen, Farmington Hills: Barbara Budrich, 7-8.

Dollinger, B. (2006): Zur Einleitung: Perspektiven aktivierender Sozialpädagogik. In: Dollinger, B./Raithel, J. (Hrsg.): Aktivierende Sozialpädgogik. Ein kritisches Glossar. Wiesbaden: VS, 7-22.

Galuske, M. (2008): Fürsorgliche Aktivierung – Anmerkungen zu Gegenwart und Zukunft Sozialer Arbeit im aktivierenden Sozialstaat. In: Bütow, B./ Chassé, K.-A./ Hirt, R. (Hrsg.): Soziale Arbeit nach dem Sozialpädagogischen Jahrhundert. Opladen, Farmington Hills: Barbara Budrich, 9-28.

Hünersdorf, B./Hartmann, J. (2013): Was ist und wozu betreiben wir Kritik in der Sozialen Arbeit? Eine Einführung. In: Hartmann, J./Hünersdorf, B. (Hrsg.): Was ist und wozu betreiben wir Kritik in der Sozialen Arbeit? Disziplinäre und interdisziplinäre Diskurse. Wiesbaden: Springer VS, 9-30.

Kessl, F./Otto, H.-U. (2004): Soziale Arbeit. In: Krüger, H.-H./Grunert, C. (Hrsg.): Wörterbuch der Erziehungswissenschaften. Opladen: UTB, 446-425.

Gender und (Re)Genderisierung – eine geschlechtertheoretische Reflexion sozialpädagogischer Theorie und Praxis

Catrin Heite

Mit dem sozialwissenschaftlichen Begriff Gender verbinden sich Theorie und Forschung zu Geschlecht als Strukturkategorie, zur sozialen Herstellung von Geschlecht, zu Geschlecht als subjektkonstituierender Dimension und als handlungsanleitendem Prinzip. Ausgehend von einer geschlechtertheoretischen Grundlegung, die zentrale Positionen und Thematisierungen skizziert, wird im Folgenden erstens die sozialpolitische Ebene hinsichtlich der Entstehung des so genannten Frauenberufs Soziale Arbeit als Teil von Sozialstaatlichkeit betrachtet. Dabei wird entlang der politischen Frauenbewegungen und geschlechtertheoretischer Inhalte sowie deren Rolle in der Gestaltung des Sozialen die Vergeschlechtlichung und weibliche Codierung sozialer Tätigkeiten in den Blick genommen, welche sich historisch und aktuell in der Verwobenheit von Frauen- und Sozialpolitik mit Sozialer Arbeit zeigt. Zweitens wird die Ebene des professionellen Denkens und Handelns fokussiert, um die Relevanz von Geschlecht auf der Ebene sozialpädagogischer Programmatik zu diskutieren. Dies erfolgt anhand eines empirischen Hinweises zur Sichtweise einer Sozialarbeiterin auf die Dimension Geschlecht und Weiblichkeit in ihrem Berufsalltag in der Offenen Jugendarbeit.

1 Geschlechtertheoretische Grundlegung

Im derzeitigen Alltagsverständnis von Geschlecht besteht die weitgehend unhinterfragte Annahme, dass Menschen entweder männlich oder weiblich seien. Mit dieser Setzung verbunden ist eine mindestens implizite Vorstellung einer *Biologie* von Zweigeschlechtlichkeit, also die ebenfalls weitgehend unhinterfragte Annahme, dass sich eine Biologie oder Natürlichkeit des Weiblichen und des Männlichen zum Beispiel anhand der äußeren Geschlechtsmerkmale, des Hormonhaushalts oder der Gene eindeutig bestimmen ließe. Entgegen dieser sowohl alltäglich als auch wissenschaftlich virulenten scheinbaren Selbstverständlichkeit zeigen sowohl die Sozial- als auch die Biowissenschaften, dass eine solche Eindeutigkeit nicht selbstverständlich, normal oder biologisch-natürlich gegeben ist, sondern dass die Eindeutigkeit von Zweigeschlechtlichkeit Ergebnis sozialer Praktiken und politischer Vergesellschaftung ist. Auch im biologischen Sinne zeigt sich Zweigeschlechtlichkeit als wenig konsistent, sondern zerfällt etwa im Blick auf das Gen oder den Hormonhaushalt und erscheint eher als ein biologisches Kontinuum. Die Vorstellung biologischer und eindeutiger Männlichkeit und Weiblichkeit ist mithin als Resultat sozialer Verhältnisse zu verstehen und diese Sozialität von Geschlecht wird mit dem sozialwissenschaftlichen Begriff *Gender* benannt, der die *Herstellung* von Geschlecht – oder die künstliche Trennung des Kontinuums in die zwei Pole männlich und weiblich – in den Mittelpunkt von Analyse, Theoriebildung und politischer Positionierung rückt. In diesem Sinne plädiert etwa die Biowissenschaftlerin Anne Fausto-Sterling (1993, 2006) dafür, dass die Einteilung der Menschen in lediglich zwei Geschlechter sowohl biologisch als auch sozial unangemessen ist und stattdessen mindestens fünf Geschlechter einzuführen seien. In ähnlicher Ausrichtung zeigt die Wissenschaftsforscherin Joan Fujimura in ihren Forschungen in Genlaboren, wie bei genetischen Tests zur Feststellung des Geschlechts, „kritische Daten", die uneindeutige Geschlechtlichkeit oder mindestens uneindeutige Interpretationen zulassen, ignoriert werden: „there may be data that tend to be ignored because they do not fit the frames of reference of their observers" (2006: 69).

In der stetigen Re-Konstruktion von Männlichkeit und Weiblichkeit als biologischem und sozialem Eindeutigkeitssystem verweist der Begriff Gender in konstruktivistischer Sichtweise darauf, dass Geschlecht tatsächlich nicht statisch, binär und ‚natürlich' ist, sondern in sozialen Prozessen intersubjektiv, interaktiv und strukturell hergestellt wird. So sind auch biowissenschaftliche Erkenntnisse nicht als schlichtes, positivistisches ‚objektives Erkennen' vermeintlicher Tatsachen, sondern als soziale Prozesse der „Fabrikation von Erkenntnis" (Knorr-Cetina 2002) zu verstehen (Weiterführend zu Auseinandersetzungen der Wissenschaftstheorie und –forschung mit der Herstellung wissenschaftlichen Wissens auch in geschlechtertheoretischer Perspektive vgl. u. a. Bauer 2006, Daston 2001, Fleck 1980, Harding 1991, Hug 2001, Kuhn 2007 [1969]).

Sowohl in wissenschaftlichen als auch in alltäglichen, sozialpolitischen und professionellen Kontexten wird zum Beispiel in Prozessen des doing gender etwa in Form von Verhaltensnormen, Kleidungspraxen und sprachlichen Benennungen eindeutige Weiblichkeit und Männlichkeit bestätigt und (re)produziert und damit auch als unhinterfragte Vorannahme, als scheinbare Selbstverständlichkeit des alltäglichen und auch des professionellen sozialpädagogischen Denkens und Handelns in Szene gesetzt. Eindeutig ‚Mann' oder ‚Frau' zu sein stellt die Bedingung zur Anerkennung als ‚Subjekt' und der Teilnahme an sozialen Interaktionen dar und ist dabei gleichzeitig deren Ergebnis. Im Zusammenhang mit dieser wissenschaftlichen Auseinandersetzungen um die sozialen Herstellungsprozesse von Zweigeschlechtlichkeit und die analytische Unterscheidung zwischen biologischem und sozialem Geschlecht sind im Rückblick zunächst die feministischen Interventionen seit den 1960er Jahren bedeutsam. Diese initialisierten sich als heterogenes politisches Projekt der zweiten westlichen Frauenbewegung und konstituierten sich auch an den Hochschulen zunächst als Frauenforschung sowie als Männerforschung (vgl. u. a. hegemonietheoretisch Connell 2006, wohlfahrtstheoretisch Edwards/Hearn/Popay 1998 und in sozialpädagogischer Perspektive Böhnisch 2004, 2003) und später als Geschlechterforschung. Für diese Etablierung einer zuerst politischen Bewegung an der Universitäten spricht Sabine Hark vom „feminist turn" der Wissenschaft und dem „academic turn" des Feminismus (2006: 15). D. h., die politische Frauenbewegung wurde akademisch, begann mit eigener Theoriebildung und zugleich wurde die Wissenschaft feministisch und implementierte frauenpolitische Inhalte bis hin zur Etablierung einer eigenständigen Disziplin *Gender Studies*. Für die feministischen bzw. geschlechtertheoretischen Inhalte war jene Trennung von Biologie und Sozialität, die im so genannten Sex/Gender-Konzept ihren Ausdruck findet, ein wesentlicher politischer und theoretischer ,Meilenstein' (vgl. Vogel 2007), um theoretisch-analytisch ebenso wie politisch den *Vorrang* des Sozialen (also Gender) vor der Natur (also Sex) zu betonen.

In dieser Formulierung des Sex/Gender-Konzept waren seit den 1960er Jahren unter anderem in strukturtheoretischer Perspektive Gayle Rubin (1975) und ethnomethodologisch Candace West und Don Zimmerman (1987) sowie Suzanne Kessler und Wendy McKenna (2006) theorieentwickelnd aktiv. So haben West und Zimmerman (1987) maßgeblich das Konzept des doing gender geprägt, indem sie anhand eines ethnomethodologischen Zugangs erforscht haben, wie in sozialen Interaktionen Geschlecht hergestellt wird. Dabei bezogen sie sich unter anderem auf Harold Garfinkels Transsexuellen-Studie „Agnes", in der deutlich wird, welche massiven negativen sozialen und existenziellen Konsequenzen auftreten, wenn eine Person die Zweigeschlechter-Norm verletzt, bzw. was die Mann-zu-Frau-Transsexuelle Agnes zu leisten hat, um als Frau anerkannt zu werden.

Diese existentielle bzw. existenzbedrohende Dimension der ,Abweichung' von der Zweigeschlechternorm arbeitet seit den 1990er Jahren vor allem die queer theory heraus (u. a. Engel 2005, Hark 2005, Kraß 2003, mit Blick auf (Sozial)Pädagogik Czollek/Perko/Weinbach 2009, Hartmann 2004, Howald 2001, Schütte-Bäumner 2007, Stuve 2001), wenn etwa Judith Butler fragt: „Wer zählt als Person? Was gilt als kohärentes Geschlecht? Was zeichnet einen Staatsbürger, eine Staatsbürgerin aus? Wessen Welt gilt legitimerweise als wirklich? Als Subjekte fragen wir: Wer kann ich werden in einer Welt, in der die Bedeutungen und Grenzen des Subjekts im Voraus für mich festgelegt sind?" (2009: 97-98). Dieser subjekttheoretisch bzw. subjektkritisch dimensionierten Fragerichtung der der Queer Theory ist das Sex/Gender-Konzept theoriesystematisch vorgängig. Das Sex/Gender-Konzept kann so als ein bedeutender Schritt der Theorieentwicklung und Forschung gelten, der deutlich die Diskussion darüber ermöglicht hat, dass Geschlecht bzw. Zweigeschlechtlichkeit nicht einfach vorhanden ist, sondern dass beides im alltäglichen Denken und Handeln sowie den gesellschaftlichen Strukturen immer wieder hergestellt und bestätigt werden. So brach das Sex/Gender-Konzept mit dem Paradigma eindeutiger und invariabler Geschlechtsidentität in dem Sinne der These, dass es möglicherweise eine Biologie von Geschlecht gibt, wesentlicher jedoch sei das Soziale und die dementsprechend kritisierte Übersetzung eventueller biologischer Unterschiede in soziale Wert- und Statushierarchien.

Mit dieser These und theoretisch-analytischen Verortung sind aber, wie im Laufe der Theorieentwicklung gezeigt wurde, einige Probleme verbunden. Denn das Sex/Gender-Konzept führt, wie u. a. Judith Butler oder im deutschsprachigen Kontext zuerst Regine Gildemeister und Angelika Wetterer (1992) argumentieren, sowohl biologisches, als auch zweigeschlechtliches Denken weiter: Sex ebenso wie Gender werden innerhalb dieser analytischen Trennung weiterhin als binär männlich-weiblich gedacht. Aufgrund dieser Kritik wird in jüngeren dekonstruktivistischen, queer- und transgender-theoretischen Ansätzen ebenso wie in reflektierter naturwissenschaftlicher Perspektive auch die vermeintliche Eindeutigkeit und Binarität jener ‚Natur‘ von Geschlecht als sozial konstruiert und herrschaftswirksam analysiert und davon ausgegangen, dass das biologische Geschlecht (sex) genau wie das soziale Geschlecht (gender) eben *nicht* vorsozial ‚natürlich‘ vorhanden, sondern selber sozial konstruiert ist und sich somit auch nicht in lediglich zwei einander ausschließenden Alternativen von männlich oder weiblich denken lässt: „Ja möglicherweise ist sex immer schon gender gewesen, so daß sich herausstellt, daß die Unterscheidung zwischen sex und gender letztlich gar keine Unterscheidung ist" (Butler 1991: 24) und mithin sei nicht nur das Soziale – Gender –, sondern auch das Biologische – Sex – als historische und soziale Kategorie zu begreifen.

Geschlecht als historische und soziale Kategorie wird entlang der theoretischen und politischen Paradigmen Gleichheit, Differenz und Dekonstruktion verhandelt (vgl. Benhabib/Butler/Cornell/Fraser 1995, Knapp 2008) und diese unterschiedlichen Positionierungen korrelieren auch mit Vorstellungen zur Analyse ebenso wie zur Gestaltung wohlfahrtsstaatlicher Arrangements sowie sozialpädagogischer Professionalität. In dieser Perspektive werden Fragen diskutiert, wie gesellschaftlich notwendige Arbeit (als Erwerbs- und Reproduktions- und Carearbeit) verteilt, organisiert und von wem unter welchen Bedingungen erbracht wird, welche Arbeit als ‚privat‘ und damit dominant weibliche Verantwortung konzipiert wird oder wie die Ungleichheitskategorie Geschlecht den Arbeitsmarkt geschlechterhierarchisch reguliert sowie welche Formen von

Gleichstellungspolitik vor diesem Hintergrund als angemessen gelten können. Die Beantwortung dieser Fragen korrespondiert mit unterschiedlichen Vorstellungen über Geschlecht, Analysen von Geschlechterverhältnissen und unterschiedlichen Vorstellungen über die Möglichkeiten der Herstellung von Geschlechtergerechtigkeit (vgl. u. a. Fraser/Gordon 1997; Heite/Böllert 2011; Lewis 2002; Lewis/Giullari 2005). So fokussieren makrosoziologisch, sozialstrukturell und gerechtigkeitstheoretisch ausgerichtete Ansätze auf geschlechterhierarchische ökonomische Verhältnisse und plädieren für sozial- und gerechtigkeitspolitische Interventionen wie etwa materielle Umverteilung z. B. in Form eines progressiven Steuersystems oder die Formulierung und Durchsetzung von Rechtsansprüchen der Staatsbürger/innen (vgl. u. a. Nussbaum 1999, Fraser 1997, Leitner/Ostner/Schratzenstaller 2004).

In diesen Debatten, Analysen und Theorien wird auch die Frage nach den Wechselwirkungen geschlechterhierarchischer Ungleichheitsverhältnisse mit weiteren Ungleichheitsverhältnissen wie etwa Klasse oder „Rasse", also die Frage nach klassenspezifischen Geschlechterverhältnissen oder rassistischen Ausbeutungsverhältnissen innerhalb der Genusgruppe „Frau" gestellt. Hier weisen insbesondere postkoloniale Problematisierungen auf die Unangemessenheit eines universalistischen Anspruchs der Kategorie Geschlecht und der Vorstellung eines einheitlichen Akteurs „Frauen" hin (u. a. Andersen 2005, Andersen/Collins 2004, Villa 2010). Rücken somit nämlich klassen- oder migrationsspezifische Differenzen zwischen Frauen in den Blick, so zielt diese Kritik an einem eurozentristischen, weißen Mittelklassefeminismus auf die analytisch, theoretisch und politisch angemessene Erfassung der Zusammenhänge zwischen Gender und Rassismus, ethnisierenden Zuschreibungen, Macht- und Herrschaftsverhältnissen entlang von Kategorien wie u. a. Weiß-Sein, Kultur, Religion, Sexualität, Behinderung und Alter. Diese auf gendertheoretisch informierte klassen- und ungleichheitssoziologische Ansätze sowie vor allem akademische und politische Interventionen von Women of Color zurückgehende Erweiterung wird aktuell unter den Begriffen Intersektionalität und Interdependenz als Forschungs- und Theoriebildungsperspektive etabliert, mit der es um die Überschneidungen von Differenz- und Ungleichheitsverhältnissen entlang von Kategorien wie Geschlecht, Klasse, Migration, Staatsbürgerschaft, Religionszugehörigkeit, sexueller Präferenzen oder Behinderung geht (vgl. u. a. Degele/Winker 2009, Knapp 2005, McCall 2005, Walgenbach et al. 2007, Yuval-Davis 2006). Vor dem Hintergrund dieses Standes der Forschung und Theoriebildung in den Gender Studies gilt es nun, den Bogen zur Sozialen Arbeit schlagen.

2 Gender und Soziale Arbeit – Wohlfahrtsstaat und Professionalität

In der Sozialen Arbeit werden gendertheoretische Inhalte breit und kontrovers rezipiert. Die Debatten kreisen um Begriffe wie Geschlechtergerechtigkeit und Genderkompetenz sowie Fragen der sozialpädagogischen Theorie und Praxis geschlechterbezogener Herangehensweisen, wie sie sich in der Entwicklung von der geschlechtsspezifischen zur geschlechterreflektierenden und dekonstruktiven (Sozial)Pädagogik ausdrücken. Die entsprechenden Schwerpunkte bestehen u. a. hinsichtlich gendersensibler professioneller Methoden und Handlungskonzepte, der Bedeutung von Gender in einzelnen Handlungsfeldern, bezüglich der Geschlechterverhältnisse und geschlechterhierarchischen Organisationsstrukturen in Sozialer Arbeit, Gender-Mainstreaming in Organisationen Sozialer Arbeit oder der weiblichen Codierung und Anerkennung Sozialer Arbeit seit ihrer historischen Entstehung im Kontext der ersten bürgerlichen Frauenbewegung und die Frage, wie sich diese Vergeschlechtlichung auf die gesellschaftliche Anerkennung Sozialer Arbeit auswirkt. Diese beiden Aspekte der geschlechterbezogenen Professionalität und der geschlechterbezogenen Dimension der gesellschaftlichen und wohlfahrtsstaatlichen Situiertheit Sozialer Arbeit werden nun vor dem Hintergrund der skizzierten geschlechtertheoretischen Positionen nachvollzogen.

2.1 Geschlecht und Soziale Arbeit als wohlfahrtsstaatliche Akteurin

Die wohlfahrtsstaatliche Situiertheit Sozialer Arbeit lässt sich gendertheoretisch mit Blick auf die Geschichte Sozialer Arbeit seit der ersten Frauenbewegung und deren Konzept „Geistige Mütterlichkeit" systematisch zurückverfolgen. Wird ‚das Soziale' in geschlechtertheoretischer Perspektive betrachtet, fällt auf, dass die Entstehung des Sozialstaat und der Sozialen Arbeit zeitlich im Moment des Aufkommens der Sozialen Frage zusammentreffen (Kaufmann 2003, Sachße 2005, Hammerschmidt/Tennstedt 2002). Die erste Frauenbewegung und deren Konzept der „Geistigen Mütterlichkeit" spielte in diesem Zeitfenster des späten 19. und frühen 20. Jahrhunderts eine zentrale Rolle, wenn Geschlecht und differenztheoretische Annahmen über scheinbar ‚geschlechtsspezifische Eigenschaften' historisch – und auch aktuell – der Hintergrund sind, vor dem Frauenpolitiken ansetzten. Die Ambivalenzen dieser Betonung der Zwei-Geschlechter-Differenz, die ‚Genderisierung' des Sozialen und der Sozialen Arbeit tritt in den Strategien der ersten Frauenbewegung deutlich zu Tage. Im klassenförmigen Konflikt der ersten Frauenbewegung zwischen sozialistischen und bürgerlichen Fraktionen formulierte der bürgerliche Teil der Frauenbewegung die Emanzipationsstrategie „Geistige Mütterlichkeit", mit der sie sich wesentlich an der ‚Erfindung' Sozialer Arbeit in Form von „Mütterlichkeit als Beruf" (Fleßner 1994) beteiligten. Akteurinnen oder „Wegbereiterinnen der modernen Sozialarbeit" (Eggemann/Hering 1999) waren etwa Alice Salomon, Gertrud Bäumer oder Helene Weber, deren Interventionen auf die Erweiterung der gesellschaftlichen Partizipationsmöglichkeiten der bürgerlichen Frauen zielten, insofern sie bis dahin etwa vom Wahlrecht, dem Zugang zu höherer Bildung und damit auch von den Professionen wie etwa der Medizin ausgeschlossen waren.

In dieser Hinsicht wurde das bestehende Geschlechterarrangement kritisiert, die binäre Geschlechterdifferenz selbst wurde dabei jedoch nicht in Frage gestellt. Das Argument „Geistige Mütterlichkeit" bestand darin, dass die bürgerlichen Frauen ihre als typisch weiblich gedachten Kompetenzen wie etwa Fürsorglichkeit über den familialen Kontext hinaus in die gesellschaftliche Bearbeitung der Sozialen Frage einbringen können. Mit diesem Argument gelang es den bürgerlichen Frauen, Zugang zu sozialen Ehrenämtern zu erhalten womit sie – in Abgrenzung zur Strategie des Klassenkampfes der sozialistischen Frauenbewegung – das Ziel der Befriedung von Klassengegensätzen verfolgten. Ihr im bürgerlichen Lager geäußerte und an die bürgerlichen Männer adressierte Forderung nach Möglichkeiten zur Mitgestaltung des Sozialen und Anerkennung als bürgerliche Gleiche und gleichzeitig geschlechtlich Andere rekurriert auf die zeitgenössische Thematisierung des Kampfes gegen Armut, Krankheit und menschliches Elend und dies als Klassensolidarität schaffendem Aspekt. Bürgerliche Klassensolidarität wurde mit jenem Argument hergestellt, „die Frau" als bürgerliche Gleiche könne der männlichen Kultur als geschlechtlich Andere etwas Spezifisches – nämlich jene „Mütterlichkeit" – beisteuern und dementsprechend die Soziale Frage mitbearbeiten. Geschlechtertheoretisch kann dies mit dem oben erwähnten Konzept der hegemonialen Männlichkeit nach Rawyn Connell als klassenspezifisches Geschlechterverhältnis betrachtet werden: in diesem entspricht der je historisch spezifischen herrschenden Norm von – bürgerlicher, weißer, heterosexueller, gesunder und nicht-behinderter – Männlichkeit eine „emphasized femininity, [...] that is oriented to accomodating the interests and desires of men" (Connell 1987: 183, in Reaktion auf Kritiken am Konzept hegemonialer Männlichkeit und Weiblichkeit vgl. Connell/Messerschmidt 2005). Am historischen Beispiel wird mit der Strategie „Geistige Mütterlichkeit" die Betonung von Weiblichkeit im Sinne von Fürsorglichkeit ergänzend zur bürgerlichen Männlichkeit konstruiert, wobei mit Blick auf die bürgerlich-weibliche Form der Bearbeitung des Sozialen stets auch die Relevanz einer entsprechenden Ausbildung betont wurde, welche in Synergie mit dem als naturhaft gedachten Weiblichen die Prädestinierung von Frauen für soziale Tätigkeiten begründe. So formuliert etwa Alice Salomon im Jahr 1903: „Wenn die *wissenschaftlich gebildete* Frau sich dem Arbeitsgebiet zuwendet, das der Frau *von Na-*

tur aus besser liegt, [...] dann muß die Frau auf diesem Gebiet den Vorrang gewinnen." (zit. nach Schüler 2004: 194, Herv. CH). Im Kontext dieser Argumentationen entwickelte sich Soziale Arbeit als veröffentlichte Mütterlichkeit in der Weimarer Republik zu einem gering anerkannten und dementsprechend schlecht bezahlten Beruf und wurde mit dieser skizzierten differenzfeministischen Emanzipationsstrategie als „weibliche Sozialarbeit nach männlicher Weisung" realisiert (Sachße 1986: 306).

Dies findet in einem sozialpolitischen Kontext statt, der die „Soziale Frage" zum Mittelpunkt hat und in dem die Vergeschlechtlichung des Sozialen stattfindet. Zu Beginn des 19. Jahrhunderts wurden soziale und politische Ungleichheiten unter dem Begriff ‚Pauperismus' diskutiert und in diesem Zusammenhang etablierte sich ab Mitte des 19. Jahrhunderts jener Begriff der ‚Sozialen Frage'. Die nicht nur begriffliche, sondern inhaltlich-konzeptuelle Neuerung vom Pauperismus zur Sozialen Frage und zur Sozialpolitik deute auf ein „neues Problembewusstsein" hin, dem es nicht mehr nur um die „Behandlung der Armen, sondern um das Verhältnis zwischen den ‚Ständen' oder ‚Klassen', um eine Frage der *gesellschaftlichen* Struktur" ging (Kaufmann 2003: 19). In dieser Ausrichtung zielte die Bearbeitung der Sozialen Frage durch die sozialrechtliche „Garantie einer gewissen materiellen Stabilität des Lebenslaufs" auf die „Pazifierung des Klassenkonflikts" (Kohli 2009: 231). Während die bürgerliche Öffentlichkeit mit der Sozialen Frage also „erstmals die Spannung zwischen den politischen Idealen bürgerlicher Freiheit und der faktischen sozialen Entwicklung" als bearbeitenswert thematisierte (Kaufmann 2003: 21) und im Zusammenhang sozialreformerischer Konzepte zur Integration der Arbeiterklasse in die entstehende bürgerliche Gesellschaft das wohlfahrtsstaatliche Subsidiaritätsprinzip „als Antwort auf die ‚soziale Frage'" (Sachße 2003: 196) formulierte, wurde als Teil dieser Antwort auch Soziale Arbeit inauguriert.

Seither insistiert diese insbesondere mit ihrer Akzentuierung des (Handlungs)Prinzips Professionalität im Kontext der politischen Gestaltung des Sozialen auf besonderen, wissensbasierten und ethisch rückgekoppelten Deutungen und Interventionsformen, wobei sich Selbstverständnis, Deutungsweisen und Interventionsformen Sozialer Arbeit niemals homogen und statisch zeigten und zeigen, vielmehr zeitlich wandelbar sind und unter anderem auch geschlechtertheoretisch betrachtet variabel erscheinen. Denn die historische ‚Entdeckung' sowie die aktuelle „Neuerfindung des Sozialen" (Lessenich 2008) und die unterschiedlichen Weisen seiner Re(gul)ierung u. a. durch Soziale Arbeit sind nicht nur sozialpolitischer, sondern auch geschlechterpolitischer Couleur, in der es u. a. um die die Verhältnissetzung von öffentlich und privat, die geschlechtliche Codierung dieser Bereiche und der entsprechenden Arbeiten sowie um des Verhältnis von Sozialpolitik und Sozialarbeit sowie die Positionierung Sozialer Arbeit im post-wohlfahrtsstaatlichen Arrangement (vgl. Kessl/Otto 2009) geht. Denn dem Anspruch nach will der Sozialstaat soziale Risiken öffentlich absichern, statt diese Verantwortung den Individuen sowie deren familialen und freundschaftlichen Beziehungen zu überlassen, was sich im sozialpolitischen Prinzip der Entfamiliarisierung, also die Entlastung von Familien – und damit Frauen – von sozialen Sicherungsfunktionen und unentgeltlich erbrachter Carearbeit ausdrückt (zu gegenläufigen Prozessen der Re-Familialisierung vgl. Oelkers/Richter 2010). Wenn es mit Sozialpolitik also um unterschiedliche Verhältnissetzungen von Staat, Markt und Familie geht erscheint Sozialpolitik insbesondere mit Blick auf die sozialpolitische Fokussierung von Familien als Akteure der Wohlfahrtsproduktion stets auch immer als Geschlechterpolitik (vgl. Böllert/Heite 2011). Damit stellt sich dann auch die Frage, wie eine geschlechtergerechte Wohlfahrtsstaatlichkeit auszugestalten wäre. Teil einer solchen ist Soziale Arbeit, die sich momentan im Kontext wohlfahrtsstaatlicher Transformationen ebenfalls in dynamischen Veränderungsprozessen befindet. Denn in der Konsolidierungsphase des deutschen Sozialstaats nahm die solidarisch-öffentlich finanzierte Erbringung sozialstaatlicher Leistungen und das Konzept Professionalität – und damit Soziale Arbeit – eine zentrale Rolle in der Wohlfahrtsproduktion ein. Gegenwärtig wird das Prinzip Profession durch die Einführung managerieller und aktivierungspolitischer Denkweisen sowie ausgehend von veränderten Sichtweisen auf die Adressat/innen sozialer Dienste zunehmend angezweifelt: Es wird nun eher davon ausgegangen, unangebracht großzügige Sozialleistungen entfalteten angeblich „passivierende" Wirkung und korrigierend sei Eigenverantwortung zu aktivieren. Dementsprechend wird Soziale Arbeit mit dieser Aktivierung ihrer Adressat/innen beauftragt, und gleichsam wird die Forderung begründet, die Bearbeitung sozialer Probleme sei aus vorgeblich dysfunktionalen öffentlichen Bearbeitung in die Eigenverantwortung der Adressat/innen zu verlagern. Dies geht einher mit einer Anzweifelung der Effizienz und Effektivität professioneller Deutungskompetenz und Expertise. In diesem Kontext der Umverteilung sozialer Risiken in die „private" Verantwortung und veränderter Anforderungen an ihre Wirksamkeit nimmt Soziale Arbeit zurzeit Möglichkeiten wahr, sich als Aktivierungsprofession zu positionieren und sich manageriell-leistungslogisch auszurichten, indem sie ihre Methoden „aktivierungspädagogisch" (Kessl 2006) umstellt und Aspekte wie Evaluierbarkeit, Effizienz und Effektivität sowie rationaler, wissensbasierter und wirkungsorientierter Hilfeplanung implementiert (vgl. Dahme et al. 2003; Dahme/Wohlfahrt 2005; Kessl/ Otto 2009; Otto/Schnurr 2000). Die implizite Geschlechtersymbolik der manageriell und aktivierungspolitisch ambitionierten Umstrukturierung Sozialer Arbeit ist sowohl um die Vermeidung weiblicher Vergeschlechtlichung als auch um die männlich codierte Aufwertung der Profession bemüht. So stel-

len Eva Nadai et al. (2005) in ihrer qualitativen Studie zum Einsatz von Ehrenamtlichen pejorative Haltungen von Sozialarbeiter/innen gegenüber Weiblichkeit und weiblich codierten Eigenschaften sowie eine „Gleichsetzung von Weiblichkeit und Inkompetenz" fest. Der von Nadai et al. interpretierte Versuch der
„Entgeschlechtlichung" sozialarbeiterischer Tätigkeiten stelle einen Korrektur-
versuch zur historisch weiblichen Codierung Sozialer Arbeit dar, da Soziale Arbeit sich von der historisch im Kontext des Konzepts geistige Mütterlichkeit
sinnvollen Verquickung mit „Weiblichkeit" lösen und sich so „entgeschlechtli-
chen" müsse. Die Einbindung Sozialer Arbeit in sozialpolitische Entwicklungs-
dynamiken, die im Kontext von Managerialisierung und Aktivierung erkennbar
sind und die damit zusammenhängenden Fragen nach Ent-Geschlechtlichung
bzw. allgemeiner nach der Zukunft sozialer (Frauen)Berufe, wird mit Blick auf
den Konnex *Profession und Geschlecht* sowohl soziologisch als auch erzie-
hungswissenschaftlich breit diskutiert (u. a. Heite 2008, Wetterer 1995; Rabe-
Kleeberg 1997; Gildemeister/Wetterer 2007) und ist letztlich auf die Frage nach
„Frauen und Männern in der Zukunft Sozialer Arbeit" (Maurer 2008) zuzuspit-
zen. Diese Frage bezieht sich nicht nur auf die Vergeschlechtlichung oder Re-
Genderisierung der Sozialen Arbeit als wohlfahrtsstaatlicher Akteurin sondern
gleichermaßen auf die Adressat/innen und sozialpädagogische Professionalität
sowie entsprechende Denk- und Handlungsweisen.

2.2 Geschlecht und Professionalität

In ihren Angeboten und Praxen spricht Soziale Arbeit ihre Adressat/innen auch
entlang zweigeschlechtlicher Denkweisen als Mädchen und Jungen an, formiert
sich entlang von gendertheoretischen Begriffen wie Sex/Gender, geschlechts-
spezifischer Benachteiligung, doing und undoing gender und unternimmt damit
den Versuch, auf die sich wandelnden Lebensrealitäten und Bewältigungsstrate-
gien von Mädchen und Jungen Bezug zu nehmen. Die sozialpädagogische Mädchenarbeit ebenso wie die sozialpädagogische Jungenarbeit sind seit ihrer Entstehung im Kontext der zweiten westlichen Frauenbewegung wesentliche Handlungsfelder der Profession, in dem geschlechterrelevante Perspektiven bearbeitet
werden (Zu Geschichte, Themenfeldern, Arbeitskonzepten, Methoden und Kritiken sowie aktuellen Herausforderungen in der Perspektive geschlechterreflek-
tierender Pädagogik vgl. u. a. Behnisch/Bronner 2007; Bitzan 2010; Busche et
al. 2010).

   Im Folgenden wird in einer Kombination aus geschlechter- und professions-
theoretischer Herangehensweise anhand einer Interviewsequenz die Frage nach
der Bedeutung von Geschlecht bzw. Weiblichkeit für sozialpädagogisches Denken und Handeln diskutiert. Dabei wird der Fokus auf die Perspektive der Pro-

fessionellen gelegt, andere Aspekte, die in der einschlägigen Literatur umfassend diskutiert werden, wie etwa die Begründungsfähigkeit geschlechteradressierender Praxen, Pro und Contra geschlechtergemischter und geschlechtergetrennter Gruppen oder die Frage nach „mehr Männer in die Soziale Arbeit?" (vgl. gffz 2011) werden zugunsten dieser professionstheoretischen Fokussierung nicht in die Überlegungen einbezogen.

Die Interviewpartnerin, die hier Anna Born heißen soll, beschreibt auf die Eingangsfrage nach ihrem typischen Arbeitsalltag ihre Tätigkeiten und Adressat/innen in der Offenen Kinder- und Jugendarbeit und kommt dabei auch auf den Faktor Geschlecht zu sprechen, wenn sie ein Beispiel für eine typische Situation im Alltag der Offenen Jugendarbeit beschreibt:

> Es gibt z. B. eine Mädchentanzgruppe bei mir im Jugendzentrum, die, wie das ja auch ganz gängig ist bei so 14, 15, 16-jährigen Mädchen, die nach diesem so nach diesen ganzen, ja im Prinzip im STIL der heutigen Musikvideos tanzen. Sehr lasziv, sehr aufreizend und auch nur darauf bedacht, in ihrem Tanz und das ist etwas, was mir eigentlich sehr widerstrebt. Zuhause würd' ich mir so ein Video einfach nicht ansehen, aber ich finde da ist es dann trotzdem meine Aufgabe, das erst mal anzunehmen, sie einfach machen zu lassen und nicht gleich auf eine andere Schiene zu bringen, weil ich denke, dass ist irgendwie ein restriktives Frauenbild, was hier gerade verkörpert wird, sondern auch da anzusetzen, um natürlich dann irgendwann auch in dem Bereich Mädchenarbeit zu machen und in diesem Zusammenhang Rollenmuster und Geschlechtsidentitäten zu thematisieren, aber das eben erst mal anzunehmen und zu sagen, dass es so deren Kultur eben einfach auch ist und dann lasse ich sie eben gern auch auftreten mit ihrer Art von Tanz, auch wenn das gar nicht Meins ist. (A.B., Z. 160-170)

An dieser Sequenz wird deutlich, dass ihre Kritik an stereotypen Weiblichkeitsinszenierungen für Anna Born – zumindest nicht sofort – eine sozialpädagogische Intervention begründet, bzw. besteht diese für die Professionelle in einer abwartenden professionellen Haltung, die sich in den aktuell wahrgenommenen Bedürfnissen der Adressat/innen orientieren möchte. Diesen einen „eigenen Raum" zu geben sowie sie diesen Raum auf ihre eigene Weise nutzen zu lassen, bringt die Interviewte mit der Grundhaltung „die Jugendlichen annehmen, wie sie sind" auf den Punkt. Hier drücken sich die von ihr stark gemachten professionellen Handlungsprinzipien der Freiwilligkeit und Partizipation aus: „die sind ja freiwillig da und es soll ja auch ein Ort sein, wo sie sich wohlfühlen, wo sie gern hingehen, wo sie ihren Alltag sozusagen in der Einrichtung mitgestalten, mitbestimmen" (Z. 70-71). Dieser Anspruch erfordere auch, die eigenen Werthaltungen im Sinne professioneller Distanz zu reflektieren, situativ auch zurückzustellen und gegenüber den Adressat/innen nicht suggestiv-direktiv, sondern transparent-vorschlagend einzubringen und damit dem eigenen sozialpädagogischen Handeln, den professionellen Zugriffen auf die Seinsweisen der Adressat/innen Grenzen zu setzen:

> Und das ist eben auch das Spezifische an der Jugendarbeit, dass man (.) nicht mit dauernd mit seiner Moral da ran geht. Meine Aufgabe ist es eben nicht, mein Bild der Welt auch all diesen Jugendlichen aufzudrücken, aber meine Aufgabe sehe ich trotzdem auch darin, sich kritisch über diese Dinge mit den Jugendlichen auseinander zu setzen. Aber trotzdem erst mal gewähren zu lassen, machen zu lassen und ruhig auch zu fördern, also zu fördern, indem man ihnen Raum für sich selbst na ja vielleicht auch für ihre Lebenswelt gibt. (A.B., Z. 170-175)

Die Professionelle macht hier erneut wichtig, die eigenen, durchaus auch geschlechtertheoretisch und geschlechterpolitisch formierten Wert- und Normvorstellungen zurückzustellen, eine gewisse Neutralität gegenüber den Vorstellungen der Adressat/innen einzuhalten und diesen zwar nicht ihre eigene Weltsicht aufzudrängen, aber dennoch über Fragen von moralischer oder politischer Bedeutung in einen Diskurs zu treten. Erkennbar wird an dieser Stelle auch die Haltung, dass es professionell unangemessen ist, die eigene Sicht der Welt – im Konkreten hier die Meinung der Sozialarbeiterin zu Geschlechterstereotypen – auch den Adressat/innen abzuverlangen, aber dennoch hierüber eine Auseinandersetzung zu induzieren. Dabei geht es ihr darum, sich selber und den eigenen professionellen Zugriffen auf die Adressat/innen Grenzen zu setzen. Dies zeigt sich an dem von ihr berichteten Beispiel über die Mädchentanzgruppe, mit dem sie verdeutlicht, dass sie es grundsätzlich als angebracht betrachtet, Geschlechterstereotype zu hinterfragen und Alternativen zu ,typisch weiblichem' Verhaltensrepertoire aufzuzeigen. Dies jedoch – und hier verortet sie jene Grenze professionellen Handelns – ohne falsch-richtig-Deutungen und entsprechend pejorative Ist- und Soll-Zustandsbeschreibungen zu artikulieren. So relativiert sie ihr Unbehagen gegenüber den von Mädchen performierten Geschlechterrollen mit Blick auf die (Nicht)Legitimität professioneller Interventionen auch hinsichtlich des Interventionszeitpunktes, wenn sie häufig zeitdimensionale Formulierungen verwendet wie „*erst mal* anzunehmen, sie einfach machen zu lassen und *nicht gleich* auf eine andere Schiene zu bringen", „*erst mal* gewähren zu lassen" oder „um natürlich *dann irgendwann* auch in dem Bereich Mädchenarbeit zu machen" (s. o., Herv. CH). Mit Fritz Schütze betrachtet zeigt sich hier das professionelle Paradox Intervenieren/Abwarten (vgl. 1992: 150-152), mit dem die Professionelle vor die Problematik gestellt ist, möglicherweise zu früh und zu massiv zu intervenieren oder aber mit der Intervention zu lange zu warten und damit „den günstigen Interventionszeitpunkt verpasst" (a. a. O.: 151). Die Frage, *wie* die Professionelle dann Mädchenarbeit realisiert, um die von ihr kritisch betrachteten Geschlechterstereotype und Sexualisierungen in Veränderungsabsicht zu thematisieren, bleibt jedoch an dieser Stelle unbeantwortbar. Professionstheoretisch ließe sich hier u. a. im Anschluss etwa an Ulrich Oevermann (1992) oder Mark Schrödter (2007) schließen, dass die professionelle Aufgabe auf Basis professioneller Standards wie Freiwilligkeit und Ergebnisoffenheit darin zu bestehen hat – im spezifischen Falle geschlechterreflektierende – sozialpädagogische Methoden und Konzepte anzuwenden, die den Adressatinnen eine Vervielfältigung von Handlungsmöglichkeiten anbieten, so dass sich sozialpädagogische Professionalität „in einer spezifischen Qualität sozialpädagogischer Handlungspraxis [materialisiert], die eine Erhöhung von Handlungsoptionen, Chancenvervielfältigung und die Steigerung von Partizipations- und Zugangsmöglichkeiten auf Seiten der Klient/innen zur Folge hat" (Dewe/Otto 2002: 187). Geschlechtertheoretisch angewendet bedeutet dies beispielsweise, Adressat/innen im Feld der Mädchen- und Jungenarbeit Alternativen zu Geschlechterstereotypen und Möglichkeiten der Erweiterung zweigeschlechtlich konnotierten Handlungs- und Lebensweisen zu eröffnen. Diese Angebote erfolgen dabei unter Berücksichtigung des skizzierten demokratisch ausgerichteten Verständnisses von Professionalität, der angemessen kritischen theoretischen Reflexion des Genderbegriffes sowie unter der Darlegung Sozialer Arbeit als Geschlechtergerechtigkeit anvisierende Profession.

Literatur

Andersen, M. L. (2005): Thinking about Women. A Quarter Century's View. In: Gender & Society, Vol. 19, August 2005, 437-455.

Andersen, M. L./Collins, P. H. (eds.) 2004: Race, class, and gender: An anthology. 5th ed. Belmont, CA: Wadsworth.

Bauer, R. (2006): Grundlagen der Wissenschaftstheorie und Wissenschaftsforschung. In: Ebeling, S./Schmitz, S. (Hrsg.): Geschlechterforschung und Naturwissenschaften. Einführung in ein komplexes Wechselspiel. Wiesbaden: VS, 247–278.

Behnisch, M./Bronner, K. (2007): Mädchen- und Jungenarbeit in den Erziehungshilfen. Einführung in die Praxis einer geschlechterreflektierenden Pädagogik. Weinheim: Juventa.

Böhnisch, L. (2004): Männliche Sozialisation. Eine Einführung. Weinheim: Juventa.

Böhnisch, L. (2003): Die Entgrenzung der Männlichkeit. Verstörungen und Formierungen des Mannseins im gesellschaftlichen Übergang. Opladen: Leske + Budrich.

Böllert, K./Heite, C. (Hrsg.) (2011): Sozialpolitik als Geschlechterpolitik. Wiesbaden: VS.

Busche, M./Maikowski, L./Pohlkamp, I./Wesemüller, E. (2010): Feministische Mädchenarbeit weiterdenken. Zur Aktualität einer bildungspolitischen Praxis. Bielefeld: transcript.

Butler, J. (1990): Das Unbehagen der Geschlechter. Frankfurt/Main: Suhrkamp.

Connell, R. W. (2006): Der gemachte Mann. Konstruktion und Krise von Männlichkeiten. 3. Auflage, Wiesbaden: VS.

Connell, R. W./Messerschmidt, J. W. (2005): Hegemonic Masculinity: Rethinking the Concept. In: Gender & Society, Jg. 19, H. 6, 829–859.

Connell, R. W. (1987): Gender and power. society, the person, and sexual politics. Cambridge: Polity Press.

Daston, L. (2001): Die Kultur der wissenschaftlichen Objektivität. In: Hagner, M. (Hrsg.): Ansichten der Wissenschaftsgeschichte. Frankfurt am Main: Fischer, 137–158.

Dewe, B./Otto, H.-U. (2002): Reflexive Sozialpädagogik. Grundstrukturen eines neuen Typs dienstleistungsorientierten Professionshandelns. In: Thole, Werner (Hrsg.): Grundriss Soziale Arbeit. Ein einführendes Handbuch. Opladen: Leske und Budrich, 179–198.

Dietze, G./Hark, S. (Hrsg.) (2006): Gender kontrovers. Genealogien und Grenzen einer Kategorie. Sulzbach, Taunus: Ulrike Helmer Verlag.

Edwards, J./Hearn, J./Popay, J. (1998): Men, gender divisions, and welfare. London: Routledge.

Eggemann, M./Hering, S. (Hrsg.) (1999): Wegbereiterinnen der modernen Sozialarbeit. Texte und Biographien zur Entwicklung der Wohlfahrtspflege. Weinheim, München: Juventa.

Esping-Andersen, G. (1998): Die drei Welten des Wohlfahrtskapitalismus. Zur Politischen Ökonomie des Wohlfahrtsstaates. In: Lessenich, S./Ostner, I. (Hrsg.): Welten des Wohlfahrtskapitalismus. Der Sozialstaat in vergleichender Perspektive: Campus, 19–56.

Fleck, L. (1980): Entstehung und Entwicklung einer wissenschaftlichen Tatsache. Einführung in die Lehre vom Denkstil und Denkkollektiv. Frankfurt/Main: Suhrkamp.

Fleßner, H. (1994): Mütterlichkeit als Beruf - historischer Befund oder aktuelles Strukturmerkmal sozialer Arbeit? Vortrag zur Habilitation am 14.10.1994. Oldenburg.

Fraser, N. (Hrsg.) (1997): Die halbierte Gerechtigkeit. Frankfurt/Main: Suhrkamp.

Fraser, N./Gordon, L. (1997): Abhängigkeit im Sozialstaat. Genealogie eines Schlüsselbegriffs. In: Fraser, N. (Hrsg.): Die halbierte Gerechtigkeit. Frankfurt/Main: Suhrkamp, 180–220.

gffz – Gender- und Frauenforschungszentrum der Hessischen Hochschulen (2011): Mehr Männer in die Soziale Arbeit!? Kontroversen, Konflikte, Konkurrenzen. Arbeitskonferenz für Hochschulen in Kooperation mit dem Arbeitskreis „Geschlechterverhältnisse in der Sozialen Arbeit" des Fachbereichtages Soziale Arbeit (FBTS) und dem Fachbereich 4 Soziale Arbeit und Gesundheit der Fachhochschule Frankfurt am Main am Freitag, 24.06.2011, in der Fachhochschule Frankfurt am Main.
http://www.gffz.de/1_3_42.html?PHPSESSID=5d0ff52039c5d759d3eb1b29df5378f3

Gildemeister, R. (2007): Die soziale Konstruktion von Geschlechtlichkeit. In: Hark, S. (Hrsg.): Dis/Kontinuitäten: feministische Theorie. 2., aktualisierte und erw. Aufl. Wiesbaden: VS, 55–72.

Haraway, D. (1987): Geschlecht, Gender, Genre. Sexualpolitik eines Wortes. In: Hauser, K. (Hrsg): Viele Orte. Überall? Feminismus in Bewegung. Berlin/Hamburg: Argument, 22-41.

Harding, S. G. (1991): Whose science? Whose knowledge? Thinking from women's lives. Milton Keynes: Open Univ. Press.

Hark, S. (Hrsg.) (2007): Dis/Kontinuitäten: Feministische Theorie. Wiesbaden: VS.

Hark, S. (2005): Dissidente Partizipation. Eine Diskursgeschichte des Feminismus. Frankfurt/Main: Suhrkamp.

Hug, T. (Hrsg.) (2001): Wie kommt Wissenschaft zu Wissen? Einführung in die Wissenschaftstheorie und Wissenschaftsforschung. Hohengehren: Schneider Verlag.

Kessl, F. (2006): Aktivierungspädagogik statt wohlfahrtsstaatlicher Dienstleistung. Das aktivierungspolitische Re-Arrangement der bundesdeutschen Kinder- und Jugendhilfe. In: Zeitschrift für Sozialreform, H. 52, 217–232.

Kessl, F./Otto, H.-U. (Hrsg.) (2009): Soziale Arbeit ohne Wohlfahrtsstaat? Zeitdiagnosen, Problematisierungen und Perspektiven. Weinheim, München: Juventa.

Knapp, G.-A. (2008): Gleichheit, Differenz, Dekonstruktion: Vom Nutzen theoretischer Ansätze der Frauen- und Geschlechterforschung für die Praxis. In: Krell, G. (Hrsg.): Chancengleichheit durch Personalpolitik. Gleichstellung von Frauen und Männern in Unternehmen und Verwaltungen Rechtliche Regelungen -- Problemanalysen – Lösungen. 5., vollständig überarbeitete und erweiterte Auflage. Wiesbaden: Betriebswirtschaftlicher Verlag Dr. Th. Gabler | GWV Fachverlage GmbH Wiesbaden, 163–172.

Knapp, G.-A. (2005): »Intersectionality« – ein neues Paradigma feministischer Theorie? Zur transatlantischen Reise von "Race, Class, Gender" In: Feministische Studien, H. 1, 68–81.

Kuhn, T. S. (2007): Die Struktur wissenschaftlicher Revolutionen. 2., rev. und um das Postskriptum von 1969 erg. Aufl. Frankfurt/Main: Suhrkamp.

Lessenich, S. (2008): Die Neuerfindung des Sozialen. Der Sozialstaat im flexiblen Kapitalismus. Bielefeld: transcript.

Lewis, J. (2002): Gender and welfare state change. In: European Societies, H. 4, 331–357.

Lewis, J./ Giullari, S. (2005) 'The adult worker model family, gender equality and care: the search for new policy principles and the possibilities and problems of a capabilities approach. In: Economy and Society, Vol. 34, 1, 76-104.

McCall, L. (2005): Managing the Complexity of Intersectionality. In: Signs: Journal of Women in Culture and Society, H. 30/3, 1771–1800.

Maurer, S. (2008): Frauen und Männer in der Zukunft Sozialer Arbeit. Entwurf einer neuen GeschlchterUnordnung. In: Amthor, R.-Ch. (Hrsg.): Soziale Berufe im Wandel. Vergangenheit, Gegenwart und Zukunft Sozialer Arbeit. Grundlagen der Sozialen Arbeit, Band 19. Hohengehren: Schneider, 177–204.

Mouffe, C. (1984): The Sex/Gender System and the Discoursive Construction of Women's Subordination. In: Hänninen, S./Paldau, L. (Hrsg.): Rethinking Ideology. Hamburg: Argument-Verlag.

Oelkers, N./Richter, M. (2010): Die post-wohlfahrtsstaaliche Neordnung des Familialen. In: Böllert, K./Oelkers, N. (Hrsg.): Frauenpolitik in Familienhand? Neue Verhältnisse in Konkurrenz, Autonomie oder Kooperation. Wiesbaden: VS, 15–24.

Rubin, G. (1975): The Traffic in Women: Notes on the 'Political Economy' of Sex. In: Reiter, R. (ed.): Towards an Anthropology of Women. NY: Monthly Review Press, 157-210.

Schütze, F. (1992): Sozialarbeit als „bescheidene" Profession. In: Dewe, B./Ferchhoff, W./Radtke, O. (Hrsg.): Erziehen als Profession. Zur Logik professionellen Handelns in pädagogischen Feldern. Opladen: Leske + Budrich, 132–170.

Spivak, G. C. (1999): A Critique of Postcolonial Reason. Towards a History of the Vanishing Present. Calcutta/New Delhi: Seagull.

Vogel, U. (2007): Meilensteine der Frauen- und Geschlechterforschung. Originaltexte mit Erläuterungen zur Entwicklung in der Bundesrepublik. Wiesbaden: VS.

West, C./Zimmerman, D. (1987): Doing Gender. In: Gender & Society 1/1, 125-151.

Yuval-Davis, N. (2006): Intersectionality and Feminist Politics. In: European Journal of Women's Studies, H. 3, 193–209.

Soziale Kontrolle.
Prävention und soziale Probleme als Denkfolien Sozialer Arbeit und sozialpädagogischen Handelns?

Sascha Schierz

Folgt man einer gängigen Interpretation sozialpädagogischen Handelns, reagiert die Soziale Arbeit vor allem auf soziale Probleme (Kriminalität, Drogenkonsum, Obdach- und Wohnungslosigkeit etc.), fördert soziale Integration und Kohäsion in multikulturellen Gesellschaften oder sie kümmert sich um die Leiden von Menschen, die in einem Zusammenhang mit sozialen Wandlungsprozessen ihre Handlungsfähigkeit vorübergehend verlieren (vgl. Böhnisch 2008; kritisch Dollinger 2008). Als soziales System vermittelt sie damit individuelle Bedürftigkeit und gesellschaftliche Normalitätsvorstellungen. Sozialpädagogisches Handeln und Wissen artikuliert sich in dieser Sichtweise als nahezu natürliche Reaktion gegenüber den größeren und kleineren Leiden der Gesellschaft, die durch einen professionellen Blick erfasst und bearbeitet werden (vgl. Dollinger 2008; Dollinger 2010). Vor allem soll die Praxis präventiv wirksam werden, die Gesellschaft so mitgestalten, dass man als Individuum eigentlich nicht herausfällt. Schaut man allerdings soziologisch informiert etwas genauer hin, findet sich die Soziale Arbeit mit einer Rückbindung an sozialpolitisches bzw. staatliches Handeln vor allem auch in der Situation wieder, nicht einfach zu helfen und zu integrieren, sondern eben auch an der Verwaltung und Normalisierung von sozialen Benachteiligungen mitzuwirken oder eben jenseits der Funktion des Helfens immer auch überwachende und kontrollierende Tätigkeiten zu umfassen (vgl. Huber/Schierz 2012). Sie ist Teil des Herrschaftssystems einer Gesellschaft und wirkt als „linke Hand des Staates" (vgl. Wacquant 2009) auch an der Gestaltung der Gesellschaft mit.

Eben diese Verbindung hin zu einem „doppelten Mandat" Sozialer Arbeit zwischen Hilfe und Kontrolle lässt sie mit der ihr eigentümlichen Institutionalisierung von „Schwäche und Fürsorge" (Cremer-Schäfer/Steinert 1998) auch zu einem – wenn auch meist sanften – Agenten sozialer Kontrolle werden. Sie produziert auch segregierende Wirkungen, hat Teilhabe an Anschlussprozessen, schafft Diagnosen und Problembeschreibungen, die Zielgruppen als anders – sprich abweichend – fokussieren und für eine weitere gesellschaftliche Normalisierung, sei diese präventiv oder als Intervention gestaltet, freigeben. Entsprechend dieser kurzen Analyse folgend, interessiert sich der Beitrag weniger für die Effektivität mit der Hilfe und Kontrolle geschehen könnte; es werden keine Vorschläge gemacht, wie soziale Kohäsion zu erreichen sei. Interessiert wird sich für die Einbettung Sozialer Arbeit in Prozesse sozialer Kontrolle, deren Wandel und Funktionieren. Es gilt die Sinne zu schärfen, um den aktuellen Stand der Sozialen Arbeit in Fragen von Abweichung, Kriminalitätskontrolle und Sicherheit zu kartographieren. Geöffnet werden soll somit auch ein Raum, der Diskussionen über eine andere Politik des Sozialen bzw. eine andere Formation Sozialer Arbeit als die gegenwärtige Einbindung. Es geht primär um das Verstehen und das Offenlegen der wirkenden Prozesse rund um Normalität und Abweichung und eben nicht um die Problematik, die David Matza als für die Soziale Arbeit oder aber die Mainstream-Kriminologie typische Präventionsperspektive rekonstruierte:

> „Eine grundlegende Schwierigkeit der Präventionsperspektive besteht darin, daß sie systematisch die Fähigkeit zur Einfühlung und zum Begreifen der Untersuchungsgegenstände stört. Nur mit der Perspektive des Verstehens können die Struktur der sozialen Verhaltensmuster und die vielfältigen Nuancen menschlichen Eingehens auf diese Muster erfasst und analysiert werden" (Matza 1973: 22).

Eine Theorie Sozialer Arbeit, die in einer Präventionsperspektive aufgeht, läuft Gefahr soziale Prozesse und Zielgruppen als abweichend zu essentialisieren beziehungsweise zu stigmatisieren. Sie wird blind gegenüber der Konstruktion ihres eigenen Blicks, ihrer politischen Positionierung und läuft Gefahr steuerungsunfähig gegenüber dem sie umgebenden Kontext zu werden. Als Alternative werden die Transformationen sozialer Kontrolle und dieser Kontext auf die Einbindung Sozialer Arbeit (makro-)soziologisch beschrieben. Gefolgt wird hierbei vor allem einer Theorie der Modernität bzw. Modernisierung, die die Wandlungen der Verbindungen wohlfahrtsstaatlicher Politik als Moment sozialer Kontrolle in den westlichen Gesellschaften nachspürt. Gesellschaftstheoretisch gewendet wird im Folgenden der Übergang von den wohlfahrtsstaatlichen Disziplinargesellschaften (vgl. Foucault 1994), die einer normativen Skizze des Einschlusses und der Disziplinierung folgten, hin zu eher risikobetonten Kontrollgesellschaften (Deleuze 1993; Krasmann 2003), die einerseits selektiv zu Ausschluss neigen und Sicherheitsdiskurse und –belange in das Gewebe spätmodernen Alltagslebens übertragen, rekonstruiert. Es geht darum, ein grundlegendes Verständnis eben für die Problematik sozialer Kontrolle und ihrer Wandelbarkeit nachzuzeichnen, die hier grob als ein Übergang von einer staatlichen Rationalität in eine andere beschrieben werden. Eben vor dem Hintergrund dieser Folie versuche ich verschiedene Konsequenzen und Herausforderungen für die Soziale Arbeit zu skizzieren.

1 Das grundlegende Problem: Eine Ordnung erzeugen

Nähert man sich genuin sozialwissenschaftlich Fragen sozialer Kontrolle, so stößt man unweigerlich auf den tendenziell ausufernden Befund, dass sie eben die Herstellung, Absicherung und Organisation sozialer Ordnung beschreibt (Ross 1896). Schlussendlich wird sie weitestgehend deckungsgleich mit der zugrundeliegenden Sozialform und der normativen Verfasstheit von Gesellschaft. Doch was meint das Erzeugen von Ordnung in liberalen Gesellschaften?

Folgt man dem polnisch-britischen Soziologen Zygmunt Bauman (1996: 13), basiert die Erzeugung von sozialer Ordnung vor allem auf Akten des Klassifizierens, die die Welt in diskrete wie graduell unterschiedliche Elemente (zum Beispiel normal und abweichend) ordnen und darüber wiederum Einheiten von Elementen zusammensetzt (die Kriminellen, die Nation etc.). Klassifizierungen geben der Welt eine Struktur, ermöglichen so eine Einschränkung von möglichen Zufällen, machen sie für uns beeinflussbar. Ohne Bedeutungszuweisungen lässt sich keine Welt ordnen, auch nicht für individuelle Akteure. So weit so gut, allerdings ruft dies bereits die Erfahrung der „Ambivalenz", das Mehrdeutige, das Fremde bzw. das sie begleitende Gefühl von Unsicherheit ins Leben. Ambivalenz markiert den Raum der Unklarheit, der sich aus der Möglichkeit ergibt, einen Gegenstand oder ein Ereignis oder eben eine Person in mehr als nur eine Kategorie zuzuordnen. Illegale Graffiti sind mit ihrer Ambivalenz zwischen Kunst/Kultur, Eigensinn und Kriminalität ein gutes Beispiel hierfür. Die normative Struktur des Eigentums begrenzt die Reichweite ästhetischer Deutungen, die dennoch vorherrschen. Es ist das Versagen der Trennfunktion der Sprache, in diesem Beispiel von legal und illegal, und gleichzeitig ein Element der Unordnung im städtischen Raum, allerdings ebenso ihr ständiger Begleiter und Normalzustand. Die Ambivalenz wirft sämtliche getroffenen Unterscheidungen wie Sicherheitsmaßnahmen über den Haufen. Die Klassifizierungsfunktion der Sprache: „hat vorgeblich den Zweck, Ambivalenz zu verhindern. Ihre Leistung bemisst sich an der Sauberkeit der Trennung zwischen den Klassen, der Präzision ihrer definitorischen Grenzen und der Unzweideutigkeit, mit der Objekte Klassen zugewiesen werden können. Und doch sind die Anwendungen solcher Kriterien und gerade die Aktivität, deren Fortschritt sie überwachen sollen, letztlich die Quellen der Ambivalenz und die Gründe, die es äußert unwahrscheinlich machen, daß Ambivalenz jemals wahrhaft ausstirbt, wie groß das Ausmaß und die Leidenschaft der strukturierenden/ordnenden Anstrengungen auch immer sein mag" (Bauman 1996: 15).

Wahrlich keine rosigen Aussichten, wenn man denn die Position einnehmen mag, eine soziale Ordnung hervorzubringen oder diese zum Beispiel hin auf Kriminalität oder soziale Probleme zu kontrollieren. Klassifizieren mag aus ein-

und ausschließenden Operationen auf der symbolischen Ebene oder gar Gewalt-
akten bestehen, die die moderne Welt in zwei entgegengesetzte Klassen (wie
unter anderem „kriminell" und „konform", „Risiko" und „Sicherheit" oder „legal" und „illegal") zu teilen, aber auf Dauer aufrechterhalten wird diese Geome-
trie der Ordnung nicht. Oder wie es der französische Sozialtheoretiker Michel
Foucault am Beispiel der Disziplin ausdrückte:

> „Kurz, die disziplinarische Macht hat diese doppelte Eigenschaft, anomalisierend zu
> sein, das heißt, immer eine gewisse Anzahl von Individuen abseits zu stellen, Ano-
> mie, Irrreduzibles zutage treten zu lassen, und stets normalisierend zu sein, stets
> neue Vereinnahmungssysteme zu erfinden, die Regel stets wiederherzustellen. Es ist
> eine fortwährende Arbeit der Norm in der Anomie" (Foucault 2005: 88-89).

Entsprechend ist diese Systemoperation sowohl selbstzerstörerisch wie selbster-
zeugend. Sie bildet die unmögliche Obsession, die sich die Moderne mit dem
Zusammenbruch der religiös determinierten wie gleichzeitig alternativlosen
„Natürlichkeit" der Ordnung seit der Aufklärung vorgenommen hat. Zentral
scheint hierfür die Rolle des Staates. Er hat sich dieser Aufgabe angenommen,
als einziger legitimierter öffentlicher Akteur hierfür in Gänze zu sorgen:

> „Da die Souveränität des modernen Staates in der Definitionsmacht und deren An-
> wendung liegt – ist alles, was sich selbst definiert oder der machtgestützten Definiti-
> on entzieht, subversiv. Das andere dieser Souveränität ist unbetretbares Gebiet, Un-
> ruhe und Ungehorsam, der Zusammenbruch von Recht und Ordnung" (Bauman
> 1996: 21).

Im inneren des Staates stellt sich diese Frage der Definitionsmacht vor allem im
Rahmen der Themen Abweichung und soziale Kontrolle. Folgt man dem italie-
nischen Philosophen Giorgio Agamben (2002: 17ff.), bildet eben dieser Moment
als Unterscheidung von gemeinen, gleichfalls „natürlichen" Leben und dem po-
litisch-qualifizierten beziehungsweise legitimierten Leben eine „Struktur der
Ausnahme" hervor, die für die abendländische Politik charakteristisch erscheint.
Geformt werden Kategorien und Schwellen, die wenn das Leben an sich auch
als höchster Wert zählt, nicht vernachlässigt werden dürfen. Sie bringen die
Grenzen von Teilhabe und Ausschluss hervor, um das Gemeinwesen zu organisieren, es in die gesellschaftliche Ordnung einschließen. Eben das Abweichende
oder Problematische (bei Agamben nach einer römischen Rechtsfigur als „homo
sacer" benannt) erhält so den Status als Subjekt und Objekt von Politik, als eine
Beziehung der „Ausnahme", die es dem souveränen Staat erlaubt, sich von seinen eigenen Regeln zu auszunehmen (zu töten, zu inhaftieren oder anders zu
bestrafen, zu besseren, Bewegungen einzuschränken etc.) und um der Ordnung
willen, diese zu umgehen, Subjekte auszuschließen. Schlussendlich erscheinen
diese Personengruppen oder Ereignisse nicht mehr beliebig oder im gesellschaft-

lichen Leben angelegt, sondern häufig als Gefahr oder Bedrohung. Eben dieses Vorgehen könnte als Logik sozialer Kontrolle angesehen werden, die das gesellschaftliche Feld durchzieht und Teilhabe und Ausschluss organisiert.

2 Abweichung und soziale Kontrolle

Kriminalität und das Soziale stehen, über (strafrechtliche) Normen und Sanktionen vermittelt, in einem komplementären Verhältnis. Die Setzung der Norm definiert das von ihr abweichende Verhalten als einen Raum oder eine Person der bzw. die „anders" sind (vgl. Haferkamp 1972: 59-60). Die festgestellte Andersheit macht sie problematisch und interventionsbedürftig. Aber die Sanktion bearbeitet nicht nur die zugeschriebene „Andersheit" der Normverletzung, sondern verleiht der Norm an sich den Nachdruck, einen Anspruch auf Allgemeingültigkeit zu erheben. Zeitgleich lässt sich allerdings auch ein weiterer Prozess anführen: Die Normverletzung verdeutlicht die Norm, eben die geteilten Vorstellungen einer Gesellschaft über sich selbst und macht sie im Rahmen von Straf- und Degradierungsprozessen am Straftäter deutlich[1]. Soziologinnen und Soziologen bezeichnen dieses Zusammenspiel zur Erzeugung sozialer Ordnung, Homogenität und Produktion normativer Inklusion seit Ross (1896) als soziale Kontrolle. Vergesellschaftung, also das Leben in Gesellschaft, entsteht demnach nicht ohne entsprechende Institutionen, die sie produzieren: „Die Gesellschaft existierte nicht auf der Grundlage der Konformität und sie konnte nicht auf dieser Grundlage existieren, sondern sie bedarf eines Mechanismus kollektiver Problemlösung und positiver Anpassung" (Janowitz 1973: 505-506). Eben diese positive Anpassung und kollektive Problemlösung wird ausgefüllt durch Instanzen sozialer Kontrolle. *Man könnte mit dem Konzept der sozialen Kontrolle genauer diejenigen sozialen, rechtlichen wie kulturellen Prozesse, Institutionen und Strukturen bezeichnen, mit der eine Gesellschaft versucht, Normen durchzusetzen, ihre Subjekte als produktive, sprich auf dem Markt verwertbare Subjekte hervorzubringen und ihre Mitglieder auf normkonformes Verhalten zu verpflichten*[2]. Dass eine Institution dieser Normanpassung oder Normalisierung auch als Soziale Arbeit bezeichnet werden kann, liegt auf der Hand, wenn man sich die von ihr betonten Sozialisations- bzw. Resozialisationsaufträge vergegenwärtigt. Sie bildet im Kanon der staatlichen Sozialpolitik etwas wie die „linke Hand des Staa-

---

1   In diesem Sinne leistet der Normbruch einen sozialen Dienst, in dem er es ermöglicht, die Erfahrung des „Eigenen" im Normkonformismus zu ermöglichen. In diesem Sinne leistet der Straftäter durch seinen Rechtsbruch zum Beispiel einen Dienst an der Gesellschaft.

2   Mit Foucault (2005) ließe sich dies als Disziplinarmacht verstehen.

tes" (vgl. Wacquant 2009) aus, bewegt sich aber auch immer in einem Verhältnis zur Kriminalpolitik und dem Strafjustizsystem, die als Alternative oder Ergänzung erscheinen.

Es ist ihre scheinbare Neutralität und ein der sozialen Kontrolle innewohnender Funktionalismus >>für alle<<, der sie notwendig erscheinen lässt. Soziale Kontrolle erscheint auf den ersten Blick als causa finalis, die Verwirklichung des Hobbes'schen Leviathans zur Verhinderung des Krieges aller gegen alle oder als Kant'sche Verkörperung einer neutralen wie gesetzgeberischen Vernunft. Nicht alles ist mehr möglich, nach dem ein Teil der Autonomie von den Subjekten an den Staat und seine Experten abgetreten wurde, welche auf Basis eines rationalen Wissens (z. B. kriminologischen oder sozialpädagogischen) operieren. Kontrolle wäre somit rational, artikuliert zum Wohle aller und zum Schutze der Allgemeinheit. Diese Konzeptualisierung impliziert im Grunde genommen zweierlei: eine weitestgehend positive Konnotation von Verhaltensweisen, die den akzeptierten Normen entsprechen; zugleich sind Verletzungen des Normgefüges weitestgehend negativ besetzt. Abweichende Verhaltensweisen und Normbrüche gilt es zu verhindern bzw. zu sanktionieren. Doch gerade vor dem Hintergrund der Konstruktion von Abweichung und Kontrolle über Definitionsleistungen ist zu fragen, wer diese gestiftet hat und mit welchem Interesse, zumal unterschiedliche soziale Gruppen ungleich an der Durchsetzung von Risiko- und Kriminalitätsdefinitionen teilnehmen können (vgl. Becker 1991: 15 ff.). Moderne Gesellschaften sind hochgradig differenziert und folgen dabei unter anderem Trennungen entlang von Klassen-, Ethnizitäts-, Gender- und Lebensstilunterschieden, die sich sowohl in alltäglichen Interaktionen, politischen Diskursen, medial-vermittelten Weltbildern oder aber räumlichen Spaltungen auffinden lassen. Insofern konfligiert ein Großteil der Normsetzungen einer bestimmten Gruppe mit den Vorstellungen von anderen Gruppen. Was für den einen als normal gilt, wie das Schauen von kommerziellen Filmen als Streams im Internet, mag für den anderen in einer Analogie zum Diebstahl zu stehen. Dabei ist allerdings auch hier nicht von einer gleichwertigen Definition unterschiedlicher Normen auszugehen, sondern davon, dass bestimmte dominante Gruppen ihre Normvorstellungen eher öffentlich durchsetzen können, über mehr Einfluss und Rückhalt in der Politik verfügen oder über ihre Problemdarstellung in der Lage sind, eine große Zahl an Unterstützern zu aktivieren. Das Beispiel hierfür wären die aktuellen Veränderungen am Urheberrecht, aber auch die Proteste gegen diese. So gesehen verkörpert soziale Kontrolle vielleicht weniger eine „rationale" Konzeption als dass sie Ausdruck gesellschaftlicher Herrschafts- und Ungleichheitsmomente ist.

Aus der Perspektive sozialer Kontrolle erscheinen „Abweichungen" als Residuen, die es im Rahmen einer Modernisierung zu bearbeiten gilt und die eine

Effektivität des Staates bei der Organisation des Sozialen herausforderten. Dies ist eine Frage, die gerade gegen Ende des 19. Jahrhunderts und im frühen 20. Jahrhunderts im Kontext der Ausbreitung der kapitalistischen Marktgesellschaften, wachsender Ungleichheiten und neuer sozialer Klassenlagen nicht nur Sozialreformer beschäftigte, sondern sie war auch zentral auch für das Entstehen neuer wissenschaftlicher Disziplinen wie die Soziologie, die Sozialpädagogik und die Kriminologie, die sich ihrerseits gegenüber den sozialen Wandlungsprozessen der Gesellschaft, der Veränderungen von Traditionen und Alltagsstrukturen positionierten. Es war sicherlich die wahrgenommene Herausforderung, der „neuen" als amoralisch wie individualistisch-anomisch gedeuteten kapitalistischen Gesellschaft eine neue moralische Ordnung zu geben. Ein solches Verständnis lässt sich auch als Skript vieler früher (Sozial-)Pädagogen wiederfinden. So wird unter anderem von Karl Mager, einem der deutschen Gründerväter der Disziplin, 1844 angeführt, dass der „Pöbel" als Zielgruppe und Träger kollektiven Fehlverhaltens mit der Gefahr der Zerstörung der Gesellschaft assoziiert wurde (vgl. Dollinger 2008: 35f.). Das Wissen Sozialer Arbeit artikuliert sich hier zum Teil als Element einer umfassenden Modernisierung, die eben auch Unwertsurteile gegenüber einer anvisierten Zielgruppe verlangt. Gerahmt wurde dieses Projekt von wohlfahrtsstaatlichen Reformen, die hin auf eine Integration in „Normalbiographien" abzielten, wobei in unserem Falle vor allem ein straf-wohlfahrtsstaatliches Setting relevant erscheint, welches einerseits über individuelle Rehabilitation von Straftätern getreu dem Slogan „Sozialpolitik ist die beste Kriminalpolitik" operierte und andererseits auf eine Einbindung in Erwerbsarbeit abzielte (vgl. Garland 1985). Eben mit dieser Wahl einer gesellschaftlichen Bezugsnorm, auf die hin normalisiert wird, lässt sich die Soziale Arbeit auch als eine zentrale Agentin sozialer Kontrolle im modernen Wohlfahrtsstaat rekonstruieren, selber wenn sie weitestgehend inklusionsorientiert ausgerichtet ist.

Eine derartige reflexive Annäherung an soziale Kontrolle ist klassisch mit unterschiedlichen Perspektiven verknüpft, einerseits mit einer Mikroperspektive, die sich auf individuelle Verhaltensweisen einzelner Mitglieder der Gesellschaft richtet (individuelle Sozialisation, Erziehung oder Disziplinierung), andererseits mit einer (Vielzahl von) Makroperspektive(n), die sich auf Strukturen und Institutionen sozialer Kontrolle fokussiert/en. Vor allem im Kontext von Thematisierungen dieser Makroperspektive ist es in den letzten Jahrzehnten des 20. Jahrhunderts zu inflationären Benennungen dieser Strukturen und Institutionen gekommen: Neben Unterscheidungen wie z. B. der zwischen formeller und informeller sozialer Kontrolle, oder Konzeptionalisierungen, die zwischen staatlicher und nicht-staatlicher Sozialkontrolle zu trennen versuchen, ist es die schiere Summe von Einzelinstitutionen der sozialen Kontrolle, die die Konturen und die

Abgrenzungen des „Mickey Mouse" Konzepts (Cohen 1985: 2) unscharf werden ließen und aus der ihre Wirkweise kafkaesk wie diffus hervortritt. Zentrale gesellschaftliche Institutionen, wie z. B. Schule, Jugendhilfe, Sozialisation oder die Religion, Ideologie und Moral, aber auch die Familien wurden als Instanzen bzw. Stützpunkte sozialer Kontrolle genutzt, die nun neben Recht und vor allem weiten Teilen des staatlichen Sicherheits- und Sanktionsapparates (die Polizei, die Strafjustiz, das Gefängnis) stehen. Erscheint Kontrolle häufig äußerlich und außenstehend und die „Ränder" der Gesellschaft bearbeitend, so lässt sie sich auch als zentral im Leben der „gewöhnlichen" Menschen und ihrer Vergesellschaftung rekonstruieren. Schlussendlich alle gesellschaftlichen Institutionen scheinen ihren Beitrag zu einer gesellschaftlichen Integration zu leisten, Individuen auf Normkonformität zu verpflichten.

Trotz dieser Unübersichtlichkeiten lässt sich in der wissenschaftssoziologischen Rückschau eine Grundlinie erkennen, deren Effekte bis in die erste Hälfte der 1990er Jahre hineinreicht: Seit den 1960er Jahren setzen sich zunehmend herrschaftskritische Thematisierungen des Konzeptes durch. Die systemstabilisierenden Funktionen sozialer Kontrolle, die vordem eher positiv gesehen wurden, sind jetzt verstärkt einem herrschaftskritisch-negativen Duktus verpflichtet. Kontrolle erscheint selektiv und vor allem durch die Normsetzung durch interessierte und mit Macht ausgestattete Gruppen gebunden. Paradigmatisch für diese kritische Perspektive innerhalb der Soziologie und Kriminologie kann Howard S. Becker gelten: „All social groups make rules and attempt, at some times and under some circumstances, to enforce them. Social rules define situations and the kinds of behaviour appropriate to them, specifying some actions as "right" and forbidding others as "wrong" (Becker 1991: 1).

Auch wenn es auf dem ersten Blick nicht so erscheint, gilt besonders auch bei Strafrechtsnormen, dass sie nicht auf Konsens basieren, sondern auf Deutungen von professionellen Akteuren oder moralischen Kreuzzügen, die eben Institutionen oder Praktiken sozialer Kontrolle und Disziplinierung in die Welt bringen. Die Ordnung und Kontrolle der Welt erscheint nicht naturbedingt und aus sich heraus „gut", sondern als sozial, kulturell wie politisch ungleich konstruiert. Um hierfür ein kurzes Beispiel zu geben, lohnt es sich auf die bereits angesprochene Illegalität von Graffiti in städtischen Räumen zurückzugreifen (vgl. Schierz 2009). Gerade im amerikanischen Kontext stellte das Schreiben von Namen an öffentliche Wände und Objekte eigentlich immer einen Allgemeinplatz jugendkulturellen Verhaltensreportoirs dar, der über Generationen hinweg nicht besonders thematisiert wurde: „Writing names, messages, and drawings in the shared public spaces where young people congregate or pass by has been known to exist in cities since the early nineteenth century. If writing is understood as part of the history of graffiti at all, then it belongs within this subset of urban youth graffiti. Written within neighbourhood boundaries and dealt with locally, these graffitied names have usually been inconspicuous in size, and/or small in number, and/or written in places where adults rarely travel, like alleys" (Austin 2001: 41). Da es weitestgehend außerhalb der Wahrnehmungswelten und Bewegungsräume erwachsener Akteure stattfand, war seine soziale Bedeutung marginal. Ähnliche Deutungen lassen sich auch für Europa anführen, wenn man Künstler wie Picasso oder aber Zille mit ihrer nicht auftragsgebundenen Wandkunst als Graffiti bezeichnen mag. Aber auch politische Auseinandersetzungen wurden über mit Farbe gemalte Sprüche an Wänden ausgetragen. Mit Johann W. Goethe lässt sich das Schreiben des eigenen Namens an eine fremde Wand sogar als ehrenvoller Akt junger Männer interpretieren. Größere Aufmerksamkeit wurde auch hier Graffiti nicht zu teil. Dies setzte sich auch mit dem legendären Graffitiwriting der späten 1960er und frühen 1970er Jahre zuerst fort. Als Problem werden die in den frühen 1970er Jahre in New York vorkommenden Namen erst in einem Zusammenhang mit einem wahrgenommenen Niedergang der Städte gedeutet, der einerseits durch die De-Industrialisierung erzeugt wurde und andererseits gerade die Präsenz junger Menschen im städtischen Raum in einem Zusammenhang mit Kriminalität thematisierte. Die Probleme schienen weitreichend und der „big apple" New York galt in der Öffentlichkeit auch als ein „rotting apple", in dem halt nichts mehr so lief, wie es sein sollte (vgl. Schierz 2009: 261ff.). Besonders in Hinblick auf die New Yorker U-Bahn wurde eine tiefgreifende Bedrohung durch Kriminalität ausgemacht, deren öffentliche Thematisierung sich vor allem an den hochsichtbaren Graffiti auflud. Sie wurden von kommunalpolitischen Akteuren nun häufig als Verstöße gegen die Lebensqualität angesehen. Innerhalb dieses Diskurses wird die Farbe an der Wand als soziales Problem definiert, dass einer Kontrolle bedarf. Neben den New Yorker Verkehrsbetrieben, interessierte sich die Stadtverwaltung, der Bürgermeister, die Presse und die Polizei für die jugendlichen Writer, die zu dieser Epoche offiziell als moralisch „wahnsinnig" angesehen wurden. Gesetze zur Bekämpfung von Graffiti wurden verabschiedet, 1973 die ersten Reinigungsbemühungen an der New Yorker U-Bahn initiiert und das sogenannte „Vandal Squad" geschaffen, eine spezielle Polizeieinheit, die sich mit Graffiti beschäftigte[3]. Sozialpädagogische Interventionen wurden übrigens bereits zu diesem Zeitpunkt weitestgehend abgelehnt, da es sich hier um etwas wie ein stadtentwicklungstechnisches Prestigeobjekt handeln sollte[4]. Um die Analyse an

---

3 An dieser Stelle muss auf nahezu reflexhaft auf den „Kick" des Writings hingewiesen werden. Die Adrenalinzugabe des Writings stellt sich erst ab diesem Setting ein, während das Malen der Tags bereits seit Jahren eine eigene Subkultur ausbildete.

4 Auch diese Sichtweise wird durch die Kriminalitätsdeutung gegenüber Graffiti überbewertet, da zeitgleich Tourismusbroschüren New York mit Graffiti als die globale Stadt

diesem Punkt abzubrechen: Die Konstruktion von Abweichung und sozialer Kontrolle bedarf nicht lediglich einer Norm, sondern einer schlüssigen Problemkonstruktion die an einen sozialen Kontext zurückgebunden ist wie Akteuren, die sie durchsetzen wollen.

3 Historisieren

Bisher wurde weitestgehend das klassisch moderne Kontrollsetting des Wohlfahrtsstaates besprochen, indem auch die Sozialpädagogik oder Soziale Arbeit mit ihrer Vermittlung von individuellen Leiden bzw. Benachteiligungen mit sozialstrukturellen Bedingungen ihren Ort findet. Das zentrale Problem, das es institutionell zu bewältigen galt, war die Konformität der Gesellschaftsmitglieder. Dass diese Funktion vor allem auch in neoliberal regierten Gesellschaften bestehen bleibt, steht außer Frage, man sehe sich nur die Rolle des Jobberates der Arge zwischen „Fördern und Fordern" an, wie sie durch die Hartz-Reformen geschaffen wurde (vgl. Dahme/Wohlfahrt 2009). Gleichzeitig lässt sich feststellen, dass die Anzahl der Kontrollagenten mit den Maß an Freiheitsgraden in Konsumfragen und möglichen Individualisierungen erhöht wurde. Die Implikationen berührten bisher Diskurse über eine singuläre Gesellschaft im Wandel und eine Verpflichtung auf Normkonformität für die betroffenen Subjekte, sei diese über Verinnerlichung der dominanten Gesellschaftsstruktur in Prozessen der Sozialisation bedingt, sei dies über pädagogische Interventionen, Sanktionen oder im Zweifel Inhaftierung. Den Hintergrund dieses Verständnisses bildet eine relativ klar geordnete Welt der Normalbiographien, normalen Lebensläufe, der industrie-kapitalistischen Arbeitsorganisation und der Integration in diese, wie sie für die modernen Gesellschaften eine gewisse Gültigkeit beanspruchen konnte (vgl. Bauman 2003). Es war der Einschluss in das Normale oder aber in spezifische Räume wie Schulen, Fabriken, Kasernen, Psychiatrien, Gefängnisse und Heime, in kalkulierbare Freizeitmuster und demokratische Volksparteien, die eben für die Phase westlicher Gesellschaften zumindest bis in die 1970er Jahre typisch war. Dass diese einheitliche Lebensführung und disziplinierte Alltagspraxis kaum noch das Ideal unserer differenzierten Gegenwartsgesellschaften prägt, scheint alltagsweltlich offensichtlich. Ohne sie genauer erklären zu wollen, liefern die Sozialwissenschaften für die Beschreibung des gegenwärtigen Kontextes verschiedene Erklärungsmodelle an: den Wandel zur postindustriellen Produktion, Globalisierung und Differenzierung, neoliberale Politikvorstellungen,

---

schlechthin beworben, bzw. sie für Postkarten etc. als Hintergründe fungierten. In kulturellen Kreisen wurden Graffiti dagegen häufig als Gegenkultur oder „authentische" Kunst von Ausgeschlossenen bewundert.

Individualisierung, Beschleunigung, Konsum als zentralen Moment gesellschaftlicher Teilhabe oder aber das Entstehen neuer Phänomene der sozialen Ausschließung. Zentral gilt auch eine neue Form der Subjektivität, die mit einem großen Maß an Unsicherheit einhergeht. Leben wird verstärkt zu einem individuellen Lebensprojekt, das man gelungen realisieren soll, während die Rahmenbedingungen, zum Beispiel die Möglichkeiten eine Karriere zu planen, systematisch destabilisiert wurden (vgl. Wacquant 2009). Konstantes Ziel aller sozialen Institutionen scheint neuerdings eine ständige Selbstoptimierung, der jeweiligen Zielgruppen und nicht ihre endgültige Anpassung. Eine weitestgehend freiheitliche (soziale, ökonomische, familiäre etc.) Selbstführung steht im Zentrum einer Vielzahl von politischen Debatten und staatlicher Interventionen. All dies, so wird es häufig thematisiert, hat Konsequenzen für die soziale Ordnung und Abweichung in der Spätmoderne (Garland 2008; Krasmann 2003). Es formiert sich etwas, das je nach Autor als „neue Kultur der Kontrolle", als „Kontroll-" oder „Sicherheitsgesellschaft" verstanden wird.

Folgt man dem britischen Kriminalsoziologen Jock Young (2001: 43), so befinden wir uns gegenwärtig in einer „bulemischen Gesellschaft". Änderungen in den Marktmechanismen haben zu einem Anstieg der Kriminalitätsrate zwischen den 1960er und 1990er Jahren geführt, der die Prinzipien der Ordnung selbst verstärkt problematisch erscheinen lässt. Menschen sind durch das Leben innerhalb der pluralen Gesellschaften wie durch eine Destabilisierung von Karrierevorstellungen bzw. biographischen Konstruktionen von einer ontologischen Unsicherheit betroffen, während die Welt um sie herum immer stärker unvorhersagbar und risikoträchtiger wird. Es ist allerdings nicht einfach nur dieses Moment der Unsicherheit, das in den Gesellschaften wirkt. Spätmoderne Gesellschaften kennzeichnen sich so durch einen Anstieg sowohl an Differenz (Pluralität in Fragen, wie denn überhaupt zu Leben sei) wie an „difficulty" (Kriminalität und Unordnung in einem konventionellen Verständnis), die eine Transformation der bürgerlichen Gesellschaften wie innerhalb des Systems sozialer Kontrolle anregten. Der Staat oder die Gesellschaft erscheinen durch ihre marktförmige Konstitution nicht mehr als Quellen der Inklusion und Homogenisierung, sondern als Motoren von Segregation und sozialer Ausschließung. Spätmoderne Gesellschaften konsumierten Differenz besonders in Form von Waren und Geschichten, während sie gleichzeitig Problematisches schlicht nicht mehr ertragen könnten, so Young (Young 2001: 44). Der Übergang von modernen zu spätmodernen Gesellschaften geht so mit einer genauen Umkehrung von Differenz und Problematik einher. Moderne Gesellschaften brachten viele Bemühungen auf, Differenz zu unterdrücken (z. B. Homosexualitäten, Klassendifferenzen), während sie Problematisches im Sinne von Straftaten als noch zu integrieren und zu homogenisieren duldeten. Spätmoderne Gesellschaften feiern Multikulturalität und Differenz, während sie zum Ausschluss des Problematischen als gefährlich durch den gesamten Gesellschaftskörper hinweg neigen. Sie produzieren gleichzeitig kulturelle Inklusion wie strukturellen Ausschluss (vgl. Young 2001, S. 49), womit sie eine bulemische Struktur von Konsum und Auswurf aufweisen. Ausdruck findet diese Transformation allerdings auch in den Mechanismen Sozialer Kontrolle, die weniger alleinig einen Raum des Einschlusses, zum Beispiel in Gefängnisse, konstruieren, sondern vor allem auch in neuen Formen der Überwachung und Kontrolle darüber hinaus existieren. Die Stichworte hier wären vor allem der Ausbau einer Technostruktur der Überwachungsnetzwerke zum Beispiel im Sinne einer öffentlichen Videoüberwachung, der Privatisierung und lokalen Überwachung von Räumen durch Zugangskontrollen oder Platzverweise, die Verbreitung lokaler Präventionsnetzwerke, die Kalkulation von Risiken entlang von Checklisten und strafrechtlichem Risikomanagement, Präventivkriege oder aber die Popularisierung von Unsicherheitsdiskursen in Medien und Politik. Aber auch Schulwahlüberlegungen, Architektur/Beleuchtung und unser alltägliches Fernsehprogramm scheinen hiervon betroffen, während Beschäftigungsverhältnisse, Lebensentwürfe und Partnerschaften ihrerseits brüchiger werden und auf eine eher prekäre Inklusion hindeuten. Die alltagsweltlichen Auswirkungen scheinen weitreichend:

„Die Auswirkungen dieser privaten Anpassungen auf die Verbrechenskontrolle lassen sich schwer messen und wurden meines Wissens noch nie sorgfältig evaluiert. Wichtiger für unsere Zwecke ist jedoch, dass diese Veränderungen in den Alltagsgewohnheiten letztlich bleibende kulturelle Effekte hatten. Sie veränderten die Art, wie Menschen denken und fühlen, worüber sie sprechen, sie veränderten deren Werte und Prioritäten, wie und was sie ihren Kindern vermitteln und welche Ratschläge sie Neuankömmlingen in ihrer Nachbarschaft geben. Die Angst vor Kriminalität – oder vielmehr ein kollektiv gesteigertes Kriminalitätsbewusstsein – wurde nach und nach institutionalisiert. Sie ist unserem Common Sense und Alltagsgewohnheiten eingeschrieben. Sie ist eingelassen in den Wortlaut unserer neuen Programme, in unseren Immobilienkategorien und Versicherungsverträgen und, auf phantastischere Weise, in unsere urbanen Mythen und Fernsehprogramme" (Garland 2008: 296).

Sicherheit bzw. Kontrolle werden zu einem zentralen Moment des spätmodernen Alltagslebens zwischen Lebensentscheidungen, Bewegungsmustern, Raumaneignungs- und Gestaltungsmöglichkeiten die weitestgehend ungleich verteilt sind. Neben diesen >>Kriminologien des Selbst<< gesellen sich Diskurse um die Kriminologien der Bedrohung durch gefährliche Andere, den gewalttätigen Kriminellen, den Sexualverbrechern, den chronischen Drogennutzern und als Schutz vor einem im gesellschaftlichen Aus stehenden Prekariats, das weniger mit Hilfe als mit Kontrolle oder Wegsperren anstelle von Resozialisierung bearbeitet werden soll (vgl. Garland 2008; Wacquant 2009). Auch wenn es bei seit

über 10 Jahren sinkender Kriminalitätsbelastung wohl kaum einen Bedeutungsverlust der klassischen Kontrollinstanzen Polizei, Justiz, Gefängnis gibt, scheint
der Raum der Kontrolle und Kontrollbemühungen entgrenzt und wird nun vor
allem auch routinemäßig mit eingeplant, zum Beispiel in Fragen des Facility
Managements, der Konzeption einer Schule oder innerhalb der Stadtplanung.
Kriminalpolitik avanciert zu einer Gesellschaftspolitik, während die Bedrohung
durch Kriminalität etwas wie ein „Metasymbol" (Frehsee 1998) unserer Zeit
ausformt, dessen Bedeutung auf immer weitere Bereiche des Sozialen übertragen wird. Der Bezugspunkt von sozialer Kontrolle scheint neu skaliert zu werden, nicht mehr auf den Nationalstaat oder die Gesellschaft bezogen zu sein, wie
es im Kontext der wohlfahrtsstaatlichen Moderne der Fall war, stellenweise als
Privatsache daherzukommen, während immer mehr „Kontrollpunkte" im Alltagsleben der spätmodernen Gesellschaften errichtet werden (vgl. Schierz 2009,
Massumi 2010). Wenn soziale Kontrolle mit Ross einst als der Moment galt,
über den der Staat Konformität erzeugt, scheint es heute eher so, als sei hier ein
Motor in Gang gesetzt worden, der in individualisierten Marktgesellschaften
trennt, risikogeleitet differenziert oder in verschiedene Bahnen präventiv aus-
sondert, eben ein anderes drinnen und draußen managt und neue Gefühlslagen
bei den Subjekten anreizt. Problematisch scheint dies für Akteure Sozialer Arbeit allerdings aus einer anderen Perspektive: die Einbindung in Normalarbeits-
verhältnisse und Normalbiographien, wie sie als Fluchtpunkte moderner Sozialarbeit fungierten, scheinen dahinzuschmelzen.

4   Kontrollgesellschaft als eine Herausforderung für die Soziale Arbeit

Abschließend sollen kurz einige Herausforderungen für die Soziale Arbeit im
Kontext einer neuen „Kultur der Kontrolle" (Garland 2008; Lutz 2010) skizziert
werden. Die Gedanken bilden dabei weitestgehend nur einen kleinen, vor allem
professionspolitisch orientierten Raum ab, während zum Beispiel die Vielzahl
der Veränderungen und neuen Problematiken für diverse Adressatengruppen
nicht berücksichtigt werden. Nur der Vollständigkeit halber werden sie kurz angedeutet. Jenseits der sicherheits- und ordnungspolitischen Veränderungen im
Strafvollzug, womit wiederum stationärer wie ambulanter Justizsozialdienst betroffen wären, scheint es vor allem die Arbeit mit den „Nuts, Sluts und Pre-
verts", wie es ein Kriminologe mal zusammenfasste, zu treffen. Viele der ordnungspolitischen Neuerungen betreffen vor allem Straßenszenen wie Obdachlo-
se, Drogennutzer oder aber Jugendliche, die häufig als störend gedeutet werden,
eine neue Ordnung der Oberfläche verletzen. Dass aber auch Unterschichts- und

Migrationsdebatten häufig rund um das Thema der Kriminalität geführt werden, sei nur am Rande angemerkt. Punitivität ist hier das wissenschaftliche Stichwort, dass eben die Intensivierung und Verhärtung der Diskurse über Kriminalität einzufangen versucht (vgl. Lautmann/Klimke 2004). In diesem Prozess muss sich Soziale Arbeit sicherlich gegenüber kriminalpräventiver und ordnungspolitischer Ausgrenzung gekonnt positionieren, wenn sie einem lebensweltlichen Hilfeanspruch gegenüber ihren Nutzern nachkommen mag. Dennoch scheint eine andere Thematik für die Soziale Arbeit als eine größere Herausforderung: ihre Positionierung und Nutzung als Moment einer neuen Sicherheitsarchitektur oder eben als Teil eines „umfassenden Risikomanagements", wie es erst kürzlich der Landesjustizminister von Niedersachsen bei einer Fachtagung ausdrückte. Während sich auch viele meiner Darstellungen so lesen ließen als gäbe es mit dem Übergang zur Spätmoderne einen Bedeutungsverlust sozialstaatlicher Interventionen, sprich dem Einsatz Sozialer Arbeit, gegenüber Abweichung und Kriminalität, so scheint dieses nur zum Teil empirisch belegbar. Empirisch gehaltvoller scheint die These, dass der Sozialen Arbeit innerhalb der neuen Kultur der Kontrolle eine veränderte Bedeutung zugeschrieben wird, sprich sie direkter als Kontrollinstanz wahrgenommen, angesprochen und finanziert wird, um eben Aufgaben der Prävention, Risikominimierung oder aber Überwachung zu übernehmen. Holger Ziegler (2005) brachte dies bereits auf die Formel „Crimefighters United". Soziale Arbeit verschwindet nicht, aber ihre disziplinäre Eigenständigkeit und ihr theoretische Eigensinn erscheinen vor dem Hintergrund der Einbindung in kriminalpräventive Netzwerke zumindest nicht unproblematisch für ihre Nutzer. Doch was heißt es für die Soziale Arbeit, wenn sie sich nun von außen angedacht, nicht mehr selbstreflexiv als Kontrollinstanz verstehen soll, die sich in das Alltagsleben ihrer Klient/innen hereininterveniert, sondern eben dies aktiv übernimmt? Wie lassen sich solche Ansprüche fachlich legitimieren bzw. kritisieren? Welche Rolle spielen gegenüber einem gesellschaftlichen Schutzauftrag als „people changer" (Dahme/Wohlfahrt 2009) noch die Lebensentwürfe und –situationen der Nutzer/innen?

   War Soziale Arbeit ihrerseits mit dem Doppelten Mandat zwischen Hilfe und Kontrolle teilweise auch Kontrollagent, scheint sich dies durch die sozialpolitische Disartikulation der Klienten verstärkt in Richtung eine Art sozialpolizeilicher Überwachung zu verändern (vgl. Dahme/Wohlfahrt 2009). Entsprechende Debatten lassen sich zur Zeit in vielen Praxisfeldern Sozialer Arbeit auffinden, deren Vorgaben für die alltägliche Praxis gegenwärtig verstärkt Risikoanalysen und Kontrollhandeln einfordern. Verstehen und Hilfe werden von Fachkräften dagegen als im Rückgang befindlich beschrieben (vgl. Lutz 2010). Berücksichtigt man diverse Veränderungen der Sozialgesetzgebung, zum Beispiel im Sinne der sogenannten Hartz-Reformen, wird deutlich, dass es auch hier zu einem

Ausbau kontrollierender Tätigkeiten im gesamten Sozialsektor kam, der stellenweise dem Umgang mit Kriminellen zwischen Bewährung und Sanktion gleicht. Um auf dieser neuen Karte des Post-Wohlfahrtsstaates mit all seinen Präventions-, Ordnungs- und Sicherheitsnetzwerken gekonnt sozialpädagogisch manövrieren zu können, bedarf es der Auseinandersetzung mit den Fragen der gegenwärtigen Kultur der Kontrolle. Dies scheint umso notwendiger, je mehr man sich kritisch in Richtung einer anderen „Politik des Sozialen" positionieren will.

Literatur

Agamben, G. (2002): Homo Sacer. Die souveräne Macht und das nackte Leben. Frankfurt am Main: Suhrkamp.

Austin, J. (2001): Taking the Train. How Graffiti Art became an Urban Crisis in New York City. New York: Columbia University Press.

Bauman, Z. (1996): Moderne und Ambivalenz. Das Ende der Eindeutigkeit. Hamburg: Junius.

Bauman, Z. (2003): Flüchtige Moderne. Frankfurt am Main: Suhrkamp.

Becker, H. S. (1991): Outsiders. Studies in the Sociology of Deviance. New York: The Free Press.

Böhnisch, L. (2008): Sozialpädagogik der Lebensalter. Eine Einführung. Weinheim und München: Juventa.

Cohen, S. (1985): Visions of Social Control. Cambridge: Polity Press.

Cremer-Schäfer, H./Steiner, H. (1998): Straflust und Repression. Zur Kritik der populistischen Kriminologie. Münster: Westfälisches Dampfboot.

Dahme, H.-J./Wohlfahrt, N. (2009): Die Kontrolle der Überflüssigen: Anmerkungen zum Formwandel Sozialer Arbeit im aktivierenden Sozialstaat. In: Widersprüche, Heft 113, 45-62.

Deleuze, G. (1993): Postskriptum über die Kontrollgesellschaften. In: ders.: Unterhandlungen 1972-1990. Frankfurt am Main: Suhrkamp, 254-262.

Dollinger, B. (2008): Reflexive Sozialpädagogik. Struktur und Wandel sozialpädagogischen Wissens. Wiesbaden: VS.

Dollinger, B. (2010): Doing Social Problems in der Wissenschaft. Sozialpädagogik als disziplinäre Form der Problemarbeit. In: Groenemeyer, A. (Hrsg.): Doing Social Problems. Mikroanalysen der Konstruktion sozialer Probleme und sozialer Kontrolle in institutionellen Kontexten. Wiesbaden: VS, 105-123.

Foucault, M. (1994): Überwachen und Strafen. Die Geburt des Gefängnisses. Frankfurt am Main: Suhrkamp.

Foucault, M.(2005): Die Macht der Psychiatrie. Vorlesung am College de France 1973-1974. Frankfurt am Main: Suhrkamp.

Frehsee, D. (1998): Kriminalität als Metasymbol für eine neue Ordnung der Stadt. Bürgerrechte als Privileg, Jugend als Störfaktor. In: Breyvogel, W. (Hrsg.): Stadt, Jugendkulturen und Kriminalität. Bonn: Dietz, 130-152.

Garland, D. (1985): Punishment and Welfare. A History of Penal Strategies. Aldershot: Gower.

Garland, D. (2008): Kultur der Kontrolle. Verbrechensbekämpfung und soziale Ordnung in der Gegenwart. Frankfurt am Main: Campus.

Haferkamp, H. (1972): Kriminalität ist normal. Zur gesellschaftlichen Produktion abweichenden Handelns. Stuttgart: Ferdinand Enke Verlag.

Huber, S./Schierz, S. (2012): Punitivierung der Sozialen Arbeit? Anmerkungen zur gegenwärtigen Debatte. In: Rieker, P./Huber, S./Schnitzer, A./Brauchli, S. (Hrsg.): Hilfe! Strafe! Reflexionen zu einem Spannungsverhältnis professionellen Handelns. Weinheim und München: Juventa (i. E.).

Janowitz, M. (1973): Wissenschaftshistorischer Überblick zur Entwicklung des Grundbegriffs ‚Soziale Kontrolle‘. In: Kölner Zeitschrift für Soziologie und Sozialpsychologie, Band 25, 499-514.

Krasmann, S. (2003): Die Kriminalität der Gesellschaft. Zur Gouvernementalität der Gegenwart. Konstanz: UVK.

Lautmann, R./Klimke, D. (2004): Punitivität als Schlüsselbegriff für eine Kritische Kriminologie. In: Kriminologisches Journal, 8. Beiheft, 9-29.

Lutz, T. (2010): Soziale Arbeit im Kontrolldiskurs. Jugendhilfe und ihre Akteure in postwohlfahrtsstaatlichen Gesellschaften. Wiesbaden: VS.

Matza, D.(1973): Abweichendes Verhalten. Untersuchungen der Genese abweichender Identität. Heidelberg: Quelle und Meyer.

Ross, E. A. (1896): Social Control. In: American Journal of Sociology, Jahrgang 1, Heft 5, 513-535.

Schierz, S. (2009): Wri(o)te: Graffiti, Cultural Criminology und Transgression in der Kontrollgesellschaft. Vechta: Vechtaer Verlag für Studium, Wissenschaft und Forschung.

Young, J. (2001): The Bulimic Society: Patterns of Social Control in Late Modernity. In: Althoff, M./Cremer-Schäfer, H./Löschper, G./Reinke, H./Smaus, G. (Hrsg.): Integration und Ausschließung. Kriminalpolitik und Kriminalität in Zeiten gesellschaftlicher Transformation. Baden-Baden: Nomos, 42-60.

Wacquant, L. (2009): Bestrafen der Armen. Zur neoliberalen Regierung sozialer Unsicherheit. Opladen/Farmington Hills, MI: Barbara Budrich.

Ziegler, H. (2005): Soziale Arbeit als Garant für „das Soziale" in der Kontrolle? In: Kriminologisches Journal, Heft 3, 163-182.

Soziale Arbeit und Paternalismus.
Zur Rechtfertigbarkeit sozialarbeiterischer Intervention aus Perspektive des Capabilities Ansatzes[1]

Holger Ziegler

1 Einleitung

Das Paternalismusproblem ist eines der zentralen Probleme der Sozialen Arbeit. Auch wenn sich in einigen Schriften, wie etwa in Micha Brumliks Klassiker zur Legitimierbarkeit sozialer Dienste (1992), Johannes Giesingers Dissertation zum pädagogischen Paternalismus (2005, vgl. auch Giesinger 2007) oder Ulrich Steckmanns Analyse zum Verhältnis von Autonomie und Adaptivität (2008), fundierte Auseinandersetzungen mit diesem Problem finden, hat die Soziale Arbeit eine explizite Auseinandersetzung mit ihrem politisch-moralischen Kardinalproblem weitgehend vermieden.

In zahlreichen Texten der Sozialen Arbeit findet sich die Tendenz, bestimmte Eingriffe als „paternalistisch" zu etikettieren, die als in unangemessener Weise bevormundend wahrgenommen werden, oder es werden Strategien kritisiert, in denen die Soziale Arbeit zwar bemüht sein mag, Lebensaussichten ihrer Adressat/innen zu erhöhen, dabei aber dazu tendiert „teilhabeförderliche" Haltungen und Verhaltensweisen als individuelle Pflicht der Adressat/innen einzufordern. Solche Strategien sind ebenso virulent wie kritikwürdig, aber sie entsprechen nicht notwendigerweise dem, was als Paternalismus im engeren Sinne zu verstehen ist. In analytischer Perspektive meint Paternalismus die Einschränkung bestimmter Komponenten der Freiheit von Akteur/innen in deren eigenem Interesse, oder, wie es Peter Suber 1999: 632) formuliert: „to act for the good of another person without that person' s consent". Der dabei vorgenommene Eingriff in die Autonomie von Personen gilt dann als in problematischer Weise paternalistisch, wenn es bei den betroffenen Akteur/innen um Personen geht, denen zum Zeitpunkt der interessierenden Intervention ein Mindestmaß an „Mündigkeit" in dem Sinne zugeschrieben wird, dass ihre Selbstbestimmungs- oder zumindest Einsichts- und Entscheidungsfähigkeit nicht in Abrede gestellt ist (dazu: Brumlik 1992). Das im engeren Sinne politisch-normative Problem des Paternalismus ist daher beispielsweise nicht das Problem der Begründbarkeit von Schutznormen etwa in Bezug auf Kleinkinder, „bewusstlose, schwer be-

---

1 Der Aufsatz greift auf Argumentationen zurück, die der Autor zusammen mit Uwe H. Bittlingmayer (vgl. Bittlingmayer/Ziegler 2012) entwickelt hat.

trunkene, geisteskranke oder demente Menschen oder Personen, die offensichtlich über wesentliche Handlungsumstände irren"[2] (Gutmann 2011: 4).

Sofern es bei paternalistischen Eingriffen öffentlicher Institutionen demnach
um Eingriffe in die Willkürfreiheit nicht unmündiger Personen zur Förderung
des Wohlergehens dieser Personen geht, wird aus der Perspektive der politischen Philosophie das entscheidende Problem üblicherweise darin gesehen, dass
öffentliche Einrichtungen nicht dem Gebot der Neutralität gegenüber der Frage
eines gelingenden Lebens entsprechen, sondern Bürger/innen eine bestimmte
Konzeption eines guten Lebens aufzwängen (vgl. Dworkin 1978) und sich zugleich anmaßen klügere oder angemessenere Entscheidungen zu treffen, als die
Personen in deren Stellvertretung und in deren Sinne sie entscheiden. Insofern
geht es bei der Auseinandersetzung um Paternalismus weniger darum, das rechte
Verhältnis von „Fördern und Fordern" zu bestimmen noch um die Frage, inwiefern disziplinierende oder strafende Strategien (dazu z. B. Sparks 1994) zu
rechtfertigen sind. Denn die Ziele paternalistischer Eingriffe sind den Adres-
sat/innen dieser Eingriffe gegenüber qua Definition wohlwollend. Mit dem Paternalismusproblem wird daher die gerade für die Soziale Arbeit ebenso grundlegende wie komplexe Frage gestellt, ob und inwiefern Maßnahmen begründet
werden können, die insofern paternalistisch sind, wie die unmittelbaren Wünsche oder Entscheidungen von prinzipiell entscheidungs- oder zumindest einwil-
ligungsfähigen Akteur/innen (partiell) nicht beachtet oder übergangen werden,
um die betroffenen Akteur/innen vor den Folgen ihrer eigenen Handlungen zu
schützen bzw. um ihr Wohlergehen zu erhöhen (vgl. Dworkin 1972, 2005, Gutmann 2011). Dabei ist es für eine Bestimmung von Paternalismus von sekundärer Bedeutung, ob solche Eingriffe einer zwangsförmigen Weise erfolgen oder
nicht (vgl. Scoccia 2008).

In dieser Hinsicht lässt sich argumentieren, dass sozialarbeiterische und
-pädagogische Interventionen – sowie wesentliche Bestimmungen professionellen Handelns[3] – letztlich in gewisser Weise paternalistisch sind und die Frage

---

2   Ferner wird das Paternalismusproblem vor allem mit Blick auf die edukativen (und ggf.
     sozialräumlichen) Handlungs- und Interventionslogiken der Sozialen Arbeit untersucht.
     Demgegenüber ist die Frage der Legitimierbarkeit rechtlicher Interventionen, durch die
     der Staat Akteur/innen um deren vermeintlich oder tatsächlich eigenen Wohlergehens
     willen durch den Einsatz von Ge- oder Verboten vor den negativen Konsequenzen ihres
     Handelns schützt, für die folgenden Überlegungen von nachrangiger Bedeutung.
3   In der Regel geht es bei Fragen von Professionalität weniger darum, den unmittelbaren
     subjektiv gemeinten und intendierten Wünschen der Klient/innen zu folgen, sondern auf
     Basis einer stellvertretenden Deutung zu einer Überführung einer nicht durch Selbstbe-
     stimmung gekennzeichneten und insofern beschädigten Struktur der Lebenspraxis in die

nach der Rechtfertigbarkeit solcher Eingriffe in weiten Bereichen ein Synonym für die Frage ist ob und inwiefern die Soziale Arbeit als solche legitimierbar ist. Denn Soziale Arbeit wirkt auf Zustände und Praktiken von Personen in einer Weise ein, die bewertende Momente enthält (vgl. Hasenfeld 1972, 2000, 2010, Groenemeyer 2010, Olk/Otto 1987, Otto et al. 2010). Zugleich liegt die „Zweckorientierung von sozialen personenbezogenen Organisationen [... typischerweise in einem] Personenbezug, der durch gesellschaftlich akzeptierte Gemeinwohlkonzepte, Wert- und Moralvorstellungen gestützt wird" (Drepper 2010: 149). Vor diesem Hintergrund werden sozialarbeiterische Interventionen etwa von Yeheskel Hasenfeld als „Moral Work" beschrieben:

> „Every action taken on behalf of clients not only represents some form of concrete service, such as counseling a family or determining eligibility for welfare, but also confers a moral judgment about their social worth, the causation of their predicament, and the desired outcome. This is because work on people who are themselves imbued with values cannot be value neutral" (Hasenfeld 2000: 329).

Sofern man nicht die – teilweise akademisch interessanten aber insgesamt kaum (durch-) haltbaren und inzwischen auch in der wissenschaftlichen Debatte – obsoleten Positionen der sog. Anti-Pädagogik teilt (dazu: Winkler 1982, Brumlik 1992, Mollenhauer 1998), lautet die zentrale Frage weniger *ob*, sondern vielmehr, *welche* paternalistischen Interventionen der Sozialen Arbeit gerechtfertigt werden können.

Solche Rechtfertigungsfragen sind auf einen Referenzmaßstab angewiesen. Im Folgenden wird argumentiert, dass der Capabilities Ansatz (CA), insbesondere im Anschluss an Martha Nussbaum, in der Lage ist, einen solchen Maßstab zu liefern. In diesem Zusammenhang scheint es geboten, darauf hinzuweisen, dass wenn hier von der CA-Perspektive im Anschluss an Martha Nussbaum gesprochen wird, damit keinesfalls gemeint ist, dass Nussbaum in all ihren Ausführungen zu überzeugen vermag. Dies ist aus der Perspektive des Autors mitnichten der Fall. Vielmehr geht es um die argumentative Grundstruktur einer gerechtigkeitstheoretischen Perspektive, die eine Reihe unterschiedlicher Vorläufer (nicht zuletzt Karl Marx) hat, und gegenwärtig von Nussbaum am deutlichsten systematisiert und begründet worden ist.

2 Der CA – eine sehr knappe Skizze

Im Kontext der politischen Philosophie kann der CA – trotz seiner mehr oder weniger starken Wurzeln in einer aristotelischen Tradition (dazu: Strobach

---

mögliche Struktur einer gelingenden oder zumindest gelingenderen Lebenspraxis beizutragen (vgl. z. B. Kaimer 2002).

2001), die das ‚gelungene' oder ‚gute Leben' als oberstes aller praktischen Güter formuliert – dem weiten Lager der egalitär-liberalen Ansätze zugeordnet werden. Dabei handelt es sich um gerechtigkeitstheoretische Positionen, in deren Fokus die Fairness sozialer Institutionen (vgl. Rawls 2001) und der gleiche Wert der Freiheit des Einzelnen steht. Es ist daher fraglich, ob (Neo-)Konservative und/oder Kommunitarist/innen legitimationstheoretische Versuche auf der Basis des CA akzeptieren. Auf eine Auseinandersetzung mit den Positionen der Neo-Konservativen und Kommunitarist/innen wird hier weitgehend verzichtet. Stattdessen wird im Folgenden der CA in einer knappen Weise skizziert, um auf dieser Basis die neuere Paternalismusdiskussion in ihren Implikationen für die Soziale Arbeit zu rekonstruieren.

In den vergangenen Jahren wurde von verschiedenen Seiten vorgeschlagen, den durch die Arbeiten von Amartya Sen (vgl. 1999, 2009) und Martha Nussbaum (vgl. 2000, 2006) begründeten CA für die Analyse und praktisch-politische Verortung der Sozialen Arbeit fruchtbar zu machen (vgl. z. B. Böllert et al. 2011, Oelkers et al. 2010, Otto et al. 2010, Ziegler/Otto 2007). Eine der Stärken des Ansatzes besteht darin, fundierte Begründungen für eine angemessene Informationsbasis (sozial-)politischer und (sozial-)pädagogischer Entscheidungen zu liefern. Da sozial-pädagogische Diagnosen und professionelle Inferenzentscheidungen Urteile über Lebensaussichten beinhalten, ist die Begründung einer in angemessener Weise rechtfertigbaren Informationsbasis bezüglich der Frage, welche Lebensaussichten in welcher Hinsicht relevant sind, von zentraler Bedeutung (dazu grundlegend: Leßmann et al. 2011, Salais 2008, Sen 1990). Eine solche Informationsbasis sollte zumindest in der Lage sein, *„unnötiges Leiden* und *unnötige* Beschränkungen menschlicher Entfaltungsmöglichkeiten sichtbar zu machen"* (Otto et al. 2010: 137) und thematisch werden zu lassen. Die Perspektive des CA geht im Kern davon aus, dass der Maßstab für den Nutzen der Sozialen Arbeit letztlich darin besteht, inwiefern Soziale Arbeit zum Wohlergehen, einem gelingenden oder umfassender formuliert, zu einem guten Leben ihrer Adressat/innen beiträgt. Eine ähnliche Position wird auch in der Definition der International Federation of Social Workers vertreten, die als Aufgabe der Sozialen Arbeit die Befähigung von Menschen formuliert „in freier Entscheidung ihr Leben besser zu gestalten". Mit Blick auf eine soziologische Analyse der Sozialen Arbeit ist eine solche Definition heillos naiv (vgl. Bommes/Scherr 2012). Es ist nicht zu bestreiten, dass die Soziale Arbeit sowohl historisch als auch gegenwärtig, insbesondere vor dem Hintergrund eines sog. aktivierenden Sozialstaats und unter dem Eindruck ihrer Unterordnung unter technokratische, managerialistische Organisationsmuster ganz andere Funktionen erfüllt (dazu: Otto/Ziegler 2011). Für eine professionelle Soziale Arbeit bleibt aber die Frage nach einem gelingenden, guten Leben ihrer Adressat/innen der zentrale politisch-normative Referenzpunkt.[4] Nimmt man den Fokus auf Wohlergehen und das gute Leben analytisch nur ansatzweise ernst, so wird damit ein evaluativer Maßstab formuliert, der deutlich radikaler und gehaltvoller ist als die – inzwischen auch von der Deutschen Bank (Bergheim 2007a, 2007b) und der Bundesregierung (dazu Ruckriegel 2010) angeeigneten – Positionen der gegenwärtig boomenden Glücksforschung. Mit Blick auf die Frage menschlichen Leidens hat William Davies verdeutlicht, dass:

> „Human ill-being is never merely an absence of pleasure, which is one thing that consumer society can usually promise to avoid; nor is it even an absence of any substantive meaning, which the 'spirit' of capitalism can partially deliver on, if only as an epiphenomenon. Followed to its logical conclusion, it is an absence of democracy, and consequently a basis for resistance and critique" (Davies 2011: 65).

Der CA gilt mit einigem Recht als eine der derzeit elaboriertesten politischen Philosophien im Kontext nicht-vulgärer Versuche der Bestimmung eines guten Lebens. Er versteht die Frage nach dem guten oder geglückten Leben weniger in der hedonistisch-utilitaristischen Tradition im Sinne eines individuellen Zustands innerer Zufriedenheit, sondern vor allem als Teil einer praktischen Lebensführung. Vor diesem Hintergrund geht es dem CA nicht primär um die Möglichkeiten der Beeinflussung der Gemütszustände von Akteur/innen, sondern darum, das spezifische Zusammenspiel der Eigenschaften, Fähigkeiten und Bedürfnisse von Subjekten mit objektiven (sozialen und politischen) Gegebenheiten und Möglichkeitsräumen hinsichtlich der institutionellen und materiellen Bedingungen zu analysieren, die Akteur/innen dazu zu befähigen, ein Leben zu konzeptualisieren und zu führen, das sie mit guten Gründen wertschätzen. Solche Befähigungen oder „Realfreiheiten" werden nicht auf individuelle Eigenschaften, Dispositionen oder Kompetenzen reduziert, sondern als emergente Ergebnisse eines komplexen Zusammenspiels von Infrastrukturen, Ressourcen, Berechtigungen und Befähigungen in spezifischen politischen und kulturellen Kontexten konzeptionalisiert (dazu: Otto/Ziegler 2012). Aus der Perspektive des CA macht es daher wenig Sinn, Befähigungen zu einem guten Leben, z. B. in Form von Kompetenzchecklisten zur Klassifikation von Individuen, umzusetzen. Vielmehr wird mit der Rede von Capabilities ein Maßstab begründet, der prüft, ob öffentliche Institutionen jeder Person

---

4 Dass dieser Referenzpunkt auf einen breiten Konsens aufbauen kann, wird einsichtig, wenn man sich vergegenwärtigt, dass sowohl emanzipatorische, materialistische Theorien (vgl. Wright 2005 zur entsprechenden Perspektive bei Marx vgl. Henning 2010) als auch z. B. die katholische Soziallehre (vgl. Sargent 2005) bei allen Differenzen im Einzelnen, dem Aspekt des „human flourishing" eine zentrale Bedeutung zuweisen.

„die materiellen, institutionellen sowie pädagogischen Bedingungen zur Verfügung
[...] stellen, die ihm [oder ihr] einen Zugang zum guten menschlichen Leben eröffnen und ihn [oder sie] in die Lage versetzen, sich für ein gutes Leben und Handeln
zu entscheiden" (Nussbaum 1999: 24).

Die Soziale Arbeit ist dieser Perspektive zufolge aufgefordert, die Frage nach
materiellen Bedingungen, Ausstattungen, institutionellen Arrangements und Lebenssituationen systematisch ernst zu nehmen, ohne sie gegen so genannte „kulturelle Dimensionen" auszuspielen. Über materielle Ressourcen zu verfügen, so
die Einsicht, sei zwar eine *unhintergehbare* Grundbedingung, aber nicht *alleine*
dafür entscheidend, welche Lebensaussichten und Entfaltungspotenziale unterschiedliche Akteur/innen lebenspraktisch auch tatsächlich realisieren können.
Denn über materielle Bedingungen hinaus wirken weitere personelle, sozial-
kulturelle und politisch-institutionelle Einflüsse und Machtverhältnisse, die es
unterschiedlichen Akteur/innen in selektiver Weise erlauben oder verschließen,
sich Ressourcen, Güter und Dienste anzueignen und in eigene spezifische Praktiken und Zustände zu überführen, die sie mit guten Gründen wertschätzen.

Mit Blick auf die Bemessung solcher Praktiken und Zustände unterscheidet
der CA zwischen *Funktionsweisen* und *Entfaltungsmöglichkeiten* (*Capabilities*).
Funktionsweisen verweisen auf tatsächlich realisierte und wertgeschätzte Zustände und Handlungen, die die Akteur/innen für ihr eigenes Leben als wertvoll
und erstrebenswert erachten. Der Begriff der Capabilities fokussiert hingegen
das Ausmaß der effektiven und realen *Freiheiten*, sich für – oder eben gegen –
die Realisierung von unterschiedlichen Kombinationen solcher Funktionsweisen
selbst entscheiden zu können (die „*freedoms* to enjoy valuable functionings"
Putnam 2002: 58), sowie das Ausmaß der praktischen Kosten, die diese Entscheidungen mit sich bringen. Der durch den CA vorgeschlagene Maßstab besteht nicht in der Aktualisierung bestimmter Funktionsweisen, sondern in der
Erweiterung des Ausmaßes von Capabilities.

Angesichts dieser Betonung des Moments der Autonomie liegt es nahe, dass
es dem CA konzeptionell nicht darum gehen kann, bestimmte Lebensführungen
zu dekretieren. Die objektiven Bestimmungen der Befähigungsperspektive beziehen sich alleine auf die (sozialen) Bedingungen, die das autonomiekonstituti-
ve *gute menschliche Leben* betreffen. Demgegenüber bleibt der konkrete Inhalt
des *je individuell* guten Lebens die Sache der Individuen und ist vor äußeren
Eingriffen zu schützen. Die Metrik des Befähigungsansatzes mit Blick auf Bil-
dungs- und Erziehungsprozesse ist das empirisch bestimmbare Ausmaß und die
Reichweite des eröffneten Spektrums effektiv realisierbarer und hinreichend
voneinander unterscheidbarer Möglichkeiten und Handlungsbemächtigungen,
über die Akteure verfügen, um das Leben führen zu können, welches sie mit guten Gründen erstreben.

Die Aufmerksamkeit des CA gilt insofern zum einen der Frage der Sicherstellung der politisch-ökonomischen, institutionellen und sozialen Bedingungen eines guten menschlichen Lebens, die sich als der Chancenaspekt von Autonomie und menschlicher Entfaltung verstehen lassen. Damit gleichrangig betont der CA zum anderen den Verfahrensaspekt von Freiheit. Diesbezüglich richtet der CA (auf einem mehr oder weniger expliziten demokratietheoretischen Fundament vgl. z. B. Sen 1999b) den Fokus auf die Bedeutung von (machtförmigen) Prozessen von Problem- und Adressat/innendefinitionen und auf Entscheidungen und Implementationen dessen, was den Rahmen und die Konditionen der individuellen und kollektiven Selbstbestimmung der betroffenen Akteure bildet (vgl. Bonvin 1999). Dabei werden insbesondere die effektiven Möglichkeiten von Personen in den Blick genommen, ihre Perspektiven und Bedürfnisse nicht nur gemäß den je bestehenden Regeln des Sagbaren und Gültigen einbringen zu können, sondern auch die Regeln und die informationale Basis der Beurteilung gerechtigkeitsrelevanter Sachverhalte zu beeinflussen und infrage zu stellen (vgl. Ziegler 2011).

Die Betonung des Verfahrensaspekts von Freiheit enthält eine erste Positionierung des CA auf das Paternalismusproblem, mit dem alle Ansätze konfrontiert sind, die argumentieren, dass das gute Leben von Personen nicht nur ein beliebiges Konstrukt sei, sondern ein objektiver oder zumindest bestimmbarer und gerechtigkeitsrelevanter Sachverhalt (vgl. Sayer 2009). Gegenüber Ansätzen, die im Rekurs auf theoretische Bestimmungen des gelingenden Lebens allgemeinverbindliche Entscheidungen über das Gute, und menschliche Vervollkommnung aus einer metaphysischen Beobachterperspektive auf das Leben Dritter dekretieren, ist das Paternalismusproblem für den CA zumindest insofern entschärft, wie es diesem Ansatz darum geht, die effektiven Macht- und Autonomiespielräume von Menschen zu erhöhen und nicht darum, sie zu bestimmten, inhaltlich fixierten Daseinsformen und Handlungsweisen zu bewegen.

3 Das Paternalismusproblem ernst genommen

Begründungstheoretisch ist das Paternalismusproblem eng verknüpft mit dem – zu Unrecht aus der kritischen Gesellschaftsanalyse verdrängten – Problem der Entfremdung (vgl. Steckmann 2008, zur Entfremdung allgemein Jaeggi 2005). Grundlegend verweist es auf das Spannungsverhältnis von Wohl und Willen (vgl. Oelkers/Schrödter 2008) bzw. von gegenwärtigen Überzeugungen und „wahren" oder nicht-entfremdeten Interessen von Akteur/innen. Wie in jüngerer Zeit – wenngleich ohne Rekurs auf die Kategorie der Entfremdung – insbesondere die empirische Verhaltensökonomie belegt, treffen diese beiden Aspekte regelmäßig nicht zusammen (vgl. Thaler/Sunstein 2008): Was Akteur/innen au-

tonom wollen, ist häufig nicht das „was ihr objektiv Gutes realisiert" (Gutmann
2011: 9) und die Idee, dass jeder und jede Einzelne am besten weiß, was für ihr
oder sein Wohlergehen dienlich ist, ist empirisch schlechterdings falsch (vgl.
u. a. Loewenstein/Ubel 2008). Wenngleich dieses Argument, wie im Verlauf
dieses Beitrags begründet wird, nicht ausreichen kann, um paternalistische Eingriffe zu legitimieren, ist das beschriebene Problem auch für die Soziale Arbeit
weder trivial noch zu ignorieren. Denn die scheinbar auf der Hand liegende,
vermeintlich progressive Auflösung des Paternalismusproblems, nämlich sich
im Zweifel am Wunsch oder am Willen der Akteur/innen auszurichten (vgl.
Hinte/Treeß 2007 mit weiteren Differenzierungen zu Wunsch und Wille), ist
zumindest für eine sich als emanzipatorisch verstehende Soziale Arbeit – und
insbesondere für eine Soziale Arbeit die mit dem Begriff der Ideologiekritik etwas anfangen kann (Haug 1993, Scherr 2008) – nur sehr bedingt tauglich. Davon abgesehen, dass eine solche Perspektive insbesondere an Vulgärformen der
sozialstaatskritischen Paternalismuskritik anschlussfähig ist, die ihre Hoffungen
im Markt suchen (vgl. z. B. Bossong 2011, zur Kritik: Dahme et al. 2012), sind
ihre problematischen Implikationen unübersehbar. Unübertroffen haben dies
Micha Brumlik und Wolfgang Keckeisen in ihrer Auseinandersetzung mit der
Kritik am „normativen Hilfeverständnis" verdeutlicht. Dieser Kritik, so zeichnen
sie nach, stehe im Regelfall eine vernünftigerweise kaum hinweg zu definierende Hilfebedürftigkeit der Adressat/innen entgegen (vgl. Brumlik/Keckeisen
1976). Die Strategie, paternalistische Eingriffe bzw. die Bestimmung und Interpretation von Bedürfnissen durch Dritte mittels eines radikal klient/innenzen-
trierten bzw. am narrativ artikulierten Willen der Adressat/innen orientierten
Standpunkt zu unterminieren, läuft unweigerlich auf einen Subjektivismus hinaus, der den Umgang mit dieser Hilfsbedürftigkeit den Erfahrungen und Selbst-
deutungen der Klient/innen überlässt. Da diese Erfahrungen und Selbstdeutun-
gen jedoch durch die Kategorien soziokultureller Lebenswelten der Klient/innen
geformt worden sind, affirmiert eine solche Strategie letztlich auch die gegenwärtigen soziokulturellen Lebenswelten selbst (vgl. Otto et al. 2010: 145). Sie
stellt insofern eine Option dar, die in letzter Instanz „affirmativ gegenüber den
Resultaten gesellschaftlicher Repressions- und Ausbeutungsverhältnisse[... ist]"
(Brumlik/Keckeisen, 1976: 248). Dem Dilemma entweder paternalistisch oder
zynisch zu sein – und zugleich affirmativ gegenüber Bedingungen, die in ihren
Wirkungen nicht weniger autonomierestringierend sind als paternalistische Eingriffe selbst – kann die Soziale Arbeit nicht entkommen. Aber sie kann und
muss sich jedoch mit der Frage auseinandersetzen, welche Formen paternalistischer Eingriffe rechtfertigbar sein können. Der CA bietet für eine solche Auseinandersetzung zwar nicht das einzige, aber ein gutes Fundament.

4   Das Paternalismusproblem im CA

Die zentrale Idee des CA besteht darin, die „choices and opportunities" für Akteur/innen in einer Form zu erweitern, dass jede Person ein Leben, das sie wertschätzt, in Würde führen kann (vgl. UNDP 2000: 2). Obwohl es dem CA explizit nicht darum geht, Menschen auf eine bestimmte Lebensführung festzulegen, wird bei genauer Lektüre nahezu in allen Beispielen, die von Vertreter/innen des CA angeführt werden, deutlich, dass dieser Ansatz letztlich weniger neutral ist als dies einige Vertreter/innen wahr haben wollen. Offensichtlich ist, dass der CA bestimmte Entscheidungen und Optionen von Akteur/innen stärker privilegiert als andere. In keinem Fall geht es dem CA z. B. darum, die Möglichkeiten zu erweitern an kinderpornografisches Material zu gelangen oder die Realfreiheit zu erhöhen, rassistische Ideologien expressiv auszuleben. Diese Beispiele von Privilegierungen von Handlungsoptionen, die nicht dem gegenwärtigen Willen oder Begehren der Handelnden entsprechen müssen, zählen jedoch gemeinhin nicht zu den paternalistischen Eingriffen. Da es um Eingriffe in die Handlungs- und Willensfreiheiten von Akteur/innen in Fällen geht, in denen die Freiheit, Würde oder Dignität Dritter in Mitleidenschaft gezogen wird, gelten solche Eingriffe auch für dezidiert anti-paternalistische Positionen als legitimierbar (vgl. Brumlik 1992, Pauer-Studer 2001). Solche Positionen argumentieren in der Regel, dass der Staat zwar nicht das Recht habe aus paternalistischen Gründen in die Willkürfreiheit der Einzelnen einzugreifen, wohl aber aus Gründen des Schutzes der (größeren) Freiheit und des Wohlergehens von Dritten[5] (vgl. Hurka 1993: 149, für dieses Argument im Kontext des CA siehe Qizilbash 2011). Im Kontext des CA findet sich eine selektive Privilegierung jedoch nicht nur mit Blick auf Entscheidungen, die prioritär Dritte, sondern hinsichtlich von Entscheidungen, die vor allem die Betroffenen selbst schädigen. Dies gilt insbesondere, wenn durch solche Entscheidungen zentrale Capabilities und die Möglichkeiten ihrer Entwicklung in Mitleidenschaft gezogen werden. Vor dem Hintergrund der Einsicht, dass Capabilities im Sinne der Realfreiheit ein Leben nach eigenen Vorstellungen zu führen, selbst auf die Herstellung sowie den Schutz von Räumen verwiesen sein kann, „in which people may leave one view and opt for another" bzw. von Räumen, in denen z. B. „children learn about options so that they can really live their own lives" (Nussbaum 2011: 36), argumentiert et-

---

5   Allerdings ist dieses Argument im Einzelnen gerade für radikal-liberale Perspektiven mit einiger Komplexität verbunden. So gibt etwa Peter Suber (1999: 634) zu bedenken: „In a welfare state which shifts costs to compensate those who harm themselves, virtually all self-harm will be other-harm too; hence, virtually every corner of life could be regulated by law without violating the harm principle, and virtually all paternalism would be justified".

wa Nussbaum für einen „intelligenten, respektvollen Paternalismus", der insofern Einfluss auf die Lebensführung von Akteur/innen nimmt, wie er „Ent-
scheidungsmöglichkeiten kultiviert" (Nussbaum 2006: 378). Aus der Perspektive eines solchen „autonomy respecting paternalism" (dazu grundlegend Van-
DeVeer 1980) sind paternalistische Eingriffe insofern potenziell legitimierbar,
wie sie prinzipiell selbst autonomiefunktional sind. Diese Bedingung wird von
einer Reihe von Ansätzen – insbesondere dem CA – noch um eine weitere ergänzt. Paternalistische Eingriffe sind dann potenziell legitimierbar, sofern sie
nicht nur künftige Autonomiepotenziale erweitern, sondern auch bereits vorhandene Autonomiespielräume achten und damit verbunden der Würde und Selbst-
achtung der Akteur/innen gerecht werden (dazu auch Brumlik 1992). Diese
zweite Einschränkung verweist darauf, dass rechtfertigbare paternalistische Interventionen „nicht mit zentralen Werten, Überzeugungen oder Projekten der
Betroffenen konfligieren [dürfen]" (Gutmann 2011: 25). Darüber hinaus legt sie
nahe, dass solche Interventionen zugleich von einer möglichst geringen Ein-
griffstiefe sein müssen. Wie sich zeigen wird, ist die Frage des Respekts der
Würde von Personen das zentrale Moment einer aus der Perspektive des CA
rechtfertigbaren Form des Paternalismus. Mit den beiden abstrakten Kriterien
der Autonomiefunktionalität und der Achtung der Würde der Person ist ein auch
für die Soziale Arbeit maßgeblicher Lackmustest für die Rechtfertigbarkeit paternalistische Eingriffe formuliert.[6]

Exkurs: *Ex-Post Zustimmungen als schlechte Begründung paternalistischer*
            Eingriffe

An dem Lackmustest der Autonomiefunktionalität und der Achtung der Würde
der Person scheitern alle Eingriffe, die als „Angriffe auf jemandes Überzeugung
und Charakter" (Brumlik 1992: 246) zu deuten sind. Dies gilt auch für Eingriffe,
bei denen „die Aussicht auf spätere Zustimmung besteht" (Brumlik 1992: 246).
Ex-post Zustimmungen sind in keiner Weise haltbare Begründungen für pater-

---

6   Diese Kriterien gelten nicht nur mit Blick auf die Eingriffe selbst, sondern auch hinsicht-
    lich der Konstitution der Informationsbasis für diese Eingriffe. Damit ist insbesondere
    das nicht nur technisch, sondern auch ethisch keinesfalls triviale, operative Problem der
    Feststellung von Entscheidungs- bzw. Einwilligungsfähigkeit von Akteur/innen gemeint.
    So ist es etwa evident, dass z. B. „Verfahren, die dem Ziel dienen, festzustellen, ob eine
    präsumtiv selbstschädigende Handlung auf einer hinreichend freiwilligen Entscheidung
    beruht […] häufig intensiver in Freiheitsrechte von Personen ein[greift] als restriktiv ge-
    handhabte hart paternalistische Regelungskonzepte" (Gutmann 2011: 5). Solche bedürf-
    nis-testende Verfahren können mit Blick auf die zentrale Forderung der Achtung der Pri-
    vatheit, Integrität und Würde von Personen ggf. selbst kaum rechtfertigbare Form des Pa-
    ternalismus darstellen (dazu: Pauer-Studer 2003).

nalistische Zugriffe. Dieser Aspekt ist deshalb hervorzuheben, weil solche Begründungen insbesondere für die Soziale Arbeit von hoher praktischer Bedeutung sind. Dies gilt z. B. für Eingriffe, die in politisch-normativer Weise kritisiert und dann von ihren Verteidigern auf der Basis zustimmender Statements von Adressat/innen gerechtfertigt werden. „Sonst wäre ich im Knast gelandet[7]." (Brakhage/Drewniak 1999) ist nahezu ein Klassiker dieser Argumentation, der sich insbesondere auch die Protagonist/innen einer „konfrontativen Pädagogik" und ihre geistig Verwandten in monotoner Gleichförmigkeit bedienen (vgl. z. B. Hansen/Römhild 2003, Kilb 2004, Schwabe 2008). Ob strafende oder disziplinierende Eingriffe prinzipiell begründet werden können, ist nicht der Gegenstand dieser Analyse. Das Problem von ex-post Zustimmungen besteht darin, dass zum Zeitpunkt der Intervention, das Kriterium der Zustimmung zu dieser Intervention zu einem späteren Zeitpunkt nur antizipiert werden kann, d. h. letztlich nur eine Hoffnung auf Zustimmung sein kann. Wenn Eingriffe der Sozialen Arbeit jedoch mit der bloßen Hoffnung auf spätere Zustimmung begründet werden, kann schlichtweg alles, was die Soziale Arbeit unternimmt, legitimiert werden. Ex ante ist die Hoffnung auf ex-post Zustimmungen kaum widerlegbar – und typischerweise wird diese Hoffnung auch erfüllt. Zumal die Leistungen Sozialer Arbeit in einem hohen Maße auf der Ko-Produktion der Adressat/innen beruhen, finden praktisch alle Interventionen, die nicht in einem Abbruch münden, zumindest implizit eine ex-post Zustimmung der Adressat/innen. Eine haltbare Rechtfertigung solcher Maßnahmen ist daraus aber nicht zu ziehen, wenn nicht sämtliche Eingriffe pauschal legitimiert werden sollen.

5 Notwendig aber nicht hinreichend: Freiheitsfunktionalität und das Problem der Entfremdung

Während ex-post Zustimmungen analytisch als Legitimierungsstrategien nicht der Rede wert sind, speisen sich theoretisch überzeugendere Begründungen paternalistischer Interventionen der Sozialen Arbeit aus einem Rekurs auf den autonomiefunktionalen Wert der Güter, die sie produzieren: Man wird kaum um-

---

7   Selbst wenn dies der Fall sein sollte, dann ist auch hierfür die ex-post Zustimmung keinesfalls ausgeschlossen. Ein anschauliches Beispiel liefert ein Artikel aus „Die Zeit" vom 20.8.2010. „Seit ich aus dem Gefängnis raus bin", zitiert „Die Zeit" einen Jugendlichen mit dem fiktiven Namen Marc Krüger „richte ich den Blick in die Zukunft." „Dankbar", so führt der Artikel weiter aus, „sei er im Nachhinein für die Haft, sagt er heute, neun Monate nach der Entlassung und mittlerweile 18 Jahre alt. Marc hat im Gefängnis den Hauptschulabschluss gemacht, in Deutsch eine Zwei, in Mathe eine Eins. Er sagt, er fühle sich gereift."

hin kommen, Erziehung, Bildung, „Empowerment", Gemeinschaftsfähigkeit, Gesundheit etc. den Status als wichtige instrumentelle Güter, für die Ausübung individueller Selbstbestimmung und die Verwirklichung der eigenen Vorstellungen eines guten Lebens einzuräumen (vgl. Quante 2010). In der Tradition solcher „good-promotion theor[ies] of justified paternalism" (Brock 1988) steht auch der CA, der explizit eine zwar bewusst vage gehaltene, nichtsdestoweniger jedoch „starke" Theorie des Guten spezifiziert (vgl. Nussbaum 1992) Dem Vorwurf, Menschen in einem umfassenden und unzulässigen Ausmaß zu bevormunden, können solche Ansätze nur entgehen, wenn sie Perspektiven, die „the good as discipline" formulieren, zugunsten einer Perspektive zurückweisen, die bereits theoriearchitektonisch „the good as freedom" konzeptualisieren (vgl. Nussbaum 1998). Dieser Forderung wird der CA u. a. dadurch gerecht, dass er Capabilities im Sinne von Realfreiheiten für ein gutes Leben als den politisch zentralen Maßstab formuliert, in diesem Sinne die öffentliche Gestaltung eines autonomiekonstitutiven *guten menschlichen Lebens* auf die „possession of all capabilities, [but] not their active employment" (van der Linden 2003: 184) verpflichtet und damit „die Konkurrenz zwischen Autonomieforderungen und Wohlergehensansprüchen" (Steckmann 2008: 112) weitgehend reduziert. Vor diesem Hintergrund möchte Nussbaum (2000) ihren Ansatz in der Tradition des politischen Liberalismus (vgl. Lamore 1996) verstanden haben, die den/die Einzelne/n als Einzelne/n respektiert und die individuelle Selbstbestimmung der Akteur/innen prioritär betont.[8] Diese Verortung des CA beinhaltet auch die Akzeptanz der Prämisse, dass „the state must not favour any comprehensive doctrines and their associated conception of the good" (Rawls 1993: 190). Nussbaums Interpretation zufolge muss die prinzipielle Akzeptanz einer solchen Prämisse jedoch keine vollständige Neutralität nahe legen[9], sondern könne

---

8   Ohne Zweifel gibt es Alternativen zum politischen Liberalismus, für die Paternalismus kein Problem darstellt. Wie Thomas Gutmann (2011:1) ausführt, könnte man „wie dies innerhalb der kommunitaristischen Theoriebildung geschieht, behaupten, dass die Individuen außerhalb ihrer durch ihre jeweilige substantielle Gemeinschaft konstituierten Identität ohnehin nur zur Verfolgung arbiträrer und deshalb defizienter Vorstellungen des ‚richtigen' Lebens in der Lage sind, so dass kein Anlass bestehe, substantielle Spielräume eigenverantwortlicher Entscheidung gegenüber den je herrschenden Vorstellungen des Guten zu schützen. [...] Man könnte sodann, noch weitergehend, den normativen Individualismus und insbesondere den Prima-facie-Vorrang individueller Rechte gegenüber kollektiven Gütern und politischen Zielen zurückweisen und einem offenen Kollektivismus das Wort reden, dem es von vorneherein vorrangig oder gar ausschließlich um die Durchsetzung von Gemeinschaftsinteressen zu tun ist".

9   Die Forderung nach vollständiger Neutralität krankt u. a. an dem Problem, dass sie letztlich nicht „aufrechterhalten werden kann, ohne das Wohl der betroffenen Personen in nicht rechtfertigungsfähiger Weise zu gefährden" (Steckmann 2008: 110).

gleichzeitig mit einer Bestimmung der Bestandteile eines guten politischen Lebens einhergehen (vgl. Nussbaum 2011), sofern sie sich zugleich gegen Perspektiven wendet, die eine bestimmte und umfassende Theorie des Guten in einer positiven Weise formulieren, um hieraus allgemeinverbindliche politische Zielsetzungen abzuleiten (Nussbaum 2000: 128). In diesem Sinne werde ein Ansatz, dem es nicht darum gehe, dass Akteur/innen eine bestimmte Konzeption eines guten Lebens realisieren, sondern darum, die ökonomisch und sozial voraussetzungsvollen, materiellen Bedingungen und Möglichkeiten zu schaffen, die Akteur/innen in die Lage versetzen, sich der Verwirklichung ihres je eigenen Lebensplans tatsächlich widmen zu können, dem Neutralitätsgebot gerecht.[10]

Vor diesem Hintergrund solcher Interpretationen findet sich auch im Lager der liberalen Theorien eine intensive Debatte über rechtfertigbare Formen des Paternalismus. Exemplarisch steht hierfür etwa der gerechtigkeitstheoretische Entwurf von Ronald Dworkin (2000 vgl. auch Dworkin 2005), der u. a. zwischen einem *„volitional paternalism"* und einem *„critical paternalism"* unterscheidet. Der critical paternalism bezeichnet Eingriffe, die Zustände oder Handlungsweisen oktroyieren, die zwar als nützlich oder gut betrachtet werden können, von den Adressat/innen der Eingriffe jedoch auf Basis wie auch immer reflektierter Präferenzen, Entscheidungen oder Überzeugungen abgelehnt werden. Diese Formen des Eingriffs sind prinzipiell nicht mit einer liberalen Doktrin vereinbar. Dem volitional paternalism geht es demgegenüber darum, Akteur/innen zu „helfen", Handlungen und Zustände zu realisieren, die diese letztlich „an sich selbst wollen". Das im Wesentlichen entfremdungstheoretische Argument einer solchen Rechtfertigung paternalistischer Eingriffe besteht im Nachweis, dass die artikulierten Wünsche der Akteur/innen nicht ihren „tatsächlichen" Wünschen oder Bedürfnissen entsprechen. Eingriffe in Wünsche oder Formen des Willens, denen Autonomie alleine deshalb abgesprochen wird, weil die Entscheidungen, Wünsche oder Vorlieben durch die Lebensumstände der Betroffenen geformt sind, gehören nicht zu den in diesem Sinne rechtfertigbaren Eingriffen. Denn die Anpassung von Präferenzen an soziale und kulturelle Kontexte sowie deren Prägung durch sozialisatorische und erzieherische Einflüsse ist eine allgemeingültige soziale Tatsache, die als solche keinen relevanten „Gradmesser für eine Entfremdung von den wahren Bedürfnissen der Person" (Steckmann 2008: 102) darstellt[11]. Die Einschränkung rechtfertigbarer paternali-

---

10 „Der Schutz der Entscheidungsfreiheit", so argumentiert Nussbaum (2003: 15), „beschränkt sich auch nicht auf eine formale Verteidigung der Grundfreiheiten. Entscheidungsfreiheit hat materielle Voraussetzungen, bei deren Fehlen nur der Anschein von Entscheidungsfreiheit besteht."

11 Diese Unterscheidung erscheint insbesondere dann relevant, wenn man z. B. im Anschluss an Robert Goodin argumentiert, dass „paternalism is only justifiable in instances

stischer Eingriffe auf entfremdete Wünsche oder Bedürfnisse hat relevante Implikationen. Dieser Einschränkung folgend rechtfertigt z. B. die Tatsache, dass Menschen Fehler machen oder dass es ihnen regelmäßig an Selbstkontrolle mangelt, keine paternalistischen Eingriffe. Dasselbe gilt auch für andere verbreitete Phänomene wie z. B. die Tendenz zur Prokrastination, notorisch begrenzte Informationsverarbeitungskapazitäten, inkohärente Präferenzordnungen, mangelnde Bereitschaften zur Bedürfnisaufschiebung etc. All diese Dinge halten Menschen regelmäßig davon ab, mittel- und langfristig vernünftige Dinge zu tun. Einen Eingriff öffentlicher Institutionen in ihre Handlungs- und Willkürfreiheit rechtfertigt diese Form der ‚Unvernunft' aber noch lange nicht: Dass ein Verhalten ggf. als nicht sonderlich klug beschrieben werden kann, bedeutet eben keinesfalls, dass sich die entsprechenden Personen in einem Zustand der Entfremdung befinden.

Die Selbstbestimmungsfunktionalität von Eingriffen in die Willkürfreiheit von Personen ist insofern eine notwendige, aber nicht hinreichende Bedingung für die Rechtfertigung paternalistischer Eingriffe.[12] Die Probleme einer alleine durch die Funktionalität für die Selbstbestimmung begründeten Legitimation von Eingriffen werden im Folgenden mit Blick auf die jüngeren Debatten zu einem utilitaristischen, *autonomiemaximierenden* Paternalismus ausgeführt, die in einem begründungstheoretischen Selbstwiderspruch münden.

6 Utilitaristische Sackgassen: Der autonomiemaximierende Paternalismus

Begründungen eines autonomiemaximierenden Paternalismus werden gegenwärtig prominent von Strasser (1988) und vor allem von Thaler und Sunstein (2008, 2009) vorgelegt. Insbesondere Thaler und Sunstein haben in ihrem Bestseller „Nudge" eine ganze Reihe bemerkenswerter theoretischer Argumente und empirischer Belege geliefert, die als Grundlage für die Forderung dienen, durch (mehr oder weniger) „sanfte" Formen von Eingriffen und Designs „das Verhalten der Menschen zu beeinflussen, um ihr Leben länger, gesünder und besser zu

---

where public officials better respect a person's own preferences than the person might have done through his or her own actions or choices" (Thomas/Buckmaster 2010: 11).

12 Solche Begründungsstrategien finden historisch vor allem in John Locke einen wichtigen Kronzeugen. Verkürzt formuliert hält Locke paternalistische Eingriffe – unter bestimmten Umständen – dann für rechtfertigbar, wenn sie der künftigen Selbstbestimmungsfähigkeit dienlich sind. Die Argumentation stellt eine Art Quadratur des Kreises dar: Eine Theorie des Guten wird gegen die Willenartikulationen der Akteur/innen gestellt, wobei diese Theorie konzeptionell gerade auf Autonomienormen und dem Schutz des Gutes einer selbstbestimmten Lebensführung aufbaut.

machen" (Thaler/Sunstein 2009: 14), und vor allem um die Rationalität individueller Entscheidungen zu erhöhen (zur sozialpädagogischen Adaption: Vhasen
2011). Basierend auf der – in der politischen Philosophie vor allem von Joseph
Raz vertretenen – Annahme, dass sich der moralische Wert von Autonomie bzw.
von autonomen Entscheidungen durch die Güte des gewählten Objekts konstituiert, geht es dem Nudge-Paternalismus im Kern darum, „moralisch wertvolle
Optionen zu schaffen und abstoßende zu beseitigen" (Raz 1986: 417). Für ein
solches Vorhaben kommen edukativen Strategien, die dazu beitragen sollen,
dass unkluge Handlungsoptionen an Attraktivität verlieren, eine entscheidende
Bedeutung zu. Theoretisch lautet das Argument dieses autonomiemaximierenden Paternalismus, dass es gerade aus einer liberalen Perspektive geboten sei,
Akteur/innen dazu zu bewegen, Handlungsoptionen wahrzunehmen, die ihrer
Autonomieentwicklung dienlich sind bzw. zur Realisierung von Handlungen
und Zuständen, die die Akteur/innen vernünftigerweise wollen müssten (vgl.
Gutmann 2011). Argumentativ greifen solche Paternalismusbegründungen in der
Regel auf unterschiedliche

> „Modelle der Zustimmung unter idealen Bedingungen sowie der hypothetischen und
> der antizipierten Zustimmung [zurück]: Entweder wird davon ausgegangen, dass (a)
> der Eingriff, der faktisch in paternalistischer Weise durchgeführt wird, unter der
> Voraussetzung vollständiger Zustimmungsfähigkeit auch gewollt würde, dass (b) die
> betreffende Person nach Maßgabe ihrer bekannten Wünsche der paternalistischen
> Intervention vermutlich zugestimmt hätte, oder man versucht (c) darzulegen, dass
> der zu Erziehende später nach Erreichen des Mündigkeitszustands den Eingriff für
> gerechtfertigt erklären würde" (Steckmann 2008: 110).

Diese Erweiterungen des Zustimmungskriteriums sollen dafür sorgen, dass libe-
rale Grundsätze in einer gegenwärtig zwar kontrafaktischen aber in einer zeitlich
verschobenen Dimension auch (potenziell) aktualen Situation eingehalten werden.

Ein offensichtliches Problem einer Argumentation, die nicht die aktuale,
sondern die künftige Autonomie und selbstbestimmte Lebensführung der Ak-
teur/innen zum schützenswerten Gut erhebt, besteht – ähnlich wie bei ex-post-
Zustimmungen – darin, dass sie einen breiten, immanent nahezu unbegrenzten
Raum für paternalistische Eingriffe zulassen. Im schlechtesten Falle ist die
Hoffnung auf eine zeitlich verschobene Zustimmung rein spekulativ[13], im besten
Falle wird die Frage der Begründung paternalistischer Eingriffe zu einer empirischen, genauer probabilistischen Frage. In empirischer Hinsicht gibt es zunächst
nur wenig Zweifel an der von Cass Sunstein und Richard Thaler sowie einer

---

13 Unnachahmlich hat Umberto Eco (1992: 173) in „Das Foucaultsche Pendel" auf die Tatsache verwiesen, dass die „sogenannten kontrafaktischen Konditionalsätze [...] immer
wahr [seien], weil die Prämisse falsch ist".

Reihe anderer Verhaltensökonomen eindrucksvoll belegten These, dass sich Akteur/innen in Entscheidungssituationen nur bedingt rational verhalten. Die gerade im Kontext von Rational-Action Theorien notorisch behauptete Annahme, so das Argument von Sunstein und Thaler, dass nahezu alle Akteur/innen Entscheidungen treffen, die in ihrem besten Interesse oder zumindest besser als solche sind, die durch dritte Parteien für sie getroffen werden, sei entweder tautologisch und damit uninteressant oder empirisch prüfbar: „Wir behaupten, dass sie prüfbar und falsch und zwar offensichtlich falsch ist" (Sunstein/Thaler 2003: 175). Eine Reihe von Studien belegt, dass sich Akteur/innen in Entscheidungssituationen regelmäßig eher irrational als rational (geschweige denn „vollständig rational") verhalten, dass sie die Bewertung wahrscheinlicher Folgen ihrer Handlungen notorisch verzerrt vornehmen (vgl. Tversky/Kahnemann 1983) und vor allem ihren längerfristigen Interessen systematisch zu wenig Gewicht zuweisen. Demgegenüber belegten empirische Effizienzanalysen ebenfalls mit hoher Eindeutigkeit die Wirksamkeit paternalistischer Eingriffe (dazu: Gutmann 2011: 15f., Ratner et al. 2008). Vor diesem Hintergrund spricht zunächst *empirisch* nur wenig gegen den umfassenden und systematischen Einsatz paternalistischer Eingriffe, die vermittels ihrer erhöhten Entscheidungsrationalität zu einer Erhöhung künftiger – und künftig potenziell zustimmungsfähiger – Autonomie und künftigen Wohlergehens in der Lage sind.[14] Eyal Zamirs These, dass „efficiency analysis provides a central justification for paternalism" (Zamir 1998: 230), kann jedoch in gerechtigkeitstheoretischer Hinsicht nur wenig überzeugen. So besteht das Ziel des gegenwärtig diskutierten autonomiemaximierenden Paternalismus darin, „to ensure autonomy [...within] processes of preference formation" (Sunstein 1991: 11). Eine solche Form von Paternalismus, der Akteur/innen davon abhält, Handlungsoptionen wahrzunehmen, die ihrer Autonomie nicht förderlich bzw. abträglich sind, sei, so Sunstein und Thaler (2003) daher liberal oder gar „libertär". Zwar korrespondieren solche Eingriffe zwar möglicherweise zum gegebenen Zeitpunkt nicht mit den schlecht informierten Überzeugungen und Wünschen der Akteur/innen, würden aber in zukunftsbezogener Hinsicht gerade nicht gegen, sondern in Übereinstimmung mit den Überzeugungen der Betroffenen durchgesetzt. Wie Gregory Mitchell (2005) nachzeichnet, bleibt jedoch von dieser Form des Paternalismus – und der ihn tragenden Überzeugung „that coercion might be a condition of acting in the best inte-

---

14 Es ist kein Zufall, wenn die Ergebnisse der gegenwärtigen empirischen Happinessforschung – insbesondere der Befund, dass „[h]uman beings are systematically prone to make a wide range of serious errors in matters of personal welfare" (vgl. Haybron 2008: 227, vgl. Loewenstein/Schkade 1999) als eine weitreichende Grundlage für „neue" paternalistische Politikformen verstanden werden bzw. sich selbst dezidiert in dieser Weise verstehen (vgl. kritisch: Landhäußer/Ziegler 2005, Rizzo 2009, White 2010).

rests of a certain, minority, class of idividuals" (Dean 2007: 119) – nicht viel „liberales" übrig.[15] Vielmehr erscheint sie als eine spätmoderne Widergeburt der Millschen Figur des „guten Despoten". In sozialpolitischer Hinsicht weist der autonomiemaximierende Nudge-Paternalismus eine hohe Korrespondenz zum (neo-konservativen) Programm des „new paternalism" auf, den vor allem der Stichwortgeber der US-amerikanischen Wohlfahrtsreform der späten 1990er Jahre, Lawrence Mead, formuliert hat.

> „[P]eople who live without limits"[16] – so Meads Argument – „soon sacrifice their own interests to immediate gratifications. To live effectively, people need personal restraint to achieve their own long-run goals. In this sense, obligation is the precondition of freedom. Those who would be free must first be bound. And if people have not been effectively bound by functioning families and neighborhoods in their formative years, government must attempt to provide limits later, imperfect though they must be" (Mead 1997:23).

Der Zaubertrick ist in etwa der gleiche wie bei Bernhard Buebs „Lob der Disziplin" (2006): Unterordnung unter die gute Autorität ist die wahre edukative Praxis der Freiheit. Doch jenseits der Frage, ob man in politischer Hinsicht Mead, Bueb und anderen Protagonist/innen einer konservativen Wende folgen möchte (dazu: Otto/Sünker 2009), geht es hier vor allem um die Frage, ob der autonomiemaximierende Nudge-Paternalismus begründungstheoretisch überzeugen kann. Dies scheint unabhängig von politischen Vorlieben nicht der Fall zu sein.

Der autonomiemaximierende Paternalismus scheitert begründungstheoretisch deshalb, weil er an demselben Problem krankt, das letztlich sämtliche konsequentialistischen Theorien, insbesondere in ihren utilitaristischen Spielarten aufweisen (im Überblick Sen/Williams 1982). Die utilitaristische Begründung dafür, in gegenwärtige Freiheiten zu intervenieren, um zukünftige Freiheiten zu maximieren, lautet, dass die Autonomiespielräume der Akteur/innen in der Kalkulation ihrer „gegenwärtigen und zukünftigen Lebensphasen, [d. h.] in ihrer Gesamtheit betrachtet, durch diese paternalistische Freiheitsbeeinträchtigung maximiert werden" (Enderlein 1996: 52). Der Sinn dieses Arguments basiert

---

15 In der Tat scheinen die „libertär-paternalisitischen" Methoden und Instrumente eine hohe Korrespondenz zum kommunitaristischen Programm aufzuweisen. Dies gilt z. B. in augenfälliger Weise hinsichtlich edukativer Programme zum Erlernen von Selbstdisziplin und Belohnungsaufschub oder Etzionis Idee der „Überzeugungsdialoge".

16 Dieses Argument erinnert an die diskussionswürdige Unterscheidung Dahrendorfs von Optionen und Ligaturen, die zusammengenommen die Lebenschancen von Akteur/innen strukturieren. Wie es Dahrendorf (1979: 50f) formuliert: „Ligaturen ohne Optionen bedeuten Unterdrückung, während Optionen ohne Bindungen sinnlos sind." Die Idee aber daraus abzuleiten, Optionen zu begrenzen und Ligaturen zu stärken, dürfte zumindest strittig sein.

offensichtlich auf der Prämisse, dass die Autonomiepotenziale und Freiheiten der je verschiedenen Lebensphasen von Akteur/innen tatsächlich gegeneinander abgewogen, gewichtet und verrechnet werden können. Wird die Gesamtheit der Autonomie durch paternalistische Eingriffe größer, so das Argument, so sei es nicht nur rechtfertigbar, sondern ethisch-politisch geboten, die Freiheiten einer früheren bzw. der gegenwärtigen Lebensphase für die (probabilistisch antizipierten) Freiheitsspielräume einer späteren Lebensphase zu opfern (dazu kritisch: Brumlik 1992, Clark/Eisenhuth 2010). Die dabei notwendigen Entscheidungen und Gewichtungen werden dabei logischerweise von Dritten über die Betroffenen hinweg vorgenommen. Eine solche Argumentation kann schon alleine deshalb nicht überzeugen, weil sich jeder einigermaßen gehaltvolle Autonomiebegriff einer solchen linearen und konsequenzialistischen Erfassung offensichtlich versperrt und versperren muss. Sofern man von der autonomietheoretischen Minimalprämisse ausgeht, dass sich autonome Personen „als in Raum und Zeit kontinuierliche und abgrenzbare Wesen wahrnehmen, die [...] überlegte und begründete Entscheidungen über ihr eigenes Leben [...] zu fällen in der Lage sind" (Rorty 1996, zit. nach Brumlik 1990: 208) und die gegenwärtige Autonomie einer bestimmten Person somit notwendigerweise mit der künftigen Autonomie *dieser* Person verkoppelt ist, dann ist jeder Eingriff in die gegenwärtige Autonomie dieser Person zugleich ein Eingriff in ihre künftige Autonomie. Sofern dies zutrifft, macht die Vorstellung einer verrechenbaren Autonomiegesamtheit, die sich aus verschiedenen „„Autonomien" zusammensetzt, keinen Sinn. Thomas Gutmann (2011: 19) hat diesen Gedanken näher ausgeführt. Es sei, so sein Argument, eine kaum bestreitbare Tatsache, dass aktuelle Entscheidungen unweigerlich

> „die Matrix möglicher künftiger Entscheidungen [verändern], und jede Selbstbindung [...] künftige, alternative Optionen [strukturiert und reduziert. ...]. Die Ausübung von Autonomie schließt Freiheitsräume, und die ‚Wahl des eigenen Lebens' grenzt mein Leben von der Vielzahl möglicher anderer relevanter Lebensentwürfe ab. Das ist der Sinn von Entscheidungen. Die Rede davon, es gehe beim Autonomieschutz um das Ziel, dem Individuum ein Mehr an Optionen für die Zukunft zu bescheren, geht deshalb schon im Ansatz an der Sache vorbei" (Gutmann 2011: 19).

Sofern sich die Rede von Autonomie konstitutiv auf Handlungen bezieht, mit der sich eine Person zunächst selbst identifiziert und aus denen heraus in der Folge Sinn für weitere Handlungen und damit à la longue auch den Rahmen ihrer künftigen Autonomie kreiert, ist es offensichtlich, dass eine konstitutive Komponente jeder sinnvollen Rede von Autonomie, nämlich die Handlungsgründe des Subjekts, notwendigerweise auch an dessen „*gegenwärtiges* Selbstverständnis gebunden [ist]. Das sowohl durch Antizipationen als auch durch Erinnerungen konstituierte aktive, evaluative Selbstverhältnis, das die je individuelle Persönlichkeit konstituiert, besteht immer im Jetzt" (Gutmann 2011: 21).

Vor diesem Hintergrund scheitert der vermeintlich autonomiemaximierende Nudge-Paternalismus ironischerweise gerade an seinem Versprechen seiner Autonomiefunktionalität. Nimmt man den Begriff der Autonomie auch nur ansatzweise ernst, dann besteht das Kriterium für Autonomiefunktionalität eben nicht in erster Line darin, ob künftige Freiheitsspielräume maximiert werden, sondern (zumindest auch) darin, ob und inwiefern die Entscheidungen von Akteur/innen im Kontext ihres je verfügbaren Möglichkeitsraums respektiert und geachtet werden.[17] Vor diesem Hintergrund ist die utilitaristische Begründung eines autonomiemaximierenden Paternalismus mit dem Problem konfrontiert, dass die je gegenwärtige Person das Subjekt einer autonomieschützenden Respektsforderung ist, sofern der Begriff der Autonomie nicht dadurch ad absurdum geführt werden soll, dass er unter einen Bewährungsvorbehalt autonomieperfektionierender Entscheidungen gestellt und damit nicht nur von seiner Träger/in abgelöst und verdinglicht, sondern ggf. auch gegen die Träger/in selbst gewendet wird (vgl. Gutmann 2011). Auf das Problem der Respektierung des gegenwärtigen Subjekts kann die Behauptung, die Gesamtsumme von Autonomiepotenzialen über die Lebenszeit hinweg zu vergrößern – eine Behauptung, die insbesondere paternalistische Eingriffe gegenüber jungen Menschen legitimiert –, keine überzeugende Antwort liefern. Stattdessen wird der notwendigerweise auf die gegenwärtige Person bezogene Respekt vor der Autonomie der Person infrage gestellt, wenn die „Möglichkeit persönlicher Handlungsorientierung an biographischen ‚Grundvorhaben' und Lebensprojekten" (Gutmann 2011: 20) dadurch in Mitleidenschaft gezogen wird, dass der/die Einzelne auf seiner/ihrer Handlungsorientierung gegenüber heteronome Ziele verpflichtet wird. Dies gilt auch dann, wenn dieses Ziel in „der Maximierung eigener Freiheit" (Gutmann 2011: 20) besteht.

7   Gerechtfertigter Paternalismus? Perspektiven des CA

Wie bislang deutlich geworden sein sollte, haben freiheitsfunktionale Paternalismusbegründungen theoretisch die höchste Aussicht darauf die Legitimierbarkeit paternalistischer Interventionen zu rechtfertigen. Die utilitaristische Varian-

---

17 Der enge Zusammenhang von Fragen des Respekts – und damit verbunden der Frage von Würde – und Fragen der Autonomie ist im politisch liberalen Programm von Gerechtigkeitstheorien von zentraler Bedeutung und wird grundlegend nicht zuletzt in Kants Diktum reflektiert, dass Autonomie „der Grund der Würde der menschlichen und jeder vernünftigen Natur" (Kant [1785] 1968: 436) sei.

te dieser Argumentation, d. h. der freiheitsmaximierende Versuch einer Begründung paternalistischer Eingriffe muss jedoch scheitern. Dies liegt weniger in ihrer Konzeption rationaler Handlungsautonomie begründet, sondern an ihrer
theoriearchitektonisch mangelnden Beachtung der Autonomie der Person. Abschließend wird im Folgenden argumentiert, dass der CA eine angemessenere
Alternative zu Autonomiemaximierungsstrategien liefert. Begründet wird eine
Rechtfertigung paternalistischer Strategien, die den Kriterien der Beachtung der
Autonomie und der Würde der Person gerecht werden und entsprechend davon
absehen, ein definiertes Profil an bestimmten Qualitäten – gleich ob Eigenschaften oder Handlungsweisen – zu oktroyieren, sondern darauf gerichtet sind, Verwirklichungschancen und Befähigungen zu eröffnen, die den Akteur/innen „die
Wahl des Eigenschafts- und Fähigkeitsprofils ermöglich[en], das sie Grund haben wertzuschätzen" (Steckmann 2008: 108).

Trotz dieser Gemeinsamkeit der unterschiedlichen Versionen des CA finden
sich im einzelnen Unterschiede zwischen den eher Amartya Sen und den eher
Martha Nussbaum folgenden Traditionen dieses Ansatzes. Abschließend wird
diesbezüglich im Folgenden argumentiert, dass zwar beide Versionen des CA
Vorteile haben, die CA-Perspektive im Anschluss an Martha Nussbaum jedoch
als Gradmesser für die Rechtfertigbarkeit paternalistischer Interventionen der
Sozialen Arbeit insgesamt tauglicher ist.

7.1 Amartya Sens demokratisch begründeter Paternalismus

Mit Blick auf die Frage paternalistischer Interventionen ist für Sen vor allem das
praktische Problem von Belang, dass bei politischen Entscheidungen über konkrete Programme Entscheidungen darüber getroffen werden (müssen), welche
Funktionsweisen oder Capabilities durch ein Gemeinwesen mit öffentlichen
Mitteln gefördert werden sollten (dazu: Scholtes 2005). Bei solchen Entscheidungen, etwa darüber, was im Bereich der Sozial-, Gesundheits- oder Bildungs-
politik für welche Bevölkerungsgruppen, zu welchem Zweck und zu welchem
Preis erbracht werden soll, geht es immer auch um Entscheidungen darüber, was
das gute Leben der Mitglieder dieses Gemeinwesens ausmacht und darüber,
welchen Elementen eines guten Lebens Priorität eingeräumt wird. Während
Nussbaum diese Frage, mittels einer – wenngleich absichtlich vage und offene
formulierten – Liste zentraler Capabilities, zumindest partiell vorentscheidet
(vgl. Nussbaum 2000, 2006), ist für Sen (2004) das Moment der deliberativen
gesellschaftlichen Verhandlung und Entscheidung ausschlaggebend. Die Idee
besteht darin, dass der Wert spezifischer Dimensionen eines guten Lebens nicht
ein für alle mal gegeben oder zu einem bestimmten Zeitpunkt allgemein ent-

schieden werden kann, sondern ständig neu gesellschaftlich verhandelt und in sozialen Interaktionen permanent (re-)konstruiert wird. Deliberativ-demokratische Verfahren seien daher „der beste Weg, um sicher zu stellen, dass diese sozialen Konstruktionen in einer fairen Weise erfolgen, [... sofern sie] allen Gesellschaftsmitgliedern [erlauben], sich aktiv an diesen Prozessen zu beteiligen" (Bonvin 2009: 17). Deliberative Verfahren würden dabei die „underlying concerns and values" (Sen 1993: 32) eines Gemeinwesens zum Ausdruck bringen.

In einem gewissen Sinne ergänzt Sen mit diesem Argument die auf Optionen konzentrierte Capabilities-Perspektive um einen Rekurs auf die Relevanz sozialer „Ligaturen" (dazu Dahrendorf 1979). Wie Fabian Scholtes (2005: 12) ausführt, geht es Sen zwar „als letzte Instanz immer um die reale Freiheit des Einzelnen in einer freien Gesellschaft, ein individuell selbstbestimmtes Leben zu führen", dennoch wird Selbstbestimmung, „durch eine zwar demokratisierte, aber dann überindividuell wirksame partielle Bestimmung eines guten Lebens" durchaus eingeschränkt. Es ist nicht zu bestreiten, dass Sens Formulierungen des CA eindeutig freiheitsfunktional und ethisch eher individualistisch als kollektivistisch sind. Ebenso wenig ist zu bestreiten, dass Sen auch die Bedeutung wirksamer subjektiver Abwehrrechte dezidiert betont (dazu: Bonvin 2009). Gleichwohl bleibt bei Sen letztlich ausgeblendet, was genau – auch gegen Mehrheitsentscheidungen – gerechterweise an Befähigungen garantiert oder zumindest beachtet bleiben muss und welche realen Möglichkeitsbedingungen Akteur/innen brauchen, um in partizipatorischer Gleichheit an deliberativen Prozessen effektiv mitzuwirken. Der Rekurs auf eine demokratische Öffentlichkeit alleine erscheint diesbezüglich nur bedingt überzeugend. So muss sich Sens Vorschlag auch dann, wenn seine Begründung der Bedeutung von „public reasoning" konzeptionell nicht in die Falle tritt, einer bloßen Mehrheitstyrannei das Wort zu reden, die Kritik von Robert Sugden (2006: 42) gefallen lassen, „that it licenses collective decisions that override some individuals' actual desires about how to live their own lives, in favour of other people's judgements about what people have reason to desire". Zumindest gedankenexperimentell lassen sich auf diese Weise – abhängig von den Haltungen und Präferenzen der Mitglieder des Gemeinweisens – eine Vielzahl öffentlicher Übergriffe auf die personale Autonomie von einzelnen Akteur/innen legitimieren. Wenn, so erläutert z. B. Mozaffar Qizilbash (2011: 33), „a genuinely democratic consensus decides on which valued functionings are promoted and leads to opportunity promoting measures which potentially restrict liberty, the capability approach might indeed endorse paternalistic restrictions".

Sen ist sicherlich zuzugestehen, dass es ihm letztlich weniger um die originäre Frage der Rechtfertigbarkeit von Paternalismus, sondern vielmehr um die zwar verwandte aber nicht deckungsgleiche Frage nach dem gesellschaftlichen

Umgang mit der Tatsache von (Wert-)Pluralität und (Interessens-)Konflikten
geht.

> „It is not so much that society is telling people what is good for them and restricting
> their liberty. Rather society recognises various distinct liberties and freedoms, but
> must decide which is more important in a particular context when they conflict.
> Whatever decision is taken some freedom must be sacrificed. Sen's point would be
> that the decision should be taken in a democratic way" (Qizilbash 2011: 15).

Tatsächlich dürfte es – trotz treffender Verweise auf das Problem von Machtge-
fällen zwischen Diskursteilnehmer/innen – ceteris paribus schwer fallen, Alternativen zu finden, die besser begründet wären als „public reasoning" und deliberativ-demokratische Prozesse (siehe aber Gasper 2007 zur Kritik von Sens De-
mokratiebegriff). Doch selbst wenn der Verweis auf die Relevanz demokratischer Prozesse ohne Zweifel konstruktiv für die Bearbeitung der prozessualen
Frage der Bestimmung von öffentlich geförderten Gütern geht, führt dieser
Verweis mit Blick auf die originäre Frage des Paternalismusproblems nur bedingt weiter.

7.2 Das Paternalismusproblem aus der Perspektive Nussbaums

Nussbaum weist der Frage öffentlicher Deliberation ebenfalls eine hohe Bedeutung zu. Gleichwohl trifft sie einige argumentativ begründete Vorentscheidun-
gen über Möglichkeiten und (Grund-)Befähigungen, die es Akteur/innen überhaupt erst erlauben, als Gleiche an Prozessen der Deliberation teilzunehmen.
Diese Befähigungen gehen der Deliberation zumindest logisch voraus. Zugleich
positioniert sich Nussbaum im Vergleich zu Sen begründungstheoretisch eindeutiger zu der Frage nach der Art und dem Ausmaß legitimierbarer paternalistischer Eingriffe. Die Grundlage hierfür ist ein vergleichsweise gehaltvoll bestimmter Begriff von Autonomie. Hierin besteht die eigentliche konzeptionelle
Stärke aristotelischer Ansätze im Allgemeinen (dazu: Brumlik 1992) und Nussbaums linksaristotelisch-sozialistischer Interpretation dieser Ansätze im Besonderen. Letztlich schlägt Nussbaum einen Autonomiebegriff vor, der in der Lage
ist, „Gründe dafür [zu] generieren, bestimmte paternalistische Interventionen zur
Bewahrung oder Wiederherstellung der personalen Integrität und der prägenden
Elemente des evaluativen Selbstverhältnisses der betroffenen Person zuzulas-
sen" (Gutmann 2011: 21, zur damit verbundenen Verdinglichungskritik vgl.
Nussbaum 1995). Nussbaum argumentiert, dass es bei solchen Eingriffen um die
Erweiterung von Capabilities und weniger um die Manipulation bestimmter

Funktionsweisen gehen sollte[18], und lehnt entsprechend paternalistische Eingriffe mit Blick auf mehr oder weniger „mündige" bzw. prinzipiell entscheidungsfähige Akteur/innen ab. Sofern paternalistische Beeinflussungen unternommen werden, optiert sie weniger für Zwang, sondern für das Bereitstellen akzeptabler Alternativen, die gleichwohl (offensiv) beworben werden können (vgl. Nussbaum 2006). Im engeren Sinne paternalistische Eingriffe legitimiert sie letztlich nur dann, wo es mehr oder weniger deutlich um Fragen der Würde und des Selbstrespekts von Personen geht[19]. Denn, so Nussbaums Argument, Würde und Selbstrespekt treten logisch nicht als Capability bzw. als Option, sondern als tatsächliche Funktionsweisen, d.h. als realisierte (oder eben nicht realisierte) Sachverhalte auf. Auf dieser Basis lässt sich begründet argumentieren, dass jegliche Form eines guten oder vernünftigen Lebens eine nicht hinweg zu definierende Grundlage in einem Minimum körperlicher und seelischer Integrität findet (vgl. Nussbaum 2006, Brumlik 1992). Wann immer es also um Fragen von Würde und Selbstrespekt geht, sind tatsächliche Funktionsweisen und nicht Capabilities der entscheidende Maßstab. Die Sicherstellung oder Bewahrung von Würde und körperlicher wie seelischer Integrität ist auch dann ein entscheidender Referenzpunkt, wenn es – wie etwa in einigen Bereichen von Care, etwa im Falle von Demenz – nicht mehr darum geht, Autonomie (wieder-)herzustellen (dazu auch Brumlik 1992). Auch für politische bzw. öffentliche Programme geht es darum, dem Anspruch auf Würde und Selbstrespekt tatsächlich gerecht zu werden, und diese nicht nur als eine Option zu gewährleisten (Nussbaum 2006: 172). Dies impliziert auch eine Rechtfertigung bestimmter paternalistischer Eingriffe, wenn Entscheidungen oder Ambitionen von Menschen ihre Würde oder ihren Selbstrespekt in Mitleidenschaft ziehen:

> „Dignity is […] area that is hard to ponder. While I believe that we should not close off voluntary choices citizens may make to choose relationships involving humiliation in their personal lives, it seems crucial for government to select policies that actually treat people with dignity and actually express respect for them, rather than policies (whatever those would be) that would extend to them merely the option to be treated with dignity. Suppose, for example, citizens could purchase dignified treatment at a low cost, but could also refuse to pay, and consequently be publicly humiliated. This would surely be an unacceptable public policy. We are also justified in requiring certain policies that manifest actual functioning that shows concern for others" (Nussbaum 2001: 145).

Die entscheidende Pointe der Begründung rechtfertigbarer Formen des Paternalismus bei Nussbaum besteht insofern in der Kombination der liberalen Forde-

---

18 Zum Problem der ggf. mangelnden Trennschärfe der Unterscheidung zuwischen Capabilities und Funktionsweisen siehe Gasper 2004 und Clark 2012.

19 Zum korrespondierenden Status von Selbstrespekt bei John Rawls siehe Brumlik 1992.

rung nach Autonomiefunktionalität paternalistischer Interventionen mit einer überaus stark formulierten Fokussierung auf das Kriterium des Respekts. Auf dieser Basis wird ein bestimmter Korridor legitimierter Formen des Paternalismus – und in diesem Sinne auch rechtfertigbarer sozial-arbeiterischer Interventionen – eröffnet, der zugleich andere Formen des paternalistischen Eingriffs deutlich und explizit beschränkt. Diesbezüglich scheint es angemessen, den vorliegenden Artikel mit einem längeren Zitat von Martha Nussbaum zu beenden:

> „[A]m I instructing government to nudge or push people into functioning of the requisite sort, no matter what they prefer? It is important that the answer to this question is no. Where adult citizens are concerned, capability, not functioning, is the appropriate political goal. This is so because of the very great importance the approach attaches to practical reason […]. It is perfectly true that functionings, not simply capabilities, are what render a life fully human, in the sense that if there were no functioning of any kind in a life, we could hardly applaud it, no matter what opportunities it contained. Nonetheless, for political purposes it is appropriate for us to shoot for capabilities, and those alone. Citizens must be left free to determine their course after that. […] The reason for proceeding in this way is, quite simply, the respect we have for people and their choices. Even when we feel confident that we know what a flourishing life is, and that a particular function plays an important role in it, we do not respect people when we dragoon them into this functioning. We set the stage and, as fellow citizens, present whatever arguments we have in favour of a given choice; then the choice is up to them. […] If people do not have choices, and do what they do because of a requirement, their actions may no longer have the same worth, and may in effect be different functions. This point […] applies as well to other capabilities. Play is not play if it is enforced; love is not love if it is commanded. This suggests a reason why even someone who is confident and dogmatic about a particular conception of the good should prefer capabilities and not functioning as the political goal: functioning of the type this person wants will not arrive at all, if it is made the direct political goal in a way that does not allow latitude for choice. This is a supportive argument; the primary argument is the argument from respect for persons" (Nussbaum 2000: 87f).

Geht man davon aus, dass jenseits prinzipieller Überlegungen zur Rechtfertigbarkeit paternalistischer Eingriffe, namentlich die Prüfung ihrer Autonomiefunktionalität und ihrer Orientierung an gehaltvollen Begriffen von Integrität und Würde, ein zentrales operatives Merkmal legitimierbarer paternalistischer Eingriffe darin besteht, dass sie entmündigende (Neben-) Wirkungen minimieren und „den Betroffenen bei geringstmöglicher Kontrolle optimal nützen" (Brumlik 1990: 223), so lässt sich argumentieren, dass der CA in der Tradition von Nussbaum das, in politisch-theoretischer Hinsicht, derzeit wohl am besten begründete Fundament für eine gehaltvolle Auseinandersetzung mit der Frage der Rechtfertigung paternalistischer Interventionen darstellt.

Literatur

Bergheim, S. (2007a): Deutschland zum Wohlfühlen. Viele Gemeinsamkeiten in Glücklichen Regionen. Frankfurt a. M.: Deutsche Bank Research.

Bergheim, S. (2007b): The happy variety of capitalism – Characterised by an array of commonalities. Frankfurt a.m.: Deutsche Bank Research.

Bittlingmayer, U./Ziegler, H. (2012): Public Health und das gute Leben. Der Capability-Approach als normatives Fundament interventionsbezogener Gesundheitswissenschaften? Discussion Paper SP I 2012–301. Berlin: WZB.

Böllert, K./Otto, H.-U./Schrödter, M./Ziegler, H. (2011): Gerechtigkeit. In: Otto, H.-U./ Thiersch, H. (Hrsg.): Handbuch Soziale Arbeit, München Basel: Reinhardt.

Bommes, M./Scherr, A. (2012): Soziologie der Sozialen Arbeit. Eine Einführung in Formen und Funktionen organisierter Hilfe. München/Weinheim: Juventa.

Bonvin, J.-M. (2009): Der Capability Ansatz und sein Beitrag für die Analyse gegenwärtiger Sozialpolitik. In: Soziale Passagen, 1, 8-22.

Bossong, H. (2011): Wohl-Wollen, Staatsauftrag und professionelles Eigeninteresse. Eine Kritik aktueller fachdisziplinärer Maßstäbe in der Sozialen Arbeit. In: neue praxis, 6: 591-617.

Brakhage, M./Drewniak, R. (1999): "Sonst wäre ich im Knast gelandet... " Die ambulanten Maßnahmen aus der Perspektive der betroffenen Jugendlichen. Baden-Baden: Nomos.

Brock, D. (1988): Paternalism and Autonomy. In: Ethics 98, 3: 550-565.

Brumlik, M. (1992): Advokatorische Ethik. Bielefeld: KT-Verlag.

Brumlik, M./Keckeisen, W., (1976): Etwas fehlt. Zur Kritik und Bestimmung von Hilfsbedürftigkeit für die Sozialpädagogik. In: Kriminologisches Journal, 4: 241-262.

Bueb, B. (2006): Lob der Disziplin. Eine Streitschrift. Berlin: Ullstein.

Clark, Z./Eisenhuth, F. (2010): Beyond Futurority. A Capabilities Perspective on Childhood and Youth. In: Leßmann, O. et al. (Hrsg.): Closing the Capability Gap. Renegotiating Justice for the Young, Opladen, Farmington Hills: Barbara Budrich, 227-286.

Clark, Z. (2012): Youth as a Capability – Capabilities for young people as Agency from Buttom Up. In: Babic, B./Biggeri, M./Sedmak, C. (Hrsg.): Children and Capabilities. (Im Erscheinen).

Dahme, H.-J./Wohlfahrt, N./Otto, H.-U. (2012): Der Markt soll's richten? In: neue praxis, 1: 95-99.

Dahrendorf, R. (1979): Lebenschancen. Anläufe zur sozialen und politischen Theorie. Frankfurt a. M.: Suhrkamp.

Davies, W. (2011): The political economy of unhappiness. In: New Left Review 71, 65-80.

Dean, M. (2007): Governing Societies: Political Perspectives on Domestic and International Rule. Maidenhead: Open University Press.

Drepper, Th. (2010): Soziale personenbezogene Dienstleistungsorganisationen aus neoinstitutionalistischer Perspektive. In: Klatetzki, Th. (Hrsg.): Soziale personenbezogene Dienstleistungsorganisationen. Soziologische Perspektiven. Wiesbaden: VS Verlag.

Dworkin, G. (1972): Paternalism. In: The Monist 56: 54-84.

Dworkin, G. (2005): Moral Paternalism. In: Law and Philosophy 24: 305-319.

Dworkin, R. (1978): Bürgerrechte ernstgenommen. Frankfurt a. M.: Suhrkamp.

Dworkin, R. (1978): Liberalism. In: Hampshire, S. (Hrsg.): Public and Private Morality. Cambridge: Cambridge University Press.

Dworkin, R. (2000): Sovereign Virtue. The Theory and Practice of Equality. Cambridge: Harvard University Press.

Eco, U. (1992): Das Foucaultsche Pendel. München: Piper.

Elster, J. (1982): Sour Grapes: Utilitarianism and the Genesis of Wants. In: Sen, A./Williams, B. (Hrsg.): Utilitarianism and Beyond. Cambridge, Paris: Cambridge University Press.

Enderlein, W. (1996): Rechtspaternalismus und Vertragsrecht, München: Engel.

Giesinger, J. (2005): Pädagogischer Paternalismus. Eine ethische Rechtfertigung. Zürich: Universität Zürich.

Giesinger, J. (2007): Autonomie und Verletzlichkeit. Der moralische Status von Kindern und die Rechtfertigung von Erziehung. Bielefeld: transcript.

Gasper, D. (2004): The ethics of development, Edinburgh: Edinburgh University Press.

Gasper, D. (2007): What is the capability approach? Its core, rationale, partners and dangers. In: Journal of Socioeconomics, 36(3), 335-359.

Groenemeyer, A. (2010): Doing Social Problems – Doing Social Control. Mikroanalysen der Konstruktion sozialer Probleme in institutionellen Kontexten – Ein Forschungsprogramm. In: Groenemeyer, A. (Hrsg.): Doing Social Problems. Wiesbaden: VS Verlag.

Gutmann, Th. (2011): Paternalismus und Konsequentialismus. Preprints of the Centre for Advanced Study in Bioethics No. 17. August 2011. Münster: WWU Münster.

Hansen, D./Römhild, D. (2003): Einschätzungen und Empfindungen Jugendlicher im Verlauf eines Anti-Gewalt-Trainings. In: Weidner J./Kilb, R./Jehn, O. (Hrsg.): Gewalt im Griff. Band 3: Weinheim: Beltz.

Hasenfeld, Y. (1972): People Processing Organizations: An Exchange Approach. In: American Sociological Review, 37: 256-263.

Hasenfeld, Y. (2000): Organizational Forms as Moral Practices: The Case of Welfare Departments. In: Social Service Review, 74: 329-351.

Hasenfeld, Y. (2010): The Attributes of Human Service Organizations. In: Hasenfeld, Y. (Hrsg.): Human Services as Complex Organizations. Newbury Park: Sage.

Haug, W.F. (1993): Elemente einer Theorie des Ideologischen. Hamburg: Argument.

Haybron, D. (2008): The Pursuit of Unhappiness. The Elusive Psychology of Well-Being. Oxford: Oxford University Press.

Henning, Ch. (2010): Perfektionismus und liberaler Egalitarismus. Ein Versuch ihrer Vermittlung. In: Deutsche Zeitschrift für Philosophie, 6: 845-860.

Hinte, W./Treeß, H.(2007): Sozialraumorientierung in der Jugendhilfe. Theoretische Grundlagen, Handlungsprinzipien und Praxisbeispiele einer kooperativ-integrativen Pädagogik. Weinheim/München: Juventa.

Hurka, Th. (1993): Perfectionism. Oxford: Oxford University Press.

Jaeggi, R. (2005): Entfremdung: Zur Aktualität eines sozialphilosophischen Problems: Frankfurt a. M.: Campus.

Kant, I. (1968) [1785]: Grundlegung zur Metaphysik der Sitten. In: Kant, I.: Werke, Bd.. IV, Akademie-Textausgabe, Berlin: de Gruyter.

Kilb, R.(2004): Konfrontative Pädagogik – Aus der Ausbildungsperspektive betrachtet. In: Unsere Jugend 3: 107-115.

Kraimer, K. (2002): Klinische Praxis im Fadenkreuz von Disziplin und Profession. Die Methode der Maieutik in Gespräch und Erzählung. In: Dörr, M. (Hrsg.): Klinische Sozialarbeit – eine notwendige Kontroverse. Hohengehren.

Lamore, C.(1996): The morals of moderinity. Cambridge: Cambridge University Press.

Landhäußer, S./Ziegler, H. (2005): Social Work and the Quality of Life Politics – A Critical Assessment. In: Social Work and Society, 3, 1, 30-56.

Leßmann,O./Otto, H.-U./Ziegler, H. 2011: Introduction: Closing the Capability Gap and Renewing Social Criticism. In: Leßmann,O./Otto, H.-U./Ziegler, H. (Hrsg.): Closing the Capabilities Gap – Renegotiating Social Justice for the Young. Farmington Hills/Leverkusen: Barbara Budrich.

Loewenstein, G./Ubel, P. (2008): Hedonic Adaptation and the Role of Decision and Experience Utility in Public Policy. In: Journal of Public Economics 92: 1795-1810.

Loewenstein, G./Schkade, D. (1999): Wouldn't it be Nice? Predicting Future Feelings. In: Kahneman, D. et al. (Hrsg.): Well-being: The Foundations of Hedonic Psychology. New York: Russell Sage Foundation.

Mead, L. (1997): The New Paternalism: Supervisory. Approaches to Poverty. Washington: Brookings.

Winkler, M. (1982): Stichworte zur Antipädagogik. Elemente einer historisch-systematischen Kritik. Stuttgart: Klett.

Mitchell, G. (2005): Libertarian Paternalism Is an Oxymoron. In: Northwestern Law Review, 99: 1245-1277.

Mollenhauer, K. (1998): Vergessene Zusammenhänge. Über Kultur und Erziehung; Weinheim, München: Juventa.

Nussbaum, M. (1992): Human Functioning and Social Justice: in Defense of Aristotelian Essentialism. In: Political Theory 20, 2: 202-246.

Nussbaum, M. (1995): Objectification. In: Philosophy and Public Affairs, 24: 249-291.

Nussbaum, M. (1998): The Good as Discipline, the Good as Freedom. In: Crocker, D. (Hrsg.): The Ethics of Consumption and Global Stewardship, Lanham: Rowman & Littlefield.

Nussbaum, M. (1999): Gerechtigkeit oder das gute Leben. Frankfurt a. M.: Suhrkamp.

Nussbaum, M. (2000): Women and Human Development. The Capabilities Approach. Cambridge: Harvard University Press.

Nussbaum, M. (2000b): Aristotle, Politics, and Human Capabilities: A Response to Antony, Arneson, Charlesworth, and Mulgan. In: Ethics, 111, 1: 102-140.

Nussbaum, M. (2001): Love, Literature, and Human Universals: Comments on the Papers. In: Kallhoff, A. (Hrsg.): Martha C. Nussbaum: Ethics and Political Philosophy, Colloquium in Münster 2000. Münster/Hamburg/London: Lit, 129-152.

Nussbaum, M. (2003): Capabilities as Fundamental Entitlements: Sen and Social Justice. In: Feminist Economics, 2/3: 33-60.

Nussbaum, M. (2003): Frauen und Arbeit – Der Fähigkeitenansatz. In: zfwu 4, 1: 8-31.

Nussbaum, M. (2006): Frontiers of Justice. Cambridge: Harvard University Press.

Nussbaum, M. (2011): Perfectionist Liberalism and Political Liberalism. In: Philosophy and Public Affairs 39, 1: 3-45.

Oelkers, N./Schrödter, M. (2008): Kindeswohl und Kinderwille. Zum Wohlergehen von Kindern aus der Perspektive des Capability Approach. In: Otto, H.-U./Ziegler, H. (Hrsg.):

Capabilities – Handlungsbefähigung und Verwirklichungschancen in der Erziehungswissenschaft. Wiesbaden: VS.

Oelkers, N./Schrödter, M./Ziegler, H. (2010): Capabilites und Grundgüter als Fundament einer sozialpädagogischen Gerechtigkeitsperspektive. In: Thole, W. (Hrsg.): Grundriss Soziale Arbeit, 3. Aufl. Wiesbaden: VS Verlag.

Olk, Th./Otto, H.-U. (1987): Institutionalisierungsprozesse sozialer Hilfe - Kontinuitäten und Umbrüche. In: Dies. (Hrsg.): Soziale Dienste im Wandel. Bd. 1: Helfen im Sozialstaat, Neuwied/Frankfurt a. M.: Luchterhand.

Otto, H.-U./Scherr, A./Ziegler, H. et al. (2010): Wieviel und welche Normativität benötigt die Soziale Arbeit? Befähigungsgerechtigkeit als Maßstab sozialarbeiterischer Kritik. In: neue praxis 2: 137-163.

Otto, H.-U./Ziegler, H. (2012): Erziehung und der Befähigungsansatz - Capability Approach. In: Sandfuchs, U/Melzer, W./Dühlmeier, B./Rausch, A. (Hrsg): Handbuch Erziehung. Bad Heilbrunn: Klinkhardt/UTB.

Otto, H.-U Sünker, H. (Hrsg.) (2009): Demokratische Bildung oder Erziehung zur Unmündigkeit, Lahnstein: Verlag neue praxis.

Pauer-Studer, H. (2001): Liberalism, Perfectionism, and Civic Virtue. In: Philosophical Explorations, 4, 3: 174-192.

Pauer-Studer, H. (2003): Martha C. Nussbaum. URL: http://www.michael-funken.de/ information-philosophie/philosophie/nussbaum2.html [Zugriff am 20.02.2012].

Putnam, H. (2002): Fact and Value in the World of Amartya Sen. In: The Collapse of the Fact/ Value Distinction and Other Essays. Cambridge: Harvard University Press.

Qizilbash, M. (2011): Sugden's critique of Sen's capability approach and the dangers of libertarian paternalism. In: International Review of Economics; 58: 21-42.

Quante, M. (2010): Das Elend der Volksgesundheit. Preprints of the Centre for Advanced Study in Bioethics No. 6. August 2010. Münster: WWU Münster.

Ratner, R./Soman, D./Zauberman, G./Ariely, D./Carmon, Z./Keller, P.A./Kim K. B./Lin,F./ Malkoc, S./Small, D. A./Wertenbroch, K. (2008): How Behavioral Decision Research Can Enhance Consumer Welfare: From Freedom of Choice to Paternalistic Interventions. In: Marketing Letters, 19, 3-4: 383-397.

Rawls, J. (1993): Political Liberalism, New York: Columbia University Press.

Rawls, J. (2001): Justice as Fairness. A Restatement. Cambridge: Harvard University Press.

Raz, J. (1986): The Morality of Freedom. Oxford: Oxford University Press.

Rizzo, M. (2009): Little Brother Is Watching You: New Paternalism on the Slippery Slopes. In: Arizona Law Review 51, 3: 685-739.

Rorty, A.O. (1976): The Identities of Persons. Berkeley: University of California Press.

Ruckriegel, K.-H. (2010): Glücksforschung (Happiness Research) – Erkenntnisse und Konsequenzen. In: Wirtschaftsphilologen Verband Bayern e.V., Verbandsmitteilungen mit Fachartikeln, 193, 2: 41-46.

Salais, R. (2008): Capacités, base informationelle et démocratie délibérative. Le (contre)-exemple de l'action publique européenne. In: De Munck, J. & Zimmermann, B. (Hrsg.): La Liberté au prisme des capacités. Amartya Sen au-delà du libéralisme. Paris: Editions de l'EHESS.

Sargent, M.(2005): Utility, the Good and Civic Happiness: A Catholic Critique of Law and Economics. In: Journal of Catholic Legal Studies 44, 1: 35-55.

Sayer, A. (2009): Who's Afraid of Critical Social Science? In: Current Sociology, 57: 767-786.

Scherr, A. (2008): Ideologiekritik und Theoriebildung. In: Bakic, J./Diebäcker, M./Hammer, E. (Hrsg.): Aktuelle Leitbegriffe der Sozialen Arbeit. Ein kritisches Handbuch. Wien: Löcker.

Scholtes, F. (2005): Amartya K. Sens Entwicklungsethik zwischen Universalismus und Relativismus. In: Gad, G./Hiß, S./Wienhardt, Th. (Hrsg.): Wirtschaft, Ethik und Entwicklung - Wie passt das zusammen? Berlin: Wissenschaftlicher Verlag Berlin.

Schwabe, M.(2008): Zwang in der Heimerziehung? Chancen und Risiken. München: Reinhardt.

Scoccia, D. (2008): In Defense of Hard Paternalism. In: Law and Philosophy 27, 4: 351-381.

Sen, A. (1990): Justice: Means versus Freedom. In: Philosophy and Public Affairs, 19, 2: 111-121.

Sen, A. (1993): Capability and Well-Being, In: Sen, A./Nussbaum, M. The Quality of Life. Oxford: Oxford University Press.

Sen, A. (1999): Development as Freedom. Oxford: Oxford University.

Sen, A. (1999): Democracy as a Universal Value. In: Journal of Democracy 10, 3: 3-17.

Sen, A. (2004): Capabilities, Lists, and Public Reason: Continuing the Conversation. In: Feminist Economics, 10: 77-80.

Sen, A. (2009): The Idea of Justice. Harvard University Press.

Sen, A./Williams, B. (1982): Utilitarianism and Beyond. Cambridge: Cambridge University Press.

Steckmann, U. (2008): Autonomie, Adaptivität und das Paternalismusproblem – Perspektiven des Capability Approach. In: Otto, Hans-Uwe/Ziegler, Holger (Hrsg.): Capabilities – Handlungsbefähigung und Verwirklichungschancen in der Erziehungswissenschaft, Wiesbaden: VS Verlag.

Sparks, R. (1994): Can Prison be Legitimate? In: British Journal of Criminology 34 (Special Issue): 14-28.

Strasser, M. (1988): The New Paternalism. In: Bioethics 2: 103-117.

Strobach, N. (2001): "Mi casa es tu casa" - Why Aristotle Is Not the Socialist Nussbaum Would Like Him to Be. In: Kallhoff, A. (Hrsg.): Martha C. Nussbaum: Ethics and Political Philosophy, Colloquium in Münster 2000. Münster et al.: Lit, 105-114.

Suber, P. (1999): Paternalism. In: Berry, Ch. (Hrsg.): The Philosophy of Law: An Encyclopedia. Vol. II. K – Z. London: Garland Publishing.

Sugden, R. (2006): What We Desire, What We Have Reason to Desire, Whatever We Desire: Mill and Sen on the Value of Opportunity. In: Utilitas 18, 1:33-51.

Sunstein, C. (1991): Preferences and Politics. In: Philosophy and Public Affairs, 20, 1: 3-34.

Sunstein, C./Thaler, R. (2003): Libertarian Paternalism Is Not An Oxymoron. University of In: Chicago Law Review 70: 1159-1202.

Thaler, R./Sunstein, C. (2008): Nudge. Improving Decisions About Health, Wealth, and Happiness. New Haven: Yale University Press.

Thaler, R./Sunstein, C. (2009): Nudge. Wie man kluge Entscheidungen anstößt. Berlin: Econ.

Thomas, M./Buckmaster, L. (2010): Paternalism in Social Policy - When is it Justifiable? Parliament of Australia. Research Paper No. 8 2010-2011. Canberra: Parliamentary Library.

Tversky, A./Kahnemann, D. (1983): The Framing of Decisions and the Psychology of Choice. In: Science 211: 453-458.

Ubel, P. (2009): Free Market Madness: Why Human Nature is at Odds with Economics – and Why it Matters. Boston: Harvard Business Press.

UNDP (United Nations Development Programme) (2000): Human Development Report. Oxford: UNDP.

Vahsen, F. (2011): Paradigmenwechsel? Soziale Arbeit zwischen Agency, Capability und libertärem Paternalismus (Nudge) und empirischer Fundierung. Vom Verlust der gesellschaftstheoretischen Perspektive. In: Mührel, E./Birgmeier, B. (Hrsg.): Theoriebildung in Sozialer Arbeit. Entwicklungen in der Sozialpädagogik und der Sozialarbeitswissenschaft. Wiesbaden: VS Verlag.

van der Linden, H. (2003): Explaining, Assessing, and Changing High Consumption. Radical Philosophy Review, 6, 2: 179-189.

VanDeVeer, D. (1980): Autonomy Respecting Paternalism. Social Theory and Practice 6, 2: 187-207.

White, M. (2010): Behavioral Law and Economics: The Assault on Consent, Will, and Dignity. In: Favor, C. et al. (Hrsg.): Essays on Philosophy, Politics & Economics: Integration & Common Research Projects. Stanford: Stanford University Press.

Wright, E. O. (2005): Foundations of a Neo-Marxist Class Analysis. In: Wright, E.O. (Hrsg.): Approaches to Class Analysis. Cambridge, Cambridge University Press.

Zamir, E. (1998): The Efficiency of Paternalism. Virginia Law Review 84: 229-286.

Ziegler, H./Otto, H.-U. (2007): Soziale Arbeit, Glück und das gute Leben – das sozialpädagogische Potenzial des Capability-Approachs, In: Andresen, S./Pinhard, I./Weyers, S. (Hrsg.): Erziehung – Ethik – Erinnerung. Pädagogische Aufklärung als intellektuelle Herausforschung, Weinheim, Basel: Beltz.

Ziegler, H. (2011): Ungerechtigkeit, Empörung und Protest – Eine Capabilities Perspektive. In: Schäfer, A./Witte, M./Sander, U. (Hrsg.): Kulturen jugendlichen Aufbegehrens. Jugendprotest und soziale Ungleichheit. Weinheim: Juventa.

Employability - Konzeption und Bedeutsamkeit vor dem Hintergrund postmoderner Gesellschaft

Margit Stein

1 Einleitung: Employability als Modekonstrukt

Die sich rasant fortentwickelnde und ständig *wandelnde Arbeitswelt* stellt Politik, Gesellschaft und Wirtschaft vor eine Fülle von Herausforderungen: Sich zunehmend fragmentierende und nur mehr temporär angelegte Arbeitsverhältnisse mit Zeitverträgen lösen Festanstellungen ab; das Segment der nur mehr teilzeit- oder stundenweise beschäftigten Personen steigt an; Arbeitsplätze werden ins Ausland verlagert oder in Telearbeitsplätze umgewandelt. Früher als Stammbelegschaft beschäftigte Menschen bringen nun als (Schein)Selbständige ihre Arbeitskraft und Dienstleistung in Unternehmen ein. Hierarchische Strukturen, die früher organisatorische Unternehmenseinheiten prägten, werden zugunsten flexibler Arbeitsgruppen, die nur mehr temporär in bestimmten Zusammensetzungen an einem bestimmten Projekt arbeiten, aufgebrochen. Zudem verblasst zunehmend der Mythos des Aufstiegs durch Bildung nach dem meritokratischen Prinzip in einer Zeit der Knappheit von Ausbildungs- und Arbeitsplätzen, da sich anhand der Diskriminierungslinien von sozioökonomischer und soziokultureller Herkunft neue soziale Ungleichheiten formieren. Dennoch werden die Übergangsprobleme in die Ausbildung häufig privatisiert und internal stabil als individuelles Versagen attribuiert und interpretiert (vgl. hierzu Sennett 1998; Kocka/Offe 2000; Braun/Wetzel 2006).

Alle diese Veränderungen verunsichern den einzelnen nicht nur, sondern fordern ihm weitreichende fachliche und überfachliche Kompetenzen ab, die sich nicht mehr allein in Qualifikationen festschreiben lassen, um in dieser postmodernen Arbeitswelt bestehen zu können.

Diese Verunsicherung wird auch dadurch perpetuiert, dass es der (Bildungs)politik, Bildungsinstitutionen vor Ort wie Schulen und Universitäten und Unternehmen nicht mehr möglich ist, einen verbindlichen Kanon an Kompetenzen und (Wert)haltungen auf Seiten der Arbeitnehmerinnen und Arbeitnehmer zu benennen, welcher heute und auch in Zukunft dauerhafte Beschäftigung garantieren kann.

Zunehmend wird deshalb der/die *eigenverantwortliche und aktive Arbeitnehmer/in* gefordert, der/die selbständig, zukunftsorientiert und vorausschauend fachliche und überfachliche Kompetenzen kontinuierlich im Prozess des lebenslangen Lernens weiterentwickelt, um mit ihren Qualifikationen, Kompetenzen und Haltungen anschlussfähig an die sich stets wandelnde Arbeitswelt zu bleiben (Kocka/Offe 2000; Braun/Wetzel 2006).

Diese Fähigkeit, sich im weitesten Sinne dauerhaft in den Arbeitsprozess einzubringen, unabhängig von bestimmten Berufspositionen, wird mit dem *Schlagwort „Employability"* belegt. Dieser Begriff gilt als Modewort, ist durchaus kritisch zu sehen und hält seit etwa zehn Jahren verstärkt Eingang nicht nur in die gesellschaftlich-ökonomische, sondern auch in die wissenschaftliche Diskussion. Wie bedeutsam die Beschäftigung mit der sogenannten Employability ist, macht auch deutlich, dass mittlerweile an der Fachhochschule Ludwigshafen unter der Leitung von Prof. Dr. Jutta Rump das Institut für Beschäftigung und Employability gegründet wurde (http://www.ibe-ludwigshafen.de). Darüber hinaus wird Employability als wesentliche Zielkategorie nicht nur der beruflichen Ausbildung, etwa im Rahmen des Europäischen Qualifikationsrahmens, sondern auch der Hochschulbildung genannt (vgl. etwa Richter 2004; York/Knight 2005).

Eine Recherche mit Hilfe des Suchprogramms Google gibt einen ersten Einblick, wie sehr der Begriff der *Employability als Modebegriff* mittlerweile bedient wird. Nach einer Recherche am 01.11.2010 erzielte der Begriff Employability insgesamt bei einer weltweiten Suche 19.600.000 Treffer, davon allein im letzten Jahr 2.020.000, im letzten Monat 600.000, in der letzten Woche 107.000 sowie 1410 Neueinträge im Internet in den letzten 24 Stunden. Auf deutschsprachigen Seiten wird der Begriff 30.700 erwähnt. Synonym gebrauchte Begriffe (Rump/Schmidt 2010) wie Jobility (996 Treffer) oder im deutschsprachigen Bereich Beschäftigungsfähigkeit (84.100 Treffer), Arbeitsmarktfähigkeit (7.760 Treffer) oder Arbeitsmarktfitness (2.290 Treffer) erzielten bei der Recherche ebenfalls viele Einträge.

Ziel dieses Beitrags ist es, das *Konzept Employability in seinen Facetten vorzustellen* und den wissenschaftlichen Diskussionsstand zur Employability zu referieren. Hierbei bietet dieses Kapitel einen Überblick über unterschiedliche Definitionsversuche des Konstrukts. Ebenso werden Synonyme und etymologische Ableitungen vorgestellt. In einem zweiten Schritt wird vertiefender als in der Kurzbetrachtung der Einleitung diskutiert, vor welchem gesellschaftlichen und arbeitsmarktpolitischen Hintergrund das Konstrukt ausgefaltet und diskutiert wird. Als Betrachtungsfolie wird hier die Globalisierung, in erster Linie die sich globalisierende Arbeitswelt vorgestellt. Unterdimensionen und Bestandteile des Konzepts Employability werden definitorisch ausgefaltet. Schließlich werden unterschiedliche Kritikpunkte am Konzept Employability diskutiert.

2 Definitionen, Synonyme und etymologische Ableitungen

Etymologisch leitet sich der Begriff Employability vom englischen „to employ" (jemanden einstellen oder beschäftigen) ab. Synonym für den englischen Begriff Employability, der mittlerweile jedoch auch in den deutschen Sprachgebrauch eingegangen ist, wird noch häufig der ebenfalls englische Begriff Jobility gebraucht. Als Äquivalente im Deutschen werden oft Arbeitsmarktfähigkeit oder Arbeitsmarktfitness genutzt, am häufigsten jedoch der Begriff Beschäftigungsfähigkeit (Rump/Schmidt 2010; Richenhagen 2009).

Definitorisch wird Employability etwa von Rump und Eilers (2006: 21) gekennzeichnet als „die Fähigkeit, fachliche, soziale und methodische Kompetenzen unter sich wandelnden Rahmenbedingungen zielgerichtet und eigenverantwortlich anzupassen und einzusetzen, um Beschäftigung zu erlangen oder zu erhalten". Auf sehr kurze und pragmatische Art definieren Richenhagen und Kuhn Employability als „andauernde Arbeitsfähigkeit, die sich in stark wandelnden Arbeitsmärkten beweist" (Richenhagen 2009: 8) beziehungsweise als „being capable of getting and keeping fulfilling work" (Kuhn 2010: 1).

Auf Basis dieser Definitionen ergeben sich für Menschen, die erstmals den Übergang in die Arbeitswelt vollziehen, für Menschen, die Arbeit suchen und solche, die bereits eine Arbeitsstelle innehaben und diese möglichst umfassend ausfüllen und halten möchten, unterschiedliche Dimensionen der Employability:

> „Für Berufseinsteiger heißt dies, dass sie in der Lage sind, einen Ausbildungsplatz zu bekommen und danach eine Beschäftigung als Angestellte (befristet oder unbefristet) finden oder sich selbständige Erwerbsformen sichern; für Personen, die arbeitslos geworden sind, bedeutet dies, dass sie in die Lage versetzt werden, eine neue Erwerbsbeschäftigung zu finden (ebenfalls als Angestellte oder als Selbständige). Für diejenigen, die eine Arbeitsstelle haben, erfordert dies, dass sie ihre Erwerbstätigkeit auf der Grundlage ihrer Produktivität und Wertschöpfungsfähigkeit bei einem oder wechselnden Arbeitgebern, freiberuflich/als Selbständige sichern können" (Blancke/Roth/Schmid 2000: 8).

3 Employability vor der Betrachtungsfolie der sich globalisierenden Arbeitswelt

Diese sehr pragmatischen Definitionen von Employability als Fähigkeit, sich in der Arbeitswelt dauerhaft zu behaupten, sind vor dem Hintergrund einer vollständigen Fragmentierung und postmodernen Entgrenzung der Arbeitswelt angesichts der Globalisierung zu sehen, die sich ausgehend vom Beruflichen auch im Privaten fortsetzt und somit neue Anforderungen an die Kompetenzen des einzelnen stellt.

Dalin (1997) arbeitet in seiner Analyse der Bestimmungsfaktoren, welche gegenwärtige gesellschaftliche Strömungen und insbesondere die Arbeitswelt prägen, insgesamt zehn gesellschaftlich nicht revidierbare und weltweit beobachtbare Phänomene heraus, welche „durchgreifende Veränderung der Wahrnehmung, Reflexion und Erklärung der Wirklichkeit, ferner eine Veränderung von Haltungen, Machtverhältnissen und Strukturen" bedingen (Dalin 1997: 56). Diese sogenannten zehn Revolutionen, die in Abbildung 1 illustriert werden, werden unter dem *Begriff der Globalisierung* subsummiert.

Abb. 1:   *Die zehn Revolutionen der Globalisierung nach Dalin*

Während sich die moderne Epoche durch stetige Differenzierung auszeichnete, welche in der Arbeitswelt nach ganz bestimmten Qualifikationen auf Seiten des einzelnen verlangte, fordert die postmoderne Epoche durch die globalisierte Arbeitswelt zunehmend flexible Generalistinnen und Generalisten, welche employabel für viele unterschiedliche Anforderungen einsetzbar sind.

Vor soziologischem Hintergrund betrachtet, ist die *moderne Epoche* im Gegensatz zur traditionalen Epoche durch die *zunehmende Differenzierung* in allen Bereichen charakterisiert.

Vertreter der klassischen Soziologie hatten den Prozess der Modernisierung der Gesellschaft ausgehend von der traditionalen hin zur (post)modernen Gesellschaft dezidiert als Prozess der zunehmenden Differenzierung und Arbeitsteilung gefasst (Durkheim 1893/1992).

Diese Arbeitsteilung dient zum einen auf der gesamtgesellschaftlichen Ebene höherer Produktivität und zivilisatorischem Fortschritt. Da aufgrund der Verkomplizierung von Prozessen im Bereich der Industrie und der Dienstleistung zunehmend hoch spezialisierte Fertigkeiten und Fähigkeiten, die in formalen Ausbildungen erworben werden, nötig sind, ist es nicht mehr möglich, dass wie in der bäuerlichen oder ständischen Hausgemeinschaft alle Personen alle Aufgaben übernehmen. Zum anderen dient die Arbeitsteilung nach der Auffassung Durkheims (1893/1992) auf individueller Ebene einer Verstärkung und Steigerung der subjektiven Individualität einerseits und der gesellschaftlichen Verschränkung und Integration andererseits. Durch Abhängigkeiten im Arbeits- und Dienstleistungsprozess würden „Interaktionsverhältnisse von Menschen [bestimmt] und Solidaritätsbeziehungen zwischen ihnen [etabliert]" (Rosa/ Strekker/Kottmann 2007: 78).

Die Ansicht, dass sich auch in der Postmoderne die Entwicklung der Gesellschaft anhand der Leitbegrifflichkeit der Differenzierung beschreiben lassen kann, dominiert auch heute in weiten Teilen der gesellschaftssoziologischen Diskussion.

Demnach sei jedes System und Untersystem auf gesellschaftlicher und individueller Ebene durch seine unterschiedlichen Differenzierungen in Strukturen und Funktionen zu charakterisieren. Das Fortschreiben der zunehmenden Differenzierung stellt nach dieser Auffassung von Modernisierung einen gesellschaftlichen und individuellen Fortschritt dar. Demnach würden in modernen Gesellschaften zunehmend Institutionen geschaffen, etwa Unternehmen, die sich laufend stärker strukturieren und sehr spezielle und hoch differenzierte Unterfunktionen in der Gesellschaft einnehmen, wodurch sie sich von anderen Institutionen unterscheiden und abgrenzen lassen (Rosa/Strecker/Kottmann 2007).

Gegenwärtig finden sich in der globalisierten Welt der *Postmoderne* jedoch zunehmend Anzeichen dafür, dass sich die zunehmende Differenzierung umkehrt und einer gegenläufigen *zunehmenden Entdifferenzierung*, also einem Aufbrechen fester Strukturen und Funktionen in weiten Teilen weicht. Hardt und Negri (2000) haben in ihrem häufig rezipierten Werk „Empire" mit als erste darauf aufmerksam gemacht, dass in der globalisierten Welt die Grenzen zwischen unterschiedlichen Lebensbereichen wie Arbeit und Freizeit, Institutionen wie Familie und Unternehmen und Funktionssphären wie Erwerbsarbeit und Ehrenamt verschwimmen. Personen unterschiedlichster Herkunft, aus soziokulturell anderen Settings und unterschiedliche Altersgruppen leben und arbeiten zusammen. Es kommt zu einer Abkehr von einer Bestimmung von Sozialisationsinstanzen über die Beschreibung und Charakterisierung ihrer Struktur und Funktion, wie dies etwa von Talcott Parson (1971/1985) vorgenommen wurde.

Die Entdifferenzierung vollzieht sich sowohl auf *gesamtgesellschaftlicher Ebene* als auch im individuellen Bereich. Auf gesellschaftlicher Ebene rekurriert diese Entdifferenzierung unter dem *Schlagwort der Globalisierung* als Abbau der Schranken zwischen unterschiedlichen gesellschaftlichen, religiösen, politischen und weltanschaulichen Systemen sowie als Zusammenrücken von den vormals bei Parson streng getrennten Systemen der Kultur, des Gemeinwesens, der Wirtschaft und der Politik. Beispielsweise geben Nationalstaaten zunehmend Kompetenzen an internationale Organisationen wie die EU oder die UNO ab, die Politik wird von Wirtschaftsinteressen zumindest mitbeeinflusst und Kunst und Kultur werden unter das Primat der wirtschaftlichen Verwertbarkeit gestellt (Hardt/Negri 2000; Rosa/Strecker/Kottmann 2007).

Auf *individueller Ebene* fokussiert diese Entdifferenzierung unter dem *Schlagwort der Individualisierung und Pluralisierung* als Abbau der Grenzen beispielsweise zwischen den früher oftmals hermetisch getrennten Bereichen von Arbeit und Freizeit. Beispiele für solche Entwicklungen sind das zeitlich-räumliche Zusammenfallen von Arbeit und Freizeit etwa der Vormarsch der Teleheimarbeit oder der gleitenden Arbeitszeiten.

Im *Bereich des Beruflichen* wird der Begriff des *lebenslangen Lernens* und der Abwechslung von Erwerbstätigkeit, Arbeitslosigkeit und freiwilliger aber unbezahlter Tätigkeit für zunehmend mehr Menschen zur alltäglichen Realität. Das bis dato gängige Berufsschema, das über eine Ausbildung oder ein Studium eine lebenslange Tätigkeit am gleichen Arbeitsplatz bietet, wird zunehmend zur Ausnahmesituation. Arbeitsplatzwechsel, Mobilität auch über nationale Grenzen hinweg, Selbstständigkeit und berufliche Neuorientierungen werden zur Regel.

Die gesamtgesellschaftlichen Veränderungen wirken über die Wandlungen der Arbeitswelt und die Segmentierung und *Modifikation des Privaten* bis in das Leben des einzelnen hinein. Lag es bis dahin nach Annahme vieler Autorinnen und Autoren in der Natur des Menschen, sich eine stabile Lebenswelt aufzubauen, fordern die oben genannten Revolutionen der gesellschaftlichen Wirklichkeit dem Individuum ein Maximum an Flexibilität und Anpassungsfähigkeit ab. Die Annahme von stetigen Verhältnissen in Beruf und Privatleben erweist sich zunehmend als Illusion. Das Jahrhunderte lang stark durch Institutionen wie die Kirche oder die Politik zementierte Verhältnis der Geschlechter zueinander, das durch die lebenslange Ehegemeinschaft mit Kindern charakterisiert war, wird zugunsten einer Pluralität von unterschiedlichen Lebens- und Beziehungsmustern aufgebrochen. Auch innerhalb der Beziehungen wandelt sich die Rollenverteilung von Frauen und Männern. Das Hineinwirken postmoderner gesellschaftlicher Entwicklungen bis in den privaten Bereich individueller Lebensvollzüge hinein kann anhand des folgenden fiktiven Fallbeispiels didaktisch illustriert werden.

Fallbeispiel: Zwei Frauengenerationen einer Familie:

‚Moderne' versus ‚postmoderne' Erwerbsbiographien und Lebensläufe

• Mutter Gertrud (70 Jahre):

Mutter Gertrud ist 70 Jahre alt und absolvierte nach ihrer Schulzeit und dem Hauptschulabschluss eine Ausbildung zur Bäckereifachverkäuferin. Sie lernte in der Bäckerei, die neben ihrem Elternhaus untergebracht war und war im Anschluss mit einer Unterbrechung von zwölf Jahren, in welcher sie die Kinder erzog, dort auch bis zu ihrer Pensionierung in Halbtagtätigkeit beschäftigt. Seit der Pensionierung kümmert sie sich in erster Linie um den Haushalt und die mittlerweile fünf Enkelkinder.

Sie hat mit 23 Jahren ihren Jugendfreund Max geheiratet, der als Betriebsschlosser arbeitete und hat mit ihm drei Kinder großgezogen: Karin, Ernst und Brigitte.

Gertrud wohnt seit 70 Jahren in Nürnberg, davon seit ihrer Heirat 1963 in ihrem Haus in der Fasanenstraße und will dort nach Eigenaussage „nur mit den Füßen zuerst raus."

Sie ist ehrenamtlich bei der Nachbarschaftshilfe Nürnberg-Reichelsdorf tätig und trifft sich einmal in der Woche mit den Keglerinnen, einem geselligen Verein, dem sie seit 14 Jahren angehört.

• Tochter Karin (45 Jahre):

Die älteste Tochter Karin ist 45 Jahre alt und hat zunächst in Nürnberg die Hauptschule Süd in Reichelsdorf später die Maria-Probst-Realschule absolviert. Trotz guter Noten waren die Eltern nicht bereit, sie auf das Gymnasium zu schicken („Heiratet ja eh', was soll dann das Studieren?"). Nach dem sehr guten Realschulabschluss absolviert Karin mit 17 Jahren eine Ausbildung zur Bankkauffrau. Mit 25 Jahren hat sie genug von der Sparkasse und macht ihr Abitur im Abendgymnasium. Anschließend studiert sie BWL an der Universität Erlangen und verdient sich ihr Geld über Aushilfstätigkeiten in der Sparkasse, in welcher sie ihre Ausbildung absolvierte.

Seit dem Abschluss als Diplom-Kauffrau 1996 war Karin bei fünf Arbeitgebern tätig, darunter unter anderem zwei Jahre in der Niederlassung von EADS in Spanien. Seit ihrer zweiten Scheidung machte sie sich nach einer Phase der beruflichen Pause als Finanzanlageberaterin selbständig, „um Kinder und Arbeit besser unter einen Hut zu bringen".

Privat war Karin in erster Ehe (Heirat mit 26 Jahren) mit ihrem Freund aus Jugendtagen Manfred verheiratet; die 2. Heirat erfolgte mit 34 Jahren mit einem spanischen Arbeitskollegen. Sie hat mit diesem zwei Kinder. Seit ihrem 18. Lebensjahr ist sie 14 Mal umgezogen.

Die sich im Falle beispielsweise von Karin zeigenden sogenannten ‚Patchworkbiographien', die von konkreten Qualifikationen für ganz spezifische Berufsanforderungen abgehoben sind, manifestieren sich auf Seiten der Wirtschaft in der Forderung nach der Arbeitskraft, die eigenständigen und selbstverantwortlich agiert und nicht nur über hohe formal abgesicherte Qualifikationen verfügt, sondern auch über hohe fachliche und überfachliche Kompetenzen sowie mit der Arbeitswelt kompatible Haltungen und Einstellungen, also einer Arbeitskraft, die nach obigen Definitionen umfassend in der globalisierten postmodernen Welt employabel ist.

4   Unterdimensionen und Bestandteile von Employability

Der Begriff Employability fußt somit auf einem wesentlich erweiterten Kompetenzansatz für die Arbeitswelt, der neben fachlichen Qualifikationen und *fachlichen Kompetenzen* auch *überfachliche Kompetenzen* wie etwa Autonomie und soziale Kompetenzen und bestimmte *Haltungen und Einstellungen* inkludiert (Rump/Schmidt 2010: 5):

Abb. 2:   Bestandteile des Employabilityansatzes nach Rump und Schmidt (2010: 5)

Ein erweiterter Kompetenzbegriff liegt etwa dem deseco-Ansatz der OECD zugrunde (definition and selection of competencies). Deseco identifiziert drei unterschiedliche Kategorien von Kernkompetenzen, die fachliche und überfachliche Kompetenzen umfassen: Autonomes Handeln, das interaktive und effektive Einsetzen von Werkzeugen wie etwa von Sprache, Symbolen und neuen Technologien sowie das erfolgreiche Agieren in unterschiedlichen heterogenen Gruppen (OECD 2002; Rychen/Salganik 2003). Alle drei Kompetenzbereiche werden insbesondere in postmodernen Gesellschaften und in der globalisierten Welt als wichtige Eigenschaften für Employability betrachtet:

- *Autonomes Handeln* ermöglicht Individuen, sich selbst Ziele im Leben zu setzen und diese anforderungsadäquat zu modifizieren und selbstverantwortlich Kontrolle über Lebens- und Arbeitsbedingungen zu erlangen.
- Der *erfolgreiche Einsatz symbolischer Werkzeuge* ermöglicht im Sinne fachlicher Kompetenzen und Fertigkeiten ein anforderungsoptimiertes Umgehen mit Symboliken („Werkzeugen") im weitesten Sinne, wie etwa sprachlichen Zeichen, mathematischen Funktionen und naturwissenschaftlichen Symboliken.
- Dem *Agieren in heterogenen Gruppen* ist angesichts zunehmender Migrationsbewegungen und dem Zusammenarbeiten von Personen unterschiedlichster ethnischer Herkunft herausragende Bedeutung zuzuschreiben und erfordert eine hohe internationale und interkulturelle sowie soziale Kompetenz allgemein (vergleiche Stein/Stummbaum, 2010a).

Abbildung 3 fasst die einzelnen Bereiche des Kernkompetenzmodells von deseco zusammen:

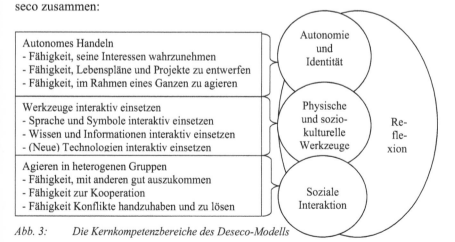

Abb. 3:   *Die Kernkompetenzbereiche des Deseco-Modells*

Zwischen den (überfachlichen) Kompetenzbereichen nach dem deseco-Ansatz und den vier Bereichen des *Kompetenzmodells nach Erpenbeck und Rosenstiel (2003)* können Parallelen gezogen werden: Personalkompetenz entspricht der Metakompetenz der Reflexion im deseco-Ansatz, Aktivitätskompetenz entspricht der Autonomie im deseco-Ansatz, Fach- und Methodenkompetenz entspricht dem Umgang mit symbolischer Information im deseco-Ansatz und Sozialkompetenz entspricht der Kompetenz des erfolgreichen sozialen Agierens in heterogenen Gruppen.

Für die unterschiedlichen Arbeitsherausforderungen, die Employability erfordern, wie etwa den erstmaligen Eintritt in die Arbeitswelt, die berufliche Neuorientierung nach einer Phase der Arbeitslosigkeit und das erfolgreiche Ausfüllen einer Berufsposition, werden unterschiedliche Aspekte des Konzepts Employability relevant. Beispielhaft seien hier die *Unterdimensionen des Konzepts Employability an der Schnittstelle Schule und Ausbildung* aufgezeigt.

Am Übergang von der Schule in die Ausbildung und den Beruf werden von der Bundesagentur für Arbeit (2009) drei spezifische Unterdimensionen von Employability angeführt, die aufeinander aufbauen, sich jeweils aufeinander beziehen und in Abbildung 3 in ihrer Zusammenhangsstruktur dargestellt werden:

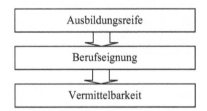

Abb. 4:   Drei Unterdimensionen von Employability am Übergang Schule, Ausbildung und Beruf (Stein/Stummbaum 2010c)

Der von der Bundesagentur für Arbeit (2009) formulierte Katalog zur Ausbildungsreife umfasst die fünf Merkmalsbereiche ‚schulische Basiskenntnisse‘, ‚psychologische Leistungsmerkmale‘, ‚physische Merkmale‘, ‚psychologische Merkmale des Arbeitsverhaltens und der Persönlichkeit‘ sowie die ‚Berufswahlreife‘. Zu den schulischen Basiskenntnissen zählen etwa Sprechfähigkeit und Zuhören können oder mathematische Grundkenntnisse. Psychologische Leistungsmerkmale implizieren etwa rechnerisches Denken oder die Befähigung zu Daueraufmerksamkeit. Physische Merkmale umfassen alle Eigenschaften, die auf einen altersgerechten Entwicklungsstand und gesundheitliche Voraussetzungen für die Berufseinmündung hinweisen. Psychologische Merkmale des Arbeitsverhaltens und der Persönlichkeit wären etwa Teamfähigkeit. Die Berufs-

wahlreife entspricht einer autonomen Selbsteinschätzungs- und Informations-
kompetenz (vgl. auch Müller-Kohlenberg, Schober & Hilke, 2005).

Unter Ausbildungsreife werden somit inhaltlich nicht nur fachliche Kompetenzen gefasst wie das sichere Beherrschen der Grundrechenarten und der Or-
thographie, sondern auch weiche, also überfachliche Kompetenzen. Eberhard
(2006: 154) schlussfolgert, dass „vor allem personale, motivationale und soziale
Merkmale das Konzept der Ausbildungsreife definieren und schulische Merkmale eine untergeordnete Rolle spielen". In Tabelle 1 werden die Begriffe Ausbildungsreife, Berufseignung und Vermittelbarkeit als Bestandteile einer Employability am Übergang in die Arbeitswelt anhand konkreter fiktiver Beispiele
von Jugendlichen auf den pädagogischen Bereich übertragen und anschaulich
illustriert.

Tab.1:   *Die Begriffe Ausbildungsreife, Berufseignung und Vermittelbarkeit als Bestandteile einer Employability am Übergang in die Arbeitswelt (Stein/Stummbaum
2010c)*

Definition	Fallbeispiel
Ausbildungsreife	
Erfüllung grundlegender kognitiver und sozialer Aspekte der Arbeitsfähigkeit Mindestvoraussetzungen für den Einstieg in die berufliche Ausbildung unabhängig von spezifischen Berufen	Sven ist durch eine Teilleistungsstörung sehr stark in seinen kognitiven Fähigkeiten eingeschränkt. Hinzu tritt eine soziale Phobie, welche ihn nur schlecht Kontakt zu seinem Umfeld aufnehmen lässt, so dass er bisher bei der Ausbildungsplatzsuche keinen Erfolg hatte (Ausbildungsreife nicht gegeben)
Berufseignung	
Erfüllung spezifischer Merkmale der Arbeitsfähigkeit für die jeweils geforderte berufliche Aufgabe, etwa spezifische kognitive Voraussetzungen und mit der Arbeitsanforderung kompatible Interessen und Motivationen	Clara bringt prinzipiell gute kognitive und soziale Voraussetzungen für eine Ausbildung mit. Jedoch ist sie in ihrer gegenwärtigen Ausbildungsstelle als Fachinformatikerin nach Eigenaussage und Aussage der Ausbildungsleitung kognitiv überfordert und klagt zudem, dass die Stelle nicht ihren musischen Interessen entspricht (Ausbildungsreife gegeben, Berufseignung nicht gegeben)
Vermittelbarkeit	
Keine Einschränkungen, welche den Eintritt in die Arbeitswelt erschweren und person-, umfeld-, markt-, betriebs- bzw. branchenabhängig sein können	Steffi lebt in einem kleinen Dorf im nördlichen Emsland und möchte gerne Bühnenbildnerin werden. Sie verfügt über kognitive und soziale Kompetenzen, ein hohes Leistungsniveau und entsprechende Interessen. Allerdings ist sie durch die Pflege der kranken Mutter an ihren Heimatort gebunden (Ausbildungsreife und Berufseignung gegeben; Vermittelbarkeit nicht gegeben)

Die Fallbeispiele in der Tabelle machen deutlich, dass es sich beim Konzept der Employability nicht um ein absolutes, sondern ein relatives Konstrukt handelt, das immer in Bezug zu bestimmten beruflichen Anforderungen gesetzt werden muss. Employability hat unterschiedliche Facetten. Während Sven im obigen Fallbeispiel insgesamt Schwierigkeiten hat, in den Arbeitsmarkt einzutreten, ist Clara insgesamt als employabel anzusehen, hat jedoch Schwierigkeiten in dem ganz spezifischen von ihr gewählten Ausbildungsbereich, da die Passung zwischen Kompetenzen und Interessen und Anforderungen nicht gegeben ist. Im Falle von Steffi wird deutlich, dass Employability nicht nur als individuelle Eigenschaft zu deuten ist, sondern auch von strukturellen oder regionalen Bedingungen etwa des Arbeitsmarkts abhängig ist. Insbesondere auf eine verkürzte Interpretation von Employability als rein personale Eigenschaft fokussiert eine der Hauptkritikstränge am Konzept.

5   Kritikpunkte am Konzept Employability

Das Konzept Employability ist von vielen Seiten Kritik ausgesetzt.

Zum einen bestehen spezifische *Kritikpunkten aus speziellen Domänen*, etwa dem Hochschul- oder dem Ausbildungsbereich. Hier wird eine Debatte darüber geführt, ob ein Hochschulstudium oder auch eine Ausbildung im Rahmen des dualen Systems oder von Berufsfachschulen überhaupt neben der Vermittlung von professioneller Fachlichkeit und Methodenkompetenz überfachliche Kompetenz und Einstellungsdimensionen vermitteln kann, die ebenfalls Bestandteile des Konzepts Employability sind (Richter 2004; Schindler 2004; Wiepcke 2009).

Auf einer eher allgemeinen Ebene werden weitere generalisierte Kritikpunkte gegen die Fassung des Employabilitybegriffs angeführt.

Allgemein am Konzept Employability kann kritisiert werden, dass die Perspektive, aus der heraus gefordert wird, dass der einzelne für eine Vielzahl von Berufsbildern, Arbeitsplätze und Anforderungsprofile employabel sein soll, primär aus organisatorischer Perspektive erfolgt und somit einseitige Forderungen an das Individuum gestellt werden, dafür zu sorgen, für den Arbeitsmarkt attraktiv zu sein und zu bleiben. Blancke, Roth und Schmid (2000) sprechen in diesem Zusammenhang von *individualisierten Formen der Employability*.

Wenn es somit in der individualisierten Verantwortung des Individuums liegt, sich durch eine hohe Employability für den Arbeitsmarkt attraktiv zu machen, werden auch Phänomene wie die Arbeitslosigkeit von strukturellen und systemischen Ursachenzuschreibungen gelöst und allein als individuelles Problem gefasst. Das Ausmaß der Employability eines Menschen, also seine Fähigkeit Arbeit zu finden und zu halten, ist jedoch nicht nur von seinen individuellen fachlichen Qualifikationen und überfachlichen Kompetenzen und Haltungen determiniert, sondern in entscheidendem Maße von strukturellen und situativen Faktoren wie der gesamtgesellschaftlichen und regionalen makrosystemischen Wirtschaftslage, der Verfügbarkeit von Arbeitsplätzen oder der Bereitschaft von Unternehmen, in die Employability ihrer Mitarbeiter/innen etwa in Form von Weiterbildungen zu investieren, abhängig (Richenhagen 2009). Auf die *strukturelle Dimension der Employability* des Menschen verweist etwa auch die Tatsache, dass ganze Bevölkerungsgruppen in ihrer Employability abgewertet und aus dem Arbeitsmarktbereich ausgeschlossen werden, wie etwa junge Menschen mit erschwerten sozioökonomischen und soziokulturellen Bedingungen, ältere Arbeitskräfte oder Menschen mit (Lern)behinderungen (vgl. zur Datenlage hinsichtlich der Employability dieser Bevölkerungsgruppen Stein 2010; 2011; 2012a; Stein/Stummbaum 2010b; 2011).

Des Weiteren wird unter anderem kritisch gesehen, dass mit dem Konzept der Employability ein Versuch unternommen wird, alle Dimensionen des Menschen für den Arbeitsprozess verwertbar und damit messbar zu machen, wie etwa auch Kommunikationsfähigkeit, soziale Kompetenzen und ähnliches. Bezeichnend hierfür ist, dass etwa der Begriff der Schlüsselkompetenzen zunehmend mit dem Begriff der Schlüsselqualifikationen belegt wird. Vielfach wird vor dem Hintergrund dieser Verwertbarmachung aller Dimensionen des Menschen gefordert, dass es auch Bereiche geben müsse, die nicht dem *Gesetz der Utilitarisierung* unterworfen seien. Dies wurde bereits von Humboldt, welcher den utilitaristisch ausgerichteten Bildungsbegriff seiner Zeit kritisierte, in seiner Konzeption eines ganzheitlichen Bildungsbegriffs gefordert. Dieser Versuchung der Verwertbarmachung des Menschen unterliegen auch Teile der Sozialen Arbeit:

„Soziale Arbeit und Sozialpädagogik machen sich massiv das Thema Bildung zu eigen. Sie springen mit diesem auf einen Zug auf, der in der Bundesrepublik durch Medien und Politik unter Dampf gesetzt worden ist [...] Dabei geht es beileibe nicht um ein inhaltliches Konzept von Bildung. Im Zentrum steht vielmehr ganz unverhohlen Employability, mithin die Vermittlung von Kompetenzen, mit welchen das Subjekt entsubjektiviert und nützlich gemacht wird für den Verwertungsprozess. Um nicht missverstanden zu werden: Solange Soziale Arbeit im Kapitalismus betrieben wird, gehört dies unzweifelbar auch zu ihren Aufgaben; sich um junge Menschen zu sorgen, die an Schule scheitern oder nicht im Ausbildungsbereich ankommen, macht eine der wichtigen Aufgaben aus. Sich allein auf dieses Verständnis von Bildung beschränken zu wollen, markiert indes eine eigentümliche Verengung der fachlichen Sicht" (Winkler 2008:193).

Die Förderung von Kompetenzen im ganzheitlichen Sinne, darf dem Diktat der Verwertbarmachung durch den Arbeitsmarkt nicht unterworfen werden, sondern sollte in erster Linie der Persönlichkeitswerdung des Menschen dienen, so dass bei allen Ansätzen der Kompetenzförderung stets sowohl der individuelle als auch strukturelle Aspekt einzubeziehen ist.

In dem Versuch, Menschen bei der Förderung der eigenen Kompetenzen zu unterstützen, liegen große Potentiale und Chancen, aber auch Grenzen und Inkompatibilitäten mit denen sich Soziale Arbeit auseinandersetzen muss.

Aus der individuellen als auch politisch-strukturellen Seite des Begriffs Employability lassen sich für die Soziale Arbeit primär zwei Hauptstrategien im Umgang mit dem Konzept Employability ableiten.

Auf der *individuellen Seite* ist insbesondere die Jugendberufshilfe aber auch die offene Jugendhilfe und die Schulsozialarbeit mit dem Bereich der Förderung von Kompetenzentwicklung und Ausbildungsreife befasst. Braun und Wetzel (2006) definieren die Jugendberufshilfe als eine von fünf Säulen und Aufgaben einer aktuellen Schulsozialarbeit. Neben einer systematischen Diagnose und Feststellung eigener Kompetenzen, nicht nur fachlich erworbener Qualifikationen, sondern auch Kompetenzen aus informellen und überfachlichen Kontexten (Stein/Stummbaum, 2010a), liegt das Hauptaufgabengebiet in der Hilfestellung bei der Herausarbeitung einer eigenständigen beruflichen Identität sowie der Informationsvermittlung im Übergang. Studie weisen auf, dass von jungen Leuten häufig brüchige Informationsquellen zur beruflichen Orientierung herangezogen werden – in erster Linie Eltern und das Internet – so dass einer umfassenden Bereitstellung von Informationen und einer systematischen Beratung im Übergang in Ausbildung und Beruf eine große Rolle für die Soziale Arbeit zugeschrieben wird (Braun/Wetzel 2006). Insbesondere bestimmte Typen von Jugendlichen sind hier mit einem individuellen Case Management und im Sinne des Empowermentansatzes zu begleiten. Braun und Wetzel zählen hierzu in erster Linie die ‚Orientierungslosen', die keine konkreten Ziele in Bezug auf ihre (berufliche) Zukunft haben, sowie die ‚Nicht-jetzt-Akteur/innen' mit einem geringen Reflexionsniveau und einer geringen Reflexionsbereitschaft, was die berufliche Zukunft betrifft.

Auf *struktureller Seite* ist es Aufgabe der Sozialen Arbeit und Sozialpädagogik systematisch auf die strukturellen Diskriminierungen und Benachteiligungsstrategien von Seiten der Gesellschaft, Schule und Unternehmen gegenüber marginalisierten Bevölkerungsgruppen hinzuweisen. Zu den systematisch vom Arbeitsmarkt ausgeschlossenen Bevölkerungsgruppen gehören ältere Menschen ab 55 Jahren (Stein/Stummbaum 2011), Menschen mit Behinderungen (Stein 2011) sowie Menschen mit Migrationshintergrund (Stein/Stummbaum 2010b; Stein 2012a; 2012b), deren Scheitern häufig als individuelles Versagen gedeutet wird. Hier muss Soziale Arbeit die gerechte Teilhabe am Arbeits- und Ausbildungsmarkt für ausgeschlossene Personengruppen einfordern und Wege aus der Diskriminierung aufzeigen. Soziale Arbeit darf sich hier also nicht auf ihre Funktion als Normalisierungsarbeiter mit der „vorsorglichen Vermeidung und kurativen Beseitigung von Normverletzungen bzw. anders gewendet: mit der Gewährleistung durchschnittlich erwartbarer Identitätsstrukturen" zurückziehen (Olk 1986: 12), da der Zusammenhang von Normalität und Normativität zunehmend brüchig wurde (Seelhorst 2006). Dollinger (2007: 147) weist sogar auf den Umstand hin, dass gegenwärtig „sozialer Ausschluss bereitwilliger als früher in Kauf genommen zu werden scheint."

Nur oberflächliche Versuche, marginalisierte Bevölkerungsgruppen in den Arbeitsprozess einzubinden über Weiterbildungen, Arbeitsbeschaffende Maßnahmen, bleiben reine Makulatur und greifen zu kurz, wenn es Soziale Arbeit versäumt, zu einem tiefgreifenden Umdenken über den Umgang mit Arbeit in unserer Gesellschaft aufzurufen. Die an Profitmaximierung und Gewinnstreben orientierte Arbeitsgesellschaft heutiger Prägung impliziert als wesentliches Element ihrer Verfasstheit die Konkurrenzsituation unterschiedlicher Individuen auf dem Arbeitsmarkt, die ihre jeweils individuell ausgeprägte Employability zu Markte tragen. Die Gesellschaft fußt wesentlich auf der Tatsache, dass im Wettbewerb etliche Personen und systematisch ganze Personengruppen aus dem Wettbewerb verdrängt werden.

In jüngster Zeit werden deshalb sowohl von einigen Teilen der Wissenschaft als auch der Politik tiefgreifende Veränderungen gefordert. Dies wird exemplifiziert etwa in der Debatte über ein bedingungsloses Grundeinkommen, nachhaltigere Arbeits- und Konsumstile oder das Ablösen hyperkonsumatorischer Verhaltensmuster durch den Boom von Leih-, Tausch- oder Second Hand Börsen. Diese Entwicklung ist auch vorangetrieben durch den Erfolg online gestützter sozialer Netzwerke. Die grob skizzierte Diskussion wird bisher in der Wissenschaft primär im Bereich der Volkswirtschaftslehre oder der Politik geführt (vgl. hierzu etwa Botsman/Rogers 2010, Gansky 2010), weniger in der Sozialen Arbeit.

Stummbaum (2010; 2011) beispielsweise formuliert mit der betroffenengruppenorientierten Sozialen Arbeit eine entsprechende Perspektive, die einer fachlichen Verengung Sozialer Arbeit auf Nützlichkeits- und Verwertungsaspekte gegensteuert, indem Hilfe- und Bewältigungsarrangements nicht (primär) als Ergebnis professioneller Planungs- und Koordinationsleistungen, sondern als Resultat betroffenengruppenorientierter Entscheidungen generiert werden.

Literatur

Blancke, S./Roth, C./Schmid, J. (2000): Employability („Beschäftigungsfähigkeit") als Herausforderung für den Arbeitsmarkt – Auf dem Weg zur flexiblen Erwerbsgesellschaft – Eine Konzept- und Literaturstudie. Arbeitsbericht Nr. 157 der Akademie für Technikfolgenabschätzung in Baden-Württemberg. Stuttgart. Quelle: http://elib.uni-stuttgart.de/opus/volltexte/2004/1716/ (Letzter Zugriff: 09.09.2012).

Botsman, R./Rogers, R. (2010): What's mine is yours. The rise of collaborative comsumption. Harper Collins: Goldman.

Braun, K.-H./Wetzel, K. (2006): Soziale Arbeit in der Schule. München: Ernst Reinhardt.

Bundesagentur für Arbeit (2009): Nationaler Pakt für Ausbildung und Fachkräftenachwuchs in Deutschland. Kriterienkatalog zur Ausbildungsreife. Nürnberg: Bundesagentur für Arbeit.

Dalin, P. (1997): Schule auf dem Weg in das 21. Jahrhundert. Neuwied: Luchterhand.

Dollinger, B. (2007): Sozialpolitik als Instrument der Lebenslaufkonstitution. Argumente für eine Perspektivenveränderung. In: Zeitschrift für Sozialreform, Jahrgang 53, Heft 2, 147-164.

Durkheim, E. (1893/1992): Über soziale Arbeitsteilung. Studie über die Organisation höherer Gesellschaften. Frankfurt am Main: Suhrkamp.

Eberhard, V. (2006): Das Konzept der Ausbildungsreife – ein ungeklärtes Konstrukt im Spannungsfeld unterschiedlicher Interessen. Ergebnisse aus dem BiBB. Wissenschaftliches Diskussionspapier Heft 83. Bonn: Bundesinstitut für Berufsbildung BiBB.

Erpenbeck, J./Rosenstiel, L. v. (Hrsg.) (2003): Handbuch Kompetenzmessung. Erkennen, verstehen und bewerten von Kompetenzen in der betrieblichen, pädagogischen und psychologischen Praxis. Stuttgart: Schäffer & Poeschel.

Gansky, L. (2010): The mesh: Why the future of business is sharing. New York: Portfolio/Penguin.

Hardt, M./Negri, A. (2000): Empire. Die neue Weltordnung. Frankfurt am Main: Campus.

Kocka, K./Offe, K. (Hrsg.) (2000): Geschichte und Zukunft der Arbeit. Frankfurt am Main: Campus.

Kuhn, K. (2010): Employability. Quelle: http://www.enwhp.org/fileadmin/downloads/Workhealth_II/Employability.pdf (Letzter Zugriff: 09.09.2012).

Müller-Kohlenberg, L./ Schober, K./ Hilke, R. (2005): „Ausbildungsreife – Numerus Clausus für Azubis? – Ein Diskussionsbeitrag zur Klärung von Begriffen und Sachverhalten". In: Berufsbildung in Wissenschaft und Praxis BWP, Heft 3, 19-23.

OECD (2002): Definition and Selection of Competences (DeSeCo): Theoretical and Conceptual Foundations: Strategy Paper. Paris: OECD. Quelle: http://www.portal-stat.admin.ch/deseco/deseco_stra-tegy_paper_final.pdf (Letzter Zugriff: 18.05.2012).

Olk, T. (1986): Abschied vom Experten. Sozialarbeit auf dem Weg zu einer alternativen Professionalität. Weinheim und München: Juventa.

Parson, T. (1971/1985): Das System moderner Gesellschaften. Weinheim und München: Juventa.

Richenhagen, G. (2009): Leistungsfähigkeit, Arbeitsfähigkeit, Beschäftigungsfähigkeit und ihre Bedeutung für das Age Management. In: Initiative Neue Qualität der Arbeit/Bundesanstalt für Arbeitsschutz und Arbeitsmedizin (Hrsg.): Tagungsband zum Abschlussworkshop des Pfiff-Projekts. Berlin: Bundesanstalt für Arbeitsschutz und Arbeitsmedizin. Quelle: http://www.komnet.nrw.de/demografischerWandel/includes/download/Pfiff_ AGE_Management.pdf (Letzter Zugriff: 09.09.2012).

Richter, R. (2004): „Employability" – „Beschäftigungsfähigkeit". Zur Diskussion im Bologna-Prozess und in Großbritannien. Quelle: http://www.hrk.de/de/download/dateien/02-2004_-_Employability__Diskussion_im_ Bologna_Prozess_und_in_GB_-_Richter.pdf (Letzter Zugriff: 09.09.2012).

Rump, J./Eilers, S. (2006): Employability Management. Berlin: Springer.

Rump, J./Schmidt, S. (2010): Employability im Fokus: Beschäftigungsfähigkeit im Spannungsfeld von Notwendigkeit und Zurückhaltung. Ludwigshafen: Institut für Beschäftigung und Employability.

Rychen, D. S./Salganik, L. H. (2003): Key Competencies for a Successful Life and a Well-Functioning Society. Göttingen: Hogrefe & Huber.

Schindler, G. (2004): Employability und die Bachelorstudiengänge – eine unpassende Verbindung. In: Beiträge zur Hochschulforschung, Jahrgang 26, Heft 4, 6-26.

Seelhorst, U. (2006): Von der Moral zur Verteilung: Soziale Arbeit als berechnende Profession? Abstract for den Workshop „The ‚Governmediality' of Work, Welfare and the Life Course: Regulating Lives in den Knowledge Society". Bielefeld: Universität Bielefeld.

Sennett, R. (1998): Der flexible Mensch: die Kultur des neuen Kapitalismus. Darmstadt: Siedler.

Stein, M. (2010): Daten zur Situation des Übergangs von der Schule in Ausbildung, Studium und Beruf. In: Köck, M./Stein, M. (Hrsg.): Übergänge von der Schule in Ausbildung, Studium und Beruf. Voraussetzungen und Hilfestellungen. Bad Heilbrunn: Klinkhardt, 69-92.

Stein, M. (2011): Beschäftigung, Beschäftigungsfähigkeit und Beschäftigungsförderung für Menschen mit (Lern)behinderungen auf dem ersten Arbeitsmarkt. In: Wirtschaft und Berufserziehung, Jahrgang 63, Heft 10, 21-27.

Stein, M. (2012a): Die Bildungs- und Ausbildungsbeteiligung von jungen Menschen mit Migrationshintergrund: Daten und Fakten. In: Scharrer, K./Schneider, S./Stein, M. (Hrsg.): Übergänge von der Schule in Ausbildung und Beruf bei jugendlichen Migrantinnen und Migranten – Herausforderungen und Chancen. Bad Heilbrunn: Klinhardt, im Druck.

Stein, M. (2012b): Systematisierungen der Gestaltungs- und Hilfemöglichkeiten für junge Menschen mit Migrationshintergrund am Übergang in die Ausbildung: Makro- und Mikrostrukturelle Ansätze. In: Scharrer, K./Schneider, S./Stein, M. (Hrsg.): Übergänge von der Schule in Ausbildung und Beruf bei jugendlichen Migrantinnen und Migranten – Herausforderungen und Chancen. Bad Heilbrunn: Klinkhardt, im Druck.

Stein, M./Stummbaum, M. (2010a): Entwicklung eines Instrumentariums zur Diagnose berufsrelevanter Kompetenzen bei Schulabgängerinnen und -abgängern. Quelle: http://www.pedocs.de/volltexte/2010/3323/ (Letzter Zugriff: 11.08.2012).

Stein, M./Stummbaum, M. (2010b): Maßnahmen zur integrativen Unterstützung von Schulabsolventen/innen mit Migrationshintergrund bei der Berufseinmündung. In: Köck, M./ Stein, M. (Hrsg.): Übergänge von der Schule in Ausbildung, Studium und Beruf. Voraussetzungen und Hilfestellungen. Bad Heilbrunn: Klinkhardt, 226-254.

Stein, M./Stummbaum, M. (2010c): Schulentwicklungsprozesse als Möglichkeit der Förderung von Ausbildungsreife. In: Köck, M./Stein, M. (Hrsg.): Übergänge von der Schule in Ausbildung, Studium und Beruf. Voraussetzungen und Hilfestellungen. Bad Heilbrunn: Klinkhardt, 255-274.

Stein, M./Stummbaum, M. (2011): Mangelnde Employability? Zur Beschäftigungssituation älterer Arbeitnehmerinnen und -nehmer in Deutschland. In: Wirtschaft und Berufserziehung, Jahrgang 63, Heft 11, 11-17.

Stummbaum, M. (2010): Blended Help – Ein innovatives Konzept betroffenengruppenbezogener Sozialer Arbeit. In: Sozialwirtschaft – Zeitschrift für Sozialmanagement, Heft 4, 37-39.

Stummbaum, M. (2011): Betroffenengruppenorientierte Soziale Arbeit. In: Fachzeitschrift Soziale Arbeit, Heft 12, 454-461.

Wiepcke, C. (2009): Employability in the Bologna Process. An Area of Tension between Society, Businesses and Students. In: The International Journal of Learning, Jahrgang16, Heft 4, 433-445.

Winkler, M. (2008): Annäherung an den neuen gesellschaftlichen Ort sozialer Arbeit. In: Bütow, B./Chassé, K. A./Hirt, R. (Hrsg.): Soziale Arbeit nach dem Sozialpädagogischen Jahrhundert. Positionsbestimmungen Sozialer Arbeit im Post-Wohlfahrtsstaat. Opladen: Barbara Budrich, 191-208.

York, M./Knight, P. T (2005): Learning & Employability. Embedding employability into the curriculum. series. The Higher Education Academy. Quelle: http://www.heacademy.ac. uk/assets/york/documents/ourwork/tla/employability/id460_embedding_employability_i nto_the_curriculum_338.pdf (Letzter Zugriff: 10.02.2012).

Professionelle Rationalisierung alltäglicher Lebensführung: Wie Fachkräfte den Alltag der Nutzer/innen denken und deuten

Nadine Günnewig & Fabian Kessl

1 Einleitung: Soziale Arbeit als geplante Unterstützung und aktive Beeinflussung subjektiver Lebensführung

Als wohlfahrtsstaatlich verfasste Sozialisationsinstanz hat Soziale Arbeit den gesellschaftlichen Auftrag der geplanten Unterstützung und aktiven Beeinflussung subjektiver Lebensführung in Fällen, in denen diese als sozial problematisch oder als potenziell sozial problematisch bestimmt wird. Dieser Normalisierungsauftrag setzt, wie der Name schon sagt, eine Vorstellung, einen Common Sense über Normalität voraus. Daher bezieht sich Soziale Arbeit immer auf (historisch-)spezifische Lebensführungsmodelle. Diese sind konstitutiv für den Beitrag, den Soziale Arbeit zur Herstellung und Aufrechterhaltung sozialer Ordnung erbringen soll. Lebensführung stellt infolgedessen theoretisch wie empirisch eine grundlegende Kategorie Sozialer Arbeit dar.

Theorie-systematische Bestimmungen Sozialer Arbeit (nutzen) den impliziten oder expliziten Hinweis auf die (alltägliche) Lebensführungsdimension daher auch selbstverständlich zur Bestimmung der Strukturlogik sozialpädagogischer und sozialarbeiterischer Interventionen (vgl. Rauschenbach/Züchner 2002: 157). Hans Thiersch (1992) betonte bereits Anfang der 1990er Jahre die Relevanz alltäglicher Lebensführungsmöglichkeiten, wenn er formuliert, dass sich eine Soziale Arbeit, wie er sie konzipiert, an der „ganzheitliche[n] Wahrnehmung von Lebensmöglichkeiten und Schwierigkeiten, wie sie im Alltag erfahren werden" (Thiersch 2005: 24) zu orientieren und somit die (Un)Möglichkeiten in der alltäglichen Lebensführung der Akteur/innen in den Blick zu nehmen habe. Ziel und Aufgabe einer „Lebensweltorientierten Sozialen Arbeit" (Thiersch 1992) sei es daher, sowohl sozial gerechte Lebensbedingungen für Menschen in belasteten Lebenslagen einzufordern als auch bereitzustellen, indem Soziale Arbeit aktive Bildungsräume und -prozesse gestaltet, die den Adressat/innen eine eigenständigere Lebensführung ermögliche (ebd.: 34). Strukturanalog argumentiert Lothar Böhnisch (2005) in seinem, grundlegend mit Werner Schefold ausgearbeiteten Konzept der „Lebensbewältigung" (Böhnisch/Schefold 1985). Mit der Figur der Lebensbewältigung werde deutlich, dass das einzelne Subjekt immer schon nach Handlungsfähigkeit strebe – auch im Kontext kritischer Lebenssituationen, „in denen das psychosoziale Gleichgewicht [...] gefährdet ist" (Böhnisch 2005: 202f). Sozialer Arbeit komme daher die Aufgabe und Funktion zu, an dem entsprechenden Bewältigungshandeln der Subjekte anzusetzen – der alltäglichen Lebensführung der Akteur/innen also – und dieses gesellschaftlich wieder rückzubetten. Bernd Dewe und Hans-Uwe Otto (2012: 205) sprechen in ihren professionstheoretischen Überlegungen in diesem Kontext von „Blockierungszusammenhängen in der Lebensführung", die es professionell zu erkennen gelte und denen mit „Handlungsalternativen" zu begegnen sei. Susanne Maurer (2006: 30) argumentiert zur Grundlegung einer, auch feministisch inspirierten Kritischen Sozialen Arbeit schließlich dafür, dass sich diese – in Disziplin wie Profession – dafür sensibilisieren lassen sollte, „in manchen sozialpädagogischen Kontexten ein(en) spezifische(n) Blick für die Anstrengungen in der Lebensführung (zu) entwickel(n)".

Trotz dieser Selbstverständlichkeit, (alltägliche) Lebensführung als zentrales Moment sozialpädagogischer und sozialarbeiterischer Interventionen zu denken, finden sich in der deutschsprachigen Literatur aber bisher nur sehr vereinzelte Beiträge zur theorie-systematischen, aber auch empirischen Bestimmung dieser Dimension selbst (vgl. Sommerfeld/Hollenstein/Calzaferri 2011; Feldhaus/Gaßmöller/Zawadzki/Ziegler 2009; Kessl/Günnewig 2011). Der Befund von Rita Sahle (2002: 45), dass trotz der Häufigkeit der Rede von der „Lebensführung" diese Dimension „bis heute weitgehend im Dunkeln geblieben (ist)", ist daher weiterhin gültig.

Im Angesicht der gegenwärtigen Veränderungsprozesse sozialer Sicherungs- und Dienstleistungssysteme wird dieser Sachverhalt besonders greifbar: In der zugespitzten Transformationsphase des bisherigen wohlfahrtsstaatlichen Modells in den vergangen 15 Jahren setzt sich zunehmend ein verändertes Lebensführungsmodell durch.[1] Öffentliche Bildungs-, Erziehungs- und Sorgeleistungen, zum Beispiel im Bereich der Kinder- und Jugendhilfe, intendieren inzwischen andere Modelle alltäglicher Lebensführung als in der wohlfahrtsstaatlichen Hochphase Mitte des 20. Jahrhunderts. Die weitgehend fehlende Inblicknahme von Lebensführung als grundlegender Kategorie Sozialer Arbeit erweist sich in diesem Zusammenhang nun dahingehend als systematisches Defizit, als

---

1   Die seit Mitte der 1970er Jahre andauernde gegenwärtige Transformationsphase lässt sich im Anschluss an den britischen Sozialtheoretiker Nikolas Rose (1996) als Phase der „Erosion des Sozialen" kategorisieren. Diese ist durch eine fundamentale Veränderungsdynamik der bisherigen Formate des wohlfahrtsstaatlichen Arrangements gekennzeichnet. Im bundesdeutschen Kontext lässt sich für den Bereich der Bildungs- und Sozialpolitik seit der rot-grünen Koalitionsregierung (1998) eine nochmalige Zuspitzung der entsprechenden Veränderungsdynamiken (u. a. Aktivierung, Responsibilisierung, Privatisierung und Kommerzialisierung) beobachten (vgl. dazu ausführlich Kessl 2013/ i.E.).

die veränderten Lebensführungsmuster in den Fachdebatten entweder als faktisch vorausgesetzt werden (vgl. z. B. die Debatten um den „Arbeitskraftunternehmer"; Voß/Pongratz 1998), das heißt aus soziologischen und sozialpsychologischen Analysen übernommen werden, oder gar keine Rolle spielen. Ausgeblendet bleibt aber in beiden Fällen die Frage, inwiefern und in welcher Weise die Akteur/innen in den Feldern Sozialer Arbeit diese Lebensführungsmodelle selbst mit (re)produzieren. Deshalb wollen wir mit den vorliegenden Überlegungen ein Analyseperspektive präsentieren, wie innerhalb einer sozialpädagogisch ausgerichteten Lebensführungsforschung eine systematische Rekonstruktion dieser (Re)Produktionsprozesse arrangiert werden kann. Dabei konzentrieren wir uns auf die Dimension der professionellen Denkweisen und Deutungsmuster alltäglicher Lebensführung, das heißt die professionellen Praktiken der Rationalisierung alltäglicher Lebensführung. Unser Interesse gilt also der Art und Weise, wie Fachkräfte in der Sozialen Arbeit die alltägliche Lebensführung ihrer Nutzer/innen und Adressat/innen denken und deuten.

2   Kinder- und Jugendhilfe und die Rationalisierung alltäglicher Lebensführung im veränderten Wohlfahrtsstaat

In seiner *Protestantischen Ethik* bestimmt Weber (1920/2006: 342) den „Geist des Kapitalismus" als „Charakter einer ethisch gefärbten Maxime der Lebensführung". Er konstatiert, dass es sich dabei um eine „der Eigenart des Kapitalismus ‚angepasste' Art der Lebensführung" handelt, dessen „konkrete Form ‚rationalen' Denkens und Lebens" Weber auf die Durchsetzung eines spezifischen, im asketischen Protestantismus wurzelnden Berufsgedankens zurückführt (Weber 2006: 65). Im Vergleich zwischen Benjamin Franklins und Jakob Fuggers Haltung illustriert Weber im ersten Kapitel der Protestantischen Ethik diesen „Ethos", dem sich der Einzelne in der modernen Gesellschaft verpflichtet weiß: Franklin preist die Tugenden des Fleißes, der Mäßigkeit, der Pünktlichkeit und der Gerechtigkeit als Quelle wirtschaftlichen Erfolgs, und repräsentiert damit für Weber eine weitreichendere Haltung als die der reinen Geschäftstüchtigkeit des Augsburger Händlers. In der in Franklins Positionierung sichtbar werdenden Wirtschaftsgesinnung macht Weber das Charakteristikum des westlichen Kapitalismus aus, den Ausdruck der protestantischen Ethik. Jene Form der fremd- und vor allem selbstregulierten Lebensführung des modernen Menschen stellt das Gegenmodell zur ungelenkten Lebensführung in vormodernen Gesellschaften dar. Lebensführung beschreibt Weber also als Gegenmodell zum unregulierten, als natürlich angenommenen Alltag. Deshalb qualifiziert Weber den Begriff der Lebensführung auch terminologisch und spricht in *Wirtschaft und Gesell-*

schaft von der praktisch-rationalen und der methodischen Lebensführung. Der
Geist des modernen Kapitalismus ist demnach Ausdruck eines *Rationalisie-
rungsprozesses*, der mit der Verbreitung bestimmter Lebensmaximen bzw. „Le-
bensweisheiten" (ebd.: 39) seinen Durchbruch findet. Rationalisierung alltäglicher Lebensführung meint in Anschluss an Weber somit die Durchsetzung einer
spezifischen Form der Realitätsverarbeitung als prägendes Charakteristikum der
modernen Gesellschaft.

Analytisch interessiert Weber insbesondere die Entstehungsgeschichte dieser „angepassten" Art der Lebensführung, die „nicht in einzelnen isolierten Individuen (entstand), sondern als eine Anschauungsweise, die von Menschen-
gruppen getragen wurde" (ebd.: 43; Hervh. i. O.). Weber betont also die Bedeutung kollektiver Produktionsprozesse, mit denen es zur Durchsetzung und Etablierung bestimmter Vorstellungen und Überzeugungen kommt, wie der Einzelne als Mitglied einer modernen Gesellschaft sein Leben führt und führen soll.
Damit liefert Weber den grundlagentheoretischen Ansatz- und Ausgangspunkt
einer sozial- und kulturwissenschaftlichen Lebensführungsforschung, die den
Prozess der Etablierung historisch-spezifischer Rationalisierungsmuster ins Zentrum wissenschaftlichen Arbeitens rückt und an dieser Stelle daran angeknüpft
wird.

Im vorliegenden Beitrag argumentieren wir für eine kritische Weiterführung
der Weberschen Überlegungen, indem der *Prozess* der Rationalisierung aktueller Lebensführung selbst in den Fokus gerückt wird und im Kontext einer wohlfahrtsstaatlichen Transformationsforschung (Kessl 2013/ i. E.) auch eine empirische Umsetzung finden kann. Dies geschieht anhand einer machtanalytischen
Erweiterung der Weberschen Perspektive auf (alltägliche) Lebensführung.

Machtanalytische Perspektiven, wie sie in jüngster Zeit vor allem als *Studien zur Gouvernementalität* ausgearbeitet wurden (vgl. Rose 1999; Bröckling/
Krasmann/Lemke 2000), betrachten die Soziale Arbeit nicht nur als eine öffentlich verfasste wohlfahrtsstaatliche Instanz, sondern vor allem auch als eine Instanz der „Menschenführung" (Anhorn/Bettinger/Stehr 2007, Karl 2008, Kessl
2005, Weber/Maurer 2006). Die Dienstleistungsprofession Kinder- und Jugendhilfe, an der wir unsere Überlegungen verdeutlichen wollen, erweist sich aus
dieser Perspektive als diejenige Sozialisationsinstanz, die im Kontext der wohlfahrtsstaatlichen Regulierung und Gestaltung sozialer Zusammenhänge für die
geplante Beeinflussung und aktive Unterstützung der Selbstführungsfähigkeiten
von Menschen zuständig ist. Im Unterschied zu den primären Sozialisationsinstanzen der Schule und Familie definiert sich die Zuständigkeit der Kinder- und
Jugendhilfe darüber, dass sie in den Fällen angerufen ist, in denen die Lebensführungsweisen möglicher Adressat/innen als sozial problematisch oder potenziell sozial problematisch markiert werden. In diesem Sinne erweist sie sich

machtanalytisch als Teil einer Regierung des Sozialen, also als institutionell-professioneller Ausdruck einer wohlfahrtstaatlichen Gouvernementalität, wie sie sich seit dem 19. Jahrhundert im industriegesellschaftlichen Kontext durchgesetzt hat (vgl. Pieper/Rodriguez 2003) und deren Aufgabe die Normalisierung subjektiver Lebensführungsweisen darstellt. In ihren Arbeitsfeldern findet diese Form der Regulierung und Gestaltung menschlicher Lebensführung als Herstellung und Durchsetzung von Normalitätsstandards, in den von Fachkräften initiierten Handlungsvollzügen ihren Ausdruck: Kinder- und Jugendhilfe (re)produziert die als normal verfassten Lebensführungsmuster und repräsentiert daher eine *aktive (Re-)Produktionsinstanz* spezifischer Lebensführungsweisen. Der Begriff der Rationalisierung findet also im Unterschied zu seiner Verwendung bei Weber dahingehend seine machtanalytische Erweiterung, als dieser nicht mehr auf eine Form kollektiver Vernunft, sondern auf „Praktiken, in deren Kontext Wahrnehmungs- und Beurteilungsstrategien generiert werden" (Bröckling/Krasmann/Lemke 2000: 20) bezogen wird. Für die damit eingenommene Perspektive interessiert insbesondere, dass die Kinder- und Jugendhilfe als Sozialisationsinstanz spezifische „Rationalitätsregime" repräsentiert, das heißt „relationale Bezugssystem[e], in de[nen] Bedeutungen kodiert und Handlungsweisen mit normativen Werten aufgeladen werden" (Mattissek 2009: 101), die nicht statisch sondern dynamisch, also veränderbar sind.

Wohlfahrtsstaatstheoretische Analysen sind sich weitgehend einig, dass seit dem letzten Drittel des 20. Jahrhunderts eine grundlegende Veränderung der bisher vorherrschenden wohlfahrtstaatlichen Rationalisierungsmuster zu beobachten ist (vgl. Kaufmann 1997; international: Clarke 2004, Castel 2005, Jessop 2007). Das für die bundesdeutsche Kinder- und Jugendhilfe bis dahin bestimmende wohlfahrtsstaatliche Arrangement unterliegt seither einer grundlegenden Transformation (vgl. Kessl/Otto 2009). Das zeigt sich nicht zuletzt darin, dass die bisherigen fachlich prozessierten Denkweisen und Deutungsmuster, auf deren Basis bestimmte als sozial problematisch oder potenziell problematisch markierte Muster alltäglicher Lebensführung reguliert wurden, eine massive Veränderung erfahren (vgl. u. a. Bütow/Chassé/Hirt 2007): Nach der Erkenntnis vorliegender wohlfahrtsstaatstheoretischen Arbeiten setzt sich zunehmend ein „neo-soziales" Programm der staatlichen Aktivierungspolitik (vgl. Lessenich 2005; 2009) und Aktivierungspädagogik (vgl. Kessl 2006) durch: Individuelle wie kollektive Subjekte werden von den sozialstaatlichen Instanzen angehalten, ihre subjektive Lebensgestaltungsverantwortung selbst zu übernehmen. Ihr Anspruch auf öffentliche Unterstützung wird im Fall einer Notlage verstärkt von dieser nachgewiesenen Bereitschaft zur Verantwortungsübernahme abhängig gemacht (Responsibilisierung) und sozialstaatlich verfasste Instanzen, wie die

bundesdeutsche Soziale Arbeit, auf die Aktivierung dieser Lebensgestaltungsverantwortung verpflichtet (vgl. Kessl 2005; Oelkers 2007; Karl 2006).

Empirische Analysen zur individuellen Lebensführung haben seit den
1980er Jahren auf deren veränderte Muster hingewiesen. Der Untersuchungsfo-
kus dieser primär soziologischen Arbeiten, deren systematischer Fokus im Folgenden vorgestellt wird, galt vor allem der Gestaltform alltäglicher Lebensführung (subjekt- bzw. handlungstheoretisch orientierte Lebensführungsforschung).

3   Methodologische Anschlüsse

*3.1   Die subjekt- bzw. handlungstheoretisch orientierte Lebensführungs-
forschung*

Im Anschluss an das Lebensführungsmodell Max Webers und an soziologische
Modernisierungstheorien anknüpfend, entstehen im Umfeld der Münchner DFG-
Sonderforschungsbereiche 101 und 333 und daran anschließend in der Chemnit-
zer Projektgruppe (vgl. Projektgruppe Alltägliche Lebensführung 1995) seit den
1980er Jahren Forschungsarbeiten unter der Überschrift „Alltägliche Lebensführung (ALF)". Der Fokus dieser als subjekt- und handlungstheoretisch orientierten Lebensführungsforschung richtet sich dabei auf die alltagspraktischen Le-
benszusammenhänge der Akteur/innen und die Frage, wie diese die Wider-
sprüchlichkeiten des Alltags durch individuelle Gestaltungsleistungen zu einer
relativ stabilen Einheit (Biographie und Alltagsorganisation bzw. -routinen) zu-
sammenfügen (methodische Lebensführung). Dabei gehen die Forscher/innen
von der These aus, dass sozialstrukturelle Veränderungen und Entwicklungsten-
denzen der späten Moderne massive Auswirkungen auf das subjektive Alltagsleben und -handeln haben: Betont werden dabei eine Steigerung der Anforderungen an die Alltagsorganisation unter den Ambivalenzen der Moderne und
deren Formation als Arbeitsleistung eigener Art. Damit konkretisiert sich ein
verändertes Verhältnis von „Arbeit und Leben" (ebd.: 8; vgl. Jurczyk 2009):
Von einer wachsenden „Entgrenzung von Arbeit" und einer „sich entgrenzenden
Beziehung von Arbeit und Leben" wird dabei gesprochen (Jürgens 2003: 252).

Die ALF zielt also auf die empirische Analyse der Auswirkungen struktureller Bedingungen auf die individuelle Lebensführung. Mit dieser subjekt- bzw.
handlungstheoretischen Perspektivierung kann die ALF entscheidende Erkenntnisse über die Gestaltform der gegenwärtig veränderten Lebensführungsmuster
sichtbar machen. Exemplarisch für die von der ALF postulierten veränderten
Lebensführungsmuster kann die von Günter Voß und Hans Pongratz rekonstruierte Figur des „Arbeitskraftunternehmers" stehen: Mit dieser markieren die Autoren „eine neue Grundform der Ware Arbeitskraft" (vgl. Voß/Pongratz 1998).

Zugleich verweist ihre Rekonstruktion dieses Idealtypus, wie sie in Weberscher Denktradition die analytische Figur des „Arbeitskraftunternehmers" kategorisieren, auf eine epistemologische Engführung der ALF. Ulrich Bröckling (2007) argumentiert aus machtanalytischer Sicht, dass die von Voß und Pongratz ausgemachte Figur „in dieser Form nicht existiere, sondern Ausdruck einer spezifischen Form der Menschenführung" sei. Daher schlägt er alternativ die *Denk*figur des „unternehmerischen Selbst" vor. Im Unterschied zur Figur des Arbeitskraftunternehmers beschreibe diese keine „empirisch beobachtbare Entität", sondern die Art und Weise, wie die Gesellschaftsmitglieder gegenwärtig als Subjekte adressiert werden, um Veränderungen zu evozieren (ebd.: 46). Das unternehmerische Selbst benennt demnach die „mikropolitische Ratio, auf welche die zeitgenössischen Technologien der Selbst- und Fremdführung zulaufen" (ebd.: 48). Die analytische Figur des unternehmerischen Selbst verweist somit auf ein Denk- und Deutungsinstrumentarium, mit dem gegenwärtig die Wirklichkeit in veränderter Weise konzipiert wird.

Eine machtanalytisch erweiterte Lebensführungsforschung, wie sie hier skizziert werden soll, fokussiert im Anschluss an diese Perspektive die *mikropolitische Ratio*, das heißt die in der bundesdeutschen Sozialen Arbeit wirkmächtigen *Rationalitätsregime* selbst – und nicht die Gestaltform der transformierten Lebensführungsweisen: Untersuchungsgegenstand ist deshalb die inhaltliche Gestaltung und aktuelle Erscheinungsform der professionellen Denkweisen und Deutungsmuster. Eine ähnliche Perspektive nehmen auch die Arbeiten zu einer denksoziologischen Lebensführungsforschung ein.

3.2 Ansätze einer denksoziologischen Lebensführungsforschung

Claudia Honegger, Caroline Bühler und Peter Schallberger (2002) richten ihr Augenmerk auf die Ebene des alltagsweltlichen Denkens von Menschen unterschiedlicher Milieus und Berufsfelder. Das lässt sich am Beispiel ihrer Studie zur „Zukunft im Alltagsdenken" verdeutlichen: Ausgangspunkt ist die These, dass alltagsweltliche Zukunftsvorstellungen und ihre einzelnen Elemente „sinnlogisch geordnet" und „ihre jeweilige Gesamtarchitektur von rekonstruierbaren Stil- und Gestaltungsprinzipien durchzogen ist, die spezifischen Traditionen entstammen" (ebd.: 50). Ziel ihres, in der Tradition Karl Mannheims stehenden denk- wie wissenssoziologischen Ansatzes ist es, vordergründig die Sichtweise der „Laien", also derjenigen, die von den aktuellen gesellschaftlichen Entwicklungen auf unterschiedlichen Ebenen ihrer alltäglichen Lebensführung betroffen sind, und deren Deutungen hinsichtlich dieser Veränderungen zu rekonstruieren und zu analysieren (ebd.: 9). Statt an zeitdiagnostische Großentwürfe anzuknüpfen, gehe es daher sowohl um die „Genese und die inneren Gestaltungsprinzi-

pien der alltagsweltlichen Zukunftsvorstellungen" aus Sicht der „„gewöhnlichen' Menschen" als auch um „die Gründe ihres geschichtlichen So-und-nicht-
anders-Geworden-seins" (Weber 1904 [1988]: 170f.; zit. n. ebd.: 12f.). Auch
diese Forschungstradition argumentiert somit subjektorientiert, öffnet sich aber
im Unterschied zur handlungstheoretischen Fokussierung der ALF einer struktu-
ralistischen Perspektive, indem sie die inneren Gestaltungsprinzipien alltags-
weltlicher Zukunftsvorstellungen (milieu-, geschlechts-, generationenspezifisch)
in den individuellen Sinn- und Deutungsmustern herauszuarbeiten sucht. In ihren rekonstruierten Szenarien machen Honegger et al. dabei einerseits auf die
Heftigkeit aufmerksam, mit der Akteur/innen auf die gegenwärtigen Transformationsprozesse reagieren, die sie als allumfassende Ökonomisierung erleben.
Andererseits weisen sie auf die Heterogenität der (Re)Aktionsmuster hin. Nicht
weniger als das „Wechselverhältnis von Freiheit und Determination" ist es daher, das Honegger und andere empirisch zugänglich machen können. Damit
greifen sie, im Unterschied zur Dichotomisierungsannahme von Individuum
versus Gesellschaft in der ALF eine (methodologische) Vermittlung zwischen
subjektiver Praxis, Deutung und gesellschaftlicher Bedingtheit auf. Diese Sichtweise ist auch für die hier eingenommene Perspektive grundlegend. Das Konzept des Rationalisierungsmusters lässt sich in Bezug darauf dahingehend konkretisieren, dass die professionellen Denkweisen und Deutungsmuster eine
strukturelle Bedingung für die fachlichen Handlungsvollzüge in der Sozialen
Arbeit darstellen und zugleich von den befragten Fachkräften, auf Basis ihrer
Erfahrungen als Praktiken der Rationalisierung argumentativ erst hergestellt
werden müssen.

Eine methodologische Konkretisierung einer derartigen Perspektive für die
Soziale Arbeit, kann im Anschluss an praxisanalytische Studien aus der eng-
lisch- und französischsprachigen Wohlfahrtsstaatsforschung und jüngste diskursanalytische Arbeiten in der deutschsprachigen Erziehungswissenschaft gelingen (vgl. Wrana 2006, Langer 2008, Ott 2011; Dubois 2010, aber auch
Lipsky 2010 [1980]).

3.3 Rationalitäten als mikropolitisch wirksame Gestaltungsprinzipien

Die im deutschsprachigen Bereich nur wenig rezipierte Forschungstradition der
Street-Level Bureaucracy, wie sie von Michael LIPSKY (2010 [1980]) grundgelegt wurde, bietet insofern hilfreiche Anschlüsse an, als auch das Interesses dieser Forschungsrichtung den professionellen Rationalisierungspraktiken im Feld
der öffentlichen Dienstleistungserbringung gilt. Lipskys Arbeiten sind dabei von
der Annahme eines grundlegenden Dilemmas geprägt: Einerseits sind öffentliche Dienstleistungsangebote seinen Analysen zu Folge stark an politischen Ziel-

vorgaben und -vorstellungen orientiert, deren Ursprung in politischen Prozessen zu finden ist. Andererseits macht die alltägliche Arbeit eine Sensibilität gegenüber dem Einzelfall und den damit verbundenen Bedarfen unausweichlich. Diese Annahme, so lässt sich Lipsky für die deutschsprachige Kinder- und Jugendhilfeforschung verlängern, trifft in ganz besonderem Maße für das fachliche Handeln in den Arbeitsfeldern der Kinder- und Jugendhilfe zu, was sich in der, wenn auch theorie-systematisch strittigen, Figur der Gleichzeitigkeit von „Hilfe und Kontrolle" markiert (vgl. Böhnisch/Lösch 1973). Lipskys Arbeiten sind dabei in zweifacher Weise von Interesse: Zum einen verdeutlichen sie die sozialstaatliche, also strukturelle Einflussgröße, was Lipsky zu der skeptischen Einschätzung bringt, dass durch den wohlfahrtsstaatlichen Transformationsprozess in den vergangenen Jahrzehnten eine Managerialisierung Raum greift, die dazu führt, dass zunehmend Handlungsroutinen der 'Massenabfertigung' durchgesetzt werden („mass processing of clients", ebd.: xii); zum anderen ist mit ihnen aber auch das vorhandene Potenzial des fachlichen Ermessensspielraum (discretion) im alltäglichen Handeln markiert. Es sind vor allem Tony Evans und John Harris (2004), die mit ihren Überlegungen diesen Aspekt für die sozialpädagogische Forschung fruchtbar machen: Sie betonen in kritischer Weiterführung von Lipskys Modell, dass die zunehmend managerialisierten Strukturen sozialer Dienstleistungserbringung nicht per se das Potenzial des fachlichen Ermessens verengen (ebd.: 871). Entscheidend für die hier eingenommene Perspektive ist ihr damit verbundener Hinweis auf die Notwendigkeit der systematischen Inblicknahme der Realisierungsebene fachlicher Denkweisen und Deutungsmuster selbst: Erst deren Rekonstruktion, so Evans und Harris, kann das Potenzial des jeweiligen fachlich-professionellen Ermessensspielraums systematisch verdeutlichen (ebd.: 890f). Dieser fachlich-professionelle Ermessensspielraum kann durch die Rekonstruktion der gegenwärtig wirkmächtigen professionellen Rationalisierungspraktiken aufgeschlossen werden.

Auf die Notwendigkeit der systematischen Rekonstruktion fachlicher Praktiken selbst kann in diesem Zusammenhang auch die, in der *Street-Level Bureaucracy*-Tradition stehende Studie von Vincent Dubois (2010) aufmerksam machen, in der er die alltägliche Arbeit von Sachbearbeiter/innen familialer sozialer Dienste untersucht. Dubois arbeitet heraus, wie sich die Interaktionen zwischen den Fachkräften der französischen Familienhilfe und den Adressat/innen bzw. Nutzer/innen gestalten. Er spricht von einer vorherrschenden „bureaucratic rationality" (ebd.: 25), die aber in der konkreten Beziehungsarbeit der Sachbearbeiter/innen mit den Leistungsempfänger/innen ausagiert werden müsse. Dies zeige sich demnach nicht zuletzt daran, dass die subjektiv-biographischen Aspekte, die die Menschen den Fachkräften mitteilen, in eine administrative Sprache übersetzt werden, um eine bürokratisch-strukturierte Beurteilung und Bearbeitung des Falls zu ermöglichen (ebd.: 24). Somit gelingt Dubois nicht weniger als die Verdeutlichung der Relevanz der organisationalen bzw. institutionellen Einflussebene, neben der sozialpolitischen Entscheidungsebene.

Die Arbeiten in der Tradition der *Street-Level Bureaucracy*-Forschung machen aber noch auf einen weiteren wichtigen Punkt aufmerksam: Die gegenwärtigen wohlfahrtsstaatlichen Transformationsprozesse finden auf der Ebene des fachlichen Handlungsvollzugs ihren Ausdruck. Seien es die sich allgemein verschlechternden sozio-ökonomischen Lebensbedingungen von Bürger/innen und der damit verbundene Anstieg der Gruppe der Antragsteller/innen oder der Grad der Dringlichkeit der Anliegen, mit denen die Leistungsempfänger/innen in die Institution kommen sowie die mit dieser Entwicklung einhergehende Kürzung der Budgets, die sich insbesondere in den Institutionen der Familienhilfe niederschlagen (ebd.). Zwar sind derartige Momente, die sich für den bundesdeutschen Kontext teilweise in sehr analoger Weise zeigen lassen, nicht in Bezug auf den wohlfahrtsstaatlichen Transformationsprozess selbst zu fassen, weil dazu eine Längsschnittstudie oder eine historiografische Arbeit notwendig wäre. Doch sie belegen, dass dieser sich auf der Ebene der fachlichen Handlungsvollzüge, und somit auch in deren Argumentations-, Legitimations- und Begründungsstrategien manifestiert.

Um diese mikroanalytischen Perspektive methodologisch zu konkretisieren, ist der Anschluss an jüngere diskursanalytische Arbeiten in der deutschsprachigen Erziehungswissenschaft hilfreich.

Daniel Wrana (2006) untersucht in seiner diskursanalytischen Studie zum Programm des selbstgesteuerten Lernens, wie eine selbstreflexive Praxis des Lernens in Form von Lernjournals, Subjekte hervorbringt und verändert. Wrana arbeitet dazu systematisch heraus, wie das Lerninstrument der Lernjournals die subjektive Praxis der Selbstführung in spezifischer Weise unterstützt und damit zum Katalysator subjektiver (Selbst)Bildung wird. Damit verdeutlicht Wrana, wie die Vermittlung gesellschaftlicher Bedingtheit und subjektiver Deutung – in seinem Fall als Verweisungszusammenhang von bildungspolitischen Bestrebungen (Programm Lebenslanges Lernen) und Praktiken der Selbstbildung – im Bildungssystem konkret prozessiert wird. Daran setzt die hier vertretene Forschungsperspektive insofern an, als sie nicht nur die gegenwärtigen Muster der alltäglichen Lebensführung auf Seiten der Adressat/innen und Nutzer/innen sozialpädagogischer Angebote fokussiert oder deren subjektiven Denkweisen und Deutungsmuster, sondern den Prozess der Rationalisierung alltäglicher Lebensführung selbst den Blick nimmt, also die *Praxis der Rationalisierung* durch die professionellen Fachkräften in der bundesdeutschen Kinder- und Jugendhilfe (vgl. für die Kindheitsforschung Kelle/Tervooren 2008). Das gelingt dadurch, dass die Art und Weise, wie die Fachkräfte der Kinder- und Jugendhilfe die gegenwärtigen und angestrebten Lebensführungsweisen ihrer Adressat/innen und Nutzer/innen fachlich denken und deuten, systematisch in den Fokus der Betrachtung gerückt werden. In den Aufmerksamkeitsfokus rücken also die professionellen Rationalisierungspraktiken. Zugleich sind diese in ihrem jeweiligen Verweisungskontext zu deuten, das heißt als *situierte Praktiken*. Daher knüpfen wir mit unseren Überlegungen methodologisch an die Perspektive einer machtanalytischen Ethnographie an: Marion Ott (2011) geht in ihrer Studie zur „Aktivierung von (In-)Kompetenz" der Frage nach, wie die in den gegenwärtigen Programmen der Arbeitsmarktpolitik angelegte und gesetzlich regulierte ‚Aktivierung' als sozialpolitische Rationalität auf verschiedenen Ebenen (u. a. Verwaltung und Gestaltung der Maßnahmen) umgesetzt und konkretisiert wird (ebd.: 24). Ihr Untersuchungsgegenstand stellen damit die situierten Praktiken des Profiling als Realisierungsebene der vorherrschenden arbeitsmarkt- und sozialpolitischen Rationalitäten dar. Die Situiertheit dieser Praktiken werden von Ott darüber erschlossen, dass sie die konkreten Machtverhältnisse der Aktivierung aus der „Binnenperspektive" rekonstruiert und analysiert (ebd.: 91). Für die Kinder- und Jugendhilfeforschung wäre analog die Rekonstruktion der „Binnenperspektive" professionellen, sozialpädagogischen Denkens und Sprechens über die alltägliche Lebensführung ihrer Adressat/innen und Nutzer/innen zu leisten.

Ott ist es über die Analyse der Praktiken des Testens gelungen, aufzuzeigen, wie im Bereich der Arbeitsmarktpolitik gegenwärtig (In-)Kompetenzen rationalisiert werden, das heißt verschiedene Denkweisen und Deutungsmuster der Kompetenz und Inkompetenz hergestellt und aufgerufen werden. Genau an der damit methodologisch markierbaren Stelle ist auch unser Erkenntnisinteresse zu lokalisieren: In welcher Weise rationalisieren die Fachkräfte die Lebensführung der Adressat/innen und Nutzer/innen, wenn sie gemeinsam über deren aktuelle und zukünftige Gestalt sprechen und nachdenken?

Während nun Ott in ihrer ethnographisch arrangierten Studie bei der Rekonstruktion aktivierungspolitischer Prämissen auf der Ebene handlungspraktischer Vollzüge ansetzt, zielt eine Analyse professioneller Rationalisierungsmuster auf die sprachlich-performative Ebene. Es geht nicht darum, wie sozialpädagogische Fachkräfte ihre Arbeit mit den Adressat/innen und Nutzer/innen im Sinne einer alltäglichen Arbeit der Lebensführung handlungspraktisch ausgestalten, sondern um die Denkweisen und Deutungsmuster der Fachkräfte. Deren systematische Inblicknahme erlaubt es, die gegenwärtig prägenden Rationalitätsregime aufzuschließen und damit die wirkmächtigen Muster der professionellen Rationalisierung subjektiver Lebensführung sichtbar zu machen.

4   Resümee

Im Prozess der Verbreitung und Durchsetzung wirkmächtiger Vorstellungen und Überzeugungen ‚adäquater' Lebensführung stellt die Soziale Arbeit als (Re)Produktionsinstanz spezifischer Wahrheitsdiskurse eine wichtige gesellschaftliche Plattform dar. Die systematische Inblicknahme dieses (Re)Produktionsprozesses ist daher für eine adäquate Weiterentwicklung und fachlich angemessene Positionierung Sozialer Arbeit in Zukunft ebenso von zentraler Bedeutung, wie das Wissen um die bestehenden professionellen Ermessensspielräume. Über rein programmanalytische Untersuchungen politischer Rationalitäten, wie sie für die Gouvernementalitätsforschung zeitweilig charakteristisch waren, hinausgehend und die kollektiven Praktiken der Rationalisierung hervorhebend, setzt unsere Analyseperspektive am Prozess der Vermittlung zwischen politischen Rationalitäten und den konkreten Handlungsweisen der Nutzer/innen und Adressat/innen an: den Rationalisierungspraktiken der beteiligten Fachkräfte. Damit kann die Identifizierung der derzeitig wirkmächtigen Rationalitätsregime innerhalb der bundesdeutschen Sozialen Arbeit gelingen. Diese verweisen auf die vorherrschenden mikropolitischen Strukturmuster und damit die professionelle Präformation der Möglichkeiten für die alltägliche Lebensführung auf Seiten der Nutzer/innen und Adressat/innen. Denn in ihren Rationalisierungspraktiken materialisieren, kanalisieren und verfestigen (vgl. Messerschmidt 2008) die Fachkräfte die Art und Weise, wie Lebensführungsweisen durch die Nutzer/innen und Adressat/innen sozialpädagogischer und sozialarbeiterischer Angebote aktuell gestaltet werden sollen und wie nicht.

Literatur

Anhorn, R./Bettinger, F./Stehr, J. (Hrsg.) (2007): Foucaults Machtanalytik und Soziale Arbeit: Eine kritische Einführung und Bestandsaufnahme. Wiesbaden: VS.

Böhnisch, L./Lösch, H. (1973): Das Handlungsverständnis des Sozialarbeiters und seine institutionelle Determination. In: Otto, H.-U./Schneider, S. (Hrsg.): Gesellschaftliche Perspektiven der Sozialarbeit, Bd. 2. Neuwied: Luchterhand, 21–40.

Böhnisch, L./Schefold, H. (1985): Lebensbewältigung. Soziale und pädagogische Verständigung an den Grenzen der Wohlfahrtsgesellschaft. Weinheim und München: Juventa.

Böhnisch, L. (2005): Lebensbewältigung. Ein sozialpolitisch inspiriertes Paradigma für die Soziale Arbeit. In: Thole, W. (Hrsg.): Grundriss Soziale Arbeit. Ein einführendes Handbuch. Wiesbaden: VS, 199-213.

Bröckling, U./Krasmann, S./Lemke, T. (Hrsg.) (2000): Gouvernementalität der Gegenwart. Studien zur Ökonomisierung des Sozialen. Frankfurt a. M.: Suhrkamp.

Bröckling, U. (2007): Das unternehmerische Selbst. Soziologie einer Subjektivierungsform. Frankfurt a. M.: Suhrkamp.

Bütow, B./Chassé, K. A./Hirt, R. (Hrsg.) (2007): Soziale Arbeit nach dem Sozialpädagogischen Jahrhundert. Positionsbestimmungen Sozialer Arbeit im Post-Wohlfahrtsstaat. Opladen/Farmington Hills: Barbara Budrich.

Clarke, J. (2004): Changing Welfare, Changing States. New Directions in Social Policy. London: Sage Publications.

Castel, R. (2005): Die Stärkung des Sozialen. Leben im neuen Wohlfahrtsstaat. Hamburg: Hamburger Edition.

Dewe, B./Otto, H.-U. (2012): Reflexive Sozialpädagogik. In: Thole, W. (Hrsg.): Grundriss Soziale Arbeit. Ein einführendes Handbuch. Wiesbaden: VS, 197-218.

Dubois, V. (2010): The Bureaucrat and the Poor. Encounters in French Welfare Offices. Aldershot: Ashgate Publishing Limited.

Evans, T./Harris, J. (2004): Street-Level Bureaucracy, Social Work and the (Exaggerated) Death of Discretion, British Journal of Social Work, Vol. 34, Nr. 6, 871-895.

Feldhaus, N./Gaßmöller, A./Zawadzki, A./Ziegler, H. (2009): Lebensführungsprobleme und Soziale Arbeit. In: neue praxis, 39. Jahrgang, Heft 2, 191-200.

Honegger, C./Bühler, C./Schallberger, P. (2002): Die Zukunft im Alltagsdenken. Szenarien aus der Schweiz. Konstanz: UVK.

Jessop, B. (2007): State Power: a strategic-rational approach. Cambridge: Polity Press.

Jurczyk, K. (2009): Alltägliche Lebensführung und Soziale Arbeit. In: Kessl, F./Otto, H.-U. (Hrsg.): Soziale Arbeit ohne Wohlfahrtsstaat? Zeitdiagnosen, Problematisierungen und Perspektiven. Weinheim und München: Juventa, 53-69.

Jürgens, K. (2003): Die Schimäre von Vereinbarkeit. Familienleben und flexibilisierte Arbeitszeiten. In: Zeitschrift für Soziologie der Erziehung und Sozialisation, 23. Jg., Nr. 3, 251-267.

Karl, U. (2006): Alter(n)sdiskurse - Vom aktiven zum profilierten, unternehmerischen Selbst. In: Maurer, S./Weber, S. (Hrsg.): Gouvernementalität und Erziehungswissenschaft. Wiesbaden: VS, 301–319.

Karl, U. (2008): Agency, Gouvernementalität und Soziale Arbeit. In: Homfeldt, H. G./ Schröer, W./Schweppe, C. (Hrsg.): Vom Adressaten zum Akteur. Soziale Arbeit und Agency. Opladen: Barbara Budrich, 59–80.

Kaufmann, F.-X. (1997): Herausforderungen des Sozialstaates. Frankfurt a.M.: Suhrkamp.

Kelle, H./Tervooren, A. (Hrsg.) (2008): Ganz normale Kinder. Heterogenität und Standardisierung kindlicher Entwicklung. Weinheim und München: Juventa.

Kessl, F. (2006): Aktivierungspädagogik statt wohlfahrtsstaatlicher Dienstleistung? Das aktivierungspolitische Re-Arrangement der bundesrepublikanischen Kinder- und Jugendhilfe. In: Zeitschrift für Sozialreform, 52. Jg., Heft 2, 217-231.

Kessl, F. (2005): Der Gebrauch der eigenen Kräfte. Eine Gouvernementalität Sozialer Arbeit. Weinheim und München: Juventa.

Kessl, F./Otto, H.-U. (Hrsg.) (2009): Soziale Arbeit ohne Wohlfahrtsstaat? Zeitdiagnosen, Problematisierungen und Perspektiven. Weinheim und München: Juventa.

Kessl, F. (2013) (i.E.): Soziale Arbeit in der Transformation des Sozialen. Eine Ortsbestimmung. Wiesbaden: VS.

Kessl, F./Günnewig, N. (2011): Soziale Arbeit und Lebensführung. Die Perspektive einer sozialpädagogischen Empirie der Lebensführung. In: Böllert, K. (Hrsg.) Soziale Arbeit als Wohlfahrtsproduktion. Wiesbaden: VS, 141-151.

Langer, A. (2008): Disziplinieren und Entspannen. Bielefeld: Transcript.

Lessenich, S. (2005): Activation without work? Das neue Dilemma des "konservativen" Wohlfahrtsstaats. In: Dahme, H.-J./Wohlfahrt, N. (Hrsg.): Aktivierende Sozialarbeit. Theorie - Handlungsfelder - Praxis. Hohengehren: Schneider, 21-29.

Lessenich, S. (2009): Aktivierungspolitik und Anerkennungsökonomie. Der Wandel des Sozialen im Umbau des Sozialstaats. In: Soziale Passagen, Vol. 1, Heft 2, 163-176.

Lipsky, M. (2010): Street-Level Bureaucracy. Dilemmas of the Individual in Public Services. New York: Russel Sage Foundation.

Mattissek, A. (2009): Exkurs. Zentrale Begriffe im Kontext des Gouvernementalitäts-Konzeptes von Foucault. In: Füller, H./Marquardt, N.: Gouvernementalität in der Humangeographischen Diskursforschung. In: Glasze, G./Mattissek, A. (Hrsg.): Handbuch Diskurs und Raum. Theorie und Methoden für die Humangeographie sowie die sozial- und kulturwissenschaftliche Raumforschung. Bielefeld: Transcript, 101-106.

Maurer, S. (2006): Beratung als Über-Setzung und Re-Artikulation von Erfahrung. In: Schnoor, H. (Hrsg.): Psychosoziale Beratung in der Sozial- und Rehabilitationspädagogik. Stuttgart: Kohlhammer, 23-33.

Messerschmidt, A. (2008): Michel Foucault (1926-1984). Den Befreiungen misstrauen – Foucaults Rekonstruktion moderner Macht und der Aufstieg kontrollierter Subjekte. In: Dollinger, B. (Hrsg.): Klassiker der Pädagogik. Die Bildung der modernen Gesellschaft, 2. Auflage. Wiesbaden: VS, 289-310.

Oelkers, N. (2007): Aktivierung von Elternverantwortung. Zur Aufgabenwahrnehmung in Jugendämtern nach dem neuen Kindschaftsrecht. Bielefeld: Transcript.

Ott, M. (2011): Aktivierung von (In-)Kompetenz. Praktiken im Profiling – eine machtanalytische Ethnographie. Konstanz: UVK.

Projektgruppe „Alltägliche Lebensführung" (Hrsg.) (1995): Alltägliche Lebensführung. Arrangements zwischen Traditionalität und Modernisierung. Opladen: Leske und Budrich.

Pieper, M./Rodríguez, G. E. (Hrsg.) (2003): Gouvernementalität. Ein sozialwissenschaftliches Konzept im Anschluss an Foucault. Frankfurt a. M./ New York: Campus.

Rauschenbach, T./Züchner, I. (2002): Theorie der Sozialen Arbeit. In: Thole, W. (Hrsg.): Grundriss Soziale Arbeit. Ein einführendes Handbuch. Opladen: Leske und Budrich, 139-160.

Rose, N. (1999): Powers of Freedom. Reframing political thought. Cambridge: University Press.

Rose, N. (1996): The Death of the Social? Refiguring the Territory of Government. In: Economy and Society, 25. Jg., Heft 3, 327-356.

Sahle, R. (2002): Alltägliche Lebensführung. Alltag als Arrangement von Tätigkeiten. In: Blätter der Wohlfahrtspflege, Heft 2, 45-49.

Sommerfeld, P./Hollenstein, L./Calzaferri, R. (2011): Integration und Lebensführung. Ein forschungsgestützter Beitrag zur Theoriebildung der Sozialen Arbeit. Wiesbaden: VS.

Thiersch, H. (1992): Lebensweltorientierte Soziale Arbeit. Aufgaben der Praxis im sozialen Wandel. Weinheim und München: Juventa.

Thiersch, H. (2005): Lebensweltorientierte Soziale Arbeit. Aufgaben der Praxis im sozialen Wandel. 6. Auflage. Weinheim und München: Juventa.

Voß, G. G./Pongratz, H. J. (1998): Der Arbeitskraftunternehmer. Eine neue Grundform der Ware Arbeitskraft? In: Kölner Zeitschrift für Soziologie und Sozialpsychologie, 50. Jg., Nr. 1, 131-158.

Weber, M. (1920/2006): Die protestantische Ethik und der Geist des Kapitalismus. Erftstadt: Area.

Weber, M. (1904/1988): Die 'Objektivität' sozialwissenschaftlicher und sozialpolitischer Erkenntnis. In: ders.: Gesammelte Aufsätze zur Wissenschaftslehre. Tübingen: Winckelmann, 146-214.

Weber, S. M./Maurer, S. (Hrsg.) (2006): Gouvernementalität und Erziehungswissenschaft. Wissen - Macht - Transformation. Wiesbaden: VS.

Wrana, D. (2006): Das Subjekt schreiben. Reflexive Praktiken und Subjektivierung in der Weiterbildung - eine Diskursanalyse. Hohengehren: Schneider.

Soziale Arbeit als Wohlfahrtsproduktion

Karin Böllert

Einleitende Bemerkungen

Die kontinuierliche Expansion der sozialpädagogischen Handlungsfelder und des pädagogischen Aufgabenspektrums hat dazu beigetragen, Soziale Arbeit immer mehr zu einem lebenslaufbegleitenden Medium der Sozialintegration in der Mitte der Gesellschaft werden zu lassen (vgl. Böhnisch/Schröer/Thiersch 2005). Ausgehend von einer Fokussierung auf soziale Probleme, einer Zuständigkeit für Menschen an den so genannten Rändern der Gesellschaft hat sich die Soziale Arbeit zu einer modernen Dienstleistungsprofession entwickelt, sie ist mehr oder weniger zu einem Leistungsangebot für alle geworden – Soziale Arbeit hat sich normalisiert oder anders ausgedrückt, Soziale Arbeit ist in Beziehung zu ihren ursprünglich begrenzten Aufgaben und Funktionen der Normalisierung, Disziplinierung und administrativen Fürsorge grenzenlos geworden, sie ist immer selbstverständlicherer Bestandteil einer sozialen, öffentlich gewährleisteten Infrastruktur (vgl. Füssenhäuser/Thiersch 2011).

Der Status eines gesellschaftlichen Allgemeinangebotes schließt dabei die Aufgabe einer Institution, die gesellschaftliche Desintegrationsprozesse abzufangen hat, nicht aus und spiegelt sich auch nicht nur in der Zunahme von Aufgaben und sozialpädagogischen Angeboten wieder (vgl. Thole 2010). Hinzu kommt eine ebensolche Ausdifferenzierung von vielfältigen Forschungsanstrengungen als eine empirisch gestützte Form der Selbstbeobachtung und auch eine Erweiterung gesellschaftstheoretisch aufgeklärter Theoriediskussionen (vgl. Galuske 2002).

Folgt man einem solchen Verständnis Sozialer Arbeit, dann ist Soziale Arbeit gleichermaßen eine wissenschaftliche Disziplin und angewandte Profession mit ihren je eigenen wissenschaftlichen Fragestellungen, Analysen und Theorien. Soziale Arbeit beinhaltet somit diskursives Wissen, das theoretisch und empirisch begründet ist und dabei auf die situativen Bedingungen der individuellen und kollektiven Handlungskontexte sowie die sich darin manifestierenden Teilhabechancen und Teilhabebegrenzungen bezogen bleibt (vgl. Braches-Chyrek/Sünker 2010).

Angesichts der Expansion sozialpädagogischer Handlungsfelder und Aufgabenstellungen stellt sich nun allerdings die Frage, was den Kern sozialpädagogischen Handelns, die gemeinsame Grundlage ihrer theoretischen Analysen und empirischen Studien ausmacht, ohne dass bei der Beantwortung dieser Frage die

Vielfalt sozialpädagogischer Fragestellungen und Diskurse verloren geht. Vor diesem Hintergrund soll hier vorgeschlagen werden, *Soziale Arbeit als personenbezogene Wohlfahrtsproduktion* zu fassen – eine Aufgabenbeschreibung und Funktionszuweisung, die die sozialpädagogische Disziplin, Profession und Praxis auf der einen Seite nicht beliebig erscheinen lässt, auf der anderen Seite aber auch nicht der Gefahr unterliegt, nur solche Kernbereiche und Zusammenhänge zu erfassen, die der Ausdifferenzierung sozialpädagogischer Theorien, der Empirie und Praxis der Sozialen Arbeit nicht Rechnung tragen können.

1   Wohlfahrt und Wohlfahrtsproduktion

Ein themenübergreifender Kern Sozialer Arbeit als personenbezogener Wohlfahrtsproduktion beinhaltet nun zunächst die Anforderung zu umschreiben, was mit Wohlfahrt selbst gemeint ist. Mit Kaufmann (2005: 227) kann man „'Wohlfahrt' als eine Problemformel öffentlicher Kommunikation bezeichnen, die sich auf die Vermittlung zwischen den partikulären Formen der Lebensführung und dem Zustand bzw. den Entwicklungsperspektiven eines Gemeinwesens bezieht". Wohlfahrt ist damit der normative Bezugspunkt einer Wohlfahrtsproduktion, wobei der Begriff Wohlfahrtsproduktion darauf verweist, „dass das Ausmaß individueller Wohlfahrt stets ein Ergebnis von Aktivitäten ist, die sowohl unter dem Gesichtspunkt ihres Ablaufs (Prozessnutzen) als auch ihres Ergebnisses (Ergebnisnutzen) zu betrachten sind. Die Aktivitäten gehen nicht allein von den um ihre Wohlfahrt besorgten Individuen aus, sondern stehen in unterschiedlichen institutionellen Kontexten und involvieren daher eine Vielzahl von Personen und häufig auch Organisationen. Wohlfahrtsproduktion ist somit ein gleichzeitig auf mehreren Ebenen (…) rekonstruierbarer Prozess, der gleichzeitig den Staat, die Erwerbswirtschaft, den Wohlfahrtssektor und die Privathaushalte involviert" (Kaufmann 2005: 231). „Modern gesprochen meint Wohlfahrt also zentral die politische Aufgabe, gesellschaftliche Verhältnisse herzustellen oder zu gewährleisten, in denen der individuelle Nutzen und der gemeine Nutzen nicht auseinandertreten, sondern im Sinne synergetischer Effekte aneinander verstärken" (ebd.: 220). Entscheidend dafür, welcher Hilfe- und Unterstützungsbedarf für welche Lebenslagenbereiche wie abgedeckt wird, d. h. welche Form der Wohlfahrtsproduktion auf der Grundlage welcher Problemdefinitionen und Interventionsnotwendigkeiten zum Tragen kommt, sind dabei nicht in erster Linie entsprechende ökonomische Ressourcen und öffentlich wahr genommene Bedarfslagen. Stattdessen sind der Wohlfahrtsproduktion immanente Anerkennungsprozesse Spiegelbild weltanschaulicher, gesellschaftlicher Normen sowie übergeordneter politischer und soziokultureller Vorstellungen. Von daher ist die Frage, „was als gesellschaftliches Problem und Risiko anerkannt und als veränderungswürdig betrachtet wird und was als privates Problem angesehen wird und in Eigenverantwortung gelöst werden muss, in erster Linie politischer und damit normativer Natur. Mögliche Antworten auf diese Frage sind von daher immer auch geprägt durch und abhängig von den jeweiligen Vorstellungen darüber, was unter sozialer Gerechtigkeit verstanden werden soll" (Bäcker 2011: 1406).

Mit Blick auf die öffentlich verantwortete Wohlfahrtsproduktion können analytisch zunächst einmal personenunabhängige und personenbezogene Formen voneinander unterschieden werden. Während sich *personenunabhängige* Formen der Wohlfahrtsproduktion vor allem auf die Organisation des Sozialen richten - und damit auf kollektive Risiken und Bedarfe - ist das Wohlergehen einzelner Adressat/innen ein wesentlicher normativer Fluchtpunkt der personenbezogenen Wohlfahrtsproduktion und damit individuelle Risiken, Bedarfe und Bedürfnisse. Personenunabhängige Formen der Wohlfahrtsproduktion richten sich demgegenüber primär auf jene politisch adressierten Standardrisiken, die durch überwiegend sozialversicherungsförmig organisierte Systeme der sozialen Sicherung regulierbar sind. Die Prozesse sozialer Regulation und Wohlfahrtsproduktion erfolgen dabei durch die Gestaltung struktureller bzw. formeller und materieller Bedingungen und Möglichkeiten von Lebenschancen. Dies geschieht vor allem auf Basis der Zugänglichkeit zu teilbaren Ressourcen, der Etablierung von Programmen und/oder der Regulierung des Sozialen durch juridische und administrative Normsetzungen.

Personenbezogene Formen der Wohlfahrtsproduktion finden sich demgegenüber überall dort, wo solche Regulationen auf Motive, Einstellungen und koproduktive Handlungsbereitschaften individueller Adressat/innen angewiesen sind. Sie setzen überall dort ein, wo es um die Beeinflussung dessen geht, wie Vorgaben aber auch Ressourcen - im Sinne potentieller Lebenschancen - in individuell realisierte Lebensführungen bzw. subjektive Handlungs- und Daseinsformen ‚übersetzt' werden bzw. werden können.

Personenbezogene Formen der Wohlfahrtsproduktion rücken somit immer dann in den Mittelpunkt des Erkenntnisinteresses, wenn die Frage nach der Ordnung und Gestaltung des Sozialen nicht nur mit Blick auf die abstrakten, standard-biographisch modellierten Implikationen politischer, wirtschaftlicher und gesellschaftlicher Institutionen, sondern auch mit Blick auf die konkreten, individuellen Lebensführungen, Deutungen, Motive und Aspirationen sowie personale Kompetenzen und Wissensbestände empirischer Akteur/innen relevant werden (vgl. Böllert 2010).

2   Soziale Arbeit als personenbezogene Wohlfahrtsproduktion

Wenn ein solchermaßen erweiterter Begriff von Wohlfahrtsproduktion damit auch alle diejenigen Aktivitäten umfasst, die zur Erhaltung und Entwicklung von Humanvermögen beitragen und die überwiegend in Sozialen Diensten realisiert werden, dann ist die Herstellung und Ermöglichung von individueller Wohlfahrt eine der Kernaufgaben der Sozialen Arbeit. Vor dem Hintergrund einer derartigen zunächst relativ abstrakten Funktionsbeschreibung Sozialer Arbeit kann man übereinstimmend mit Böhnisch (1997), Rauschenbach (1999) und Thole (2010) davon ausgehen, dass von sozialpädagogischen Arbeits- und Handlungsfeldern dann gesprochen werden kann, wenn öffentlich organisierte Hilfen und Unterstützungsleistungen zur Lebensbewältigung und Bildung angeboten und organisiert werden. Soziale Arbeit initiiert somit Prozesse von Bildung, Erziehung, Betreuung und Hilfe in sozialen Diensten als Bestandteil einer umfassenden Wohlfahrtsproduktion.

Gegenstand entsprechender Analysen sind vor diesem Hintergrund die Prozesse, Wandlungen, Bedingungen, Normalitätsannahmen, Rationalitäten, Reichweiten, Wirkungen und Diskurse einer Sozialen Arbeit als personenbezogener Wohlfahrtsproduktion.

Das heißt nicht, dass über die unmittelbaren Prozesse personenbezogener Wohlfahrtsproduktion nicht auch personenunabhängige Formen im Sinne sozialpolitischer Rahmenbedingungen in den Blick genommen werden sollten. Prozesse des sozialen Wandels und der gesellschaftlichen Modernisierung, kulturelle und sozioökonomische Ressourcenausstattungen sowie nahräumlich-lebensweltliche und sozialstrukturelle Dimensionen des sozialen Umfeldes, die im Sinne überindividuell geteilter, kultureller, normativer und ästhetischer Lebensgestaltungspraktiken und Sinnproduktionen das soziale Milieu der Adressat/innen personenbezogener Wohlfahrtsproduktion darstellen, beeinflussen in erheblichem Maße die Möglichkeiten einer Sozialen Arbeit als personenbezogener Wohlfahrtsproduktion. Von daher gilt es diese Dimensionen vor allem mit Blick auf ihre strukturierende Wirkung auf die personenbezogene Wohlfahrtsproduktion zu analysieren (vgl. Böllert 2010).

Insgesamt wird das Konzept einer Sozialen Arbeit als personenbezogener Wohlfahrtsproduktion damit anschlussfähig an neuere Erkenntnisse der Organisationstheorie und -forschung, der Professionstheorie und -forschung sowie den Analysen und Konzeptualisierungen eines kritischen Adressat/innenbegriffes und der sich aktuell konstituierenden Adressat/innenforschung.

Personenbezogene Wohlfahrtsproduktion durch Soziale Arbeit wird überwiegend in *Organisationen* erbracht. Sie ist von daher stark geprägt durch formale und informelle Seiten der jeweiligen Organisation, durch diese repräsentierten Kulturen und Strukturen sowie durch Prozesse des organisationellen Wandels und der Reziprozität von Organisationen und gesellschaftlichen Bedingungen. Charakteristisch für eine Soziale Arbeit als personenbezogener Wohlfahrtsproduktion ist die Grundlegung eines institutionellen Organisationsbegriffes, mit dem Organisationen als gesamte soziale Gebilde mit formalen und informellen Elementen, mit Merkmalen einer spezifischen Zweckorientierung und einer geregelten Arbeitsteilung sowie identifizierbaren Organisationsgrenzen und Organisationsmitgliedern gefasst werden können. In Erweiterung eines stärker tätigkeits- bzw. prozessorientierten Organisationsbegriffes – Soziale Dienste sind organisiert – und in Ergänzung eines instrumentellen Organisationsbegriffes – Soziale Dienste haben eine Struktur und eine Ordnung – können im Kontext eines breiteren Organisationsverständnisses schließlich Organisationspolitiken als Entscheidungsprozesse in Sozialen Diensten und Einrichtungen untersucht werden, deren politischen Charakter es zu reflektieren gilt (vgl. Grunwald 2011). „Organisationsstrukturen sind aus dieser Perspektive keine statischen Gebilde, sondern Bedingungen, Objekte und Ressourcen von politischen Prozessen (...). Entscheidungen in Organisationen sind also auch ein Produkt von mehr oder weniger transparenten Machtstrukturen sowie von formellen und informellen Aushandlungsprozessen" (ebd.: 1040) – und dies sowohl innerhalb von Organisationen als auch zwischen verschiedenen Organisationen der Wohlfahrtsproduktion. Gerade hierüber wird eine Soziale Arbeit als personenbezogene Wohlfahrtsproduktion in ihrer Organisiertheit als Relationierung von Organisationsinhalten und -strukturen mit politisch geprägten Organisationsumwelten fassbar.

Professionelles Handeln wiederum ist auf die Ermöglichung unterschiedlicher Erbringungsformen durch Organisationen angewiesen, ebenso wie die Organisationen selbst für ihre eigene Legitimation auf die Ermöglichung von Professionalität angewiesen sind (vgl. Peter 2010). Mit einer solchen Sichtweise wird die schon klassische, Professionalität begrenzende Dualität von Organisationen auf der einen Seite und sozialpädagogischer *Professionen* auf der anderen Seite aufgegeben zugunsten eines reflexiven Professionalitätsverständnisses, mit dem die Strukturprobleme sozialpädagogischen Handelns und damit die Potenzialität professioneller Handlungsgüte als Qualität statt Exklusivität von Zuständigkeiten in das Zentrum des Interesses rücken (vgl. Dewe/Otto 2011). Professionelle Handlungsqualitäten – und damit auch die hierauf systematisch bezogene Qualität einer Sozialen Arbeit als personenbezogener Wohlfahrtsproduktion - manifestieren sich nach Dewe und Otto (2011a) in einem Fallbezug, in dem die Relationierung von wissenschaftlichem Wissen, berufspraktischem Können und alltagspraktischen Erfahrungen zum Tragen kommt. Des Weiteren ist für die Qualität professionellen Handelns die Reflexivität der stellvertretenden Problembearbeitung hinsichtlich des hierüber erzielten Autonomiegewinns und der Selbstentfaltungsmöglichkeiten der Adressat/innen entscheidend. Schließlich manifestiert sich der dritte Qualitätsmodus in einer demokratischen Rationalität, mit der das politische Mandat der Profession in Bezug auf die gesellschaftlichen Verwirklichungschancen für die Reproduktion des eigenen Lebens ihrer Adressat/innen fokussiert wird. „Für professionalisiertes Handeln ist nicht wissenschaftsbasierte Kompetenz als solche konstitutiv, sondern vielmehr die jeweils situativ aufzubringende Fähigkeit und Bereitschaft, einen lebenspraktischen Problemfall kommunikativ auszulegen, indem soziale Verursachungen rekonstruiert werden, um dem Klienten aufgeklärte Begründungen für selbst zu verantwortende lebenspraktische Entscheidungen anzubieten und subjektive Handlungsmöglichkeiten zu steigern" (ebd.: 1145).

Eine solche Qualitätsbestimmung professionellen Handelns verweist bereits auf eine Zielbestimmung der personenbezogenen Wohlfahrtsproduktion durch die Soziale Arbeit, der ein Adressat/innenbegriff inhärent ist, mit dem das Subjektverständnis der *Adressat/innen* zum Maßstab der Interdependenz von Organisation, Profession und Adressat/in wird. Die in der gesellschaftlichen und sozialpolitischen Rahmung der öffentlichen Wohlfahrtsproduktion gleichsam enthaltenen normativen Vorstellungen der Gestaltung und Ordnung des Sozialen sind bestimmend dafür, wer wie zur Adressat/in der Sozialen Arbeit wird. Nicht irgendwie geartete Personengruppen sind Zielgruppen einer personenbezogenen Wohlfahrtsproduktion, vielmehr geht es um deren organisatorisch und professionell konstituierte Bildung und damit um die Rückbindung des Adressat/innenbegriffes an die institutionalisierten Strukturbedingungen der Sozialen Arbeit. Bitzan und Bolay (2011) differenzieren vor diesem Hintergrund vier Komponenten eines kritischen Adressat/innenbegriffes, in dessen Zentrum ein Subjektverständnis der personenbezogenen Wohlfahrtsproduktion steht. Angesichts wohlfahrtsstaatlicher Transformationsprozesse einer Aktivierungsstrategie wird Subjektivität zu einem konflikthaften und widersprüchlichen Zugang zu den Adrssat/innen. „Die ‚aktivierende" Wende sozialstaatlichen Handelns" - von Lessenich (2011: 1438) als ‚neosoziale' Form von Verhaltenssteuerung beschrieben – „wird diskursiv so gerahmt, dass es gerade die individuelle Eigenverantwortung auf Märkten ist (…), mit der die Subjekte *zugleich* auch ihre praktische Sozialverantwortung unter Beweis stellen (können): die Schonung öffentlicher Haushalte, die Entlastung der ‚hart arbeitenden' Steuerzahlergemeinschaft, die Vermeidung ungebührlicher Inanspruchnahme gesellschaftlicher Solidaritätsbereitschaft." Subjektivität ist demnach nicht per se konstitutiv für einen kritischen Adressat/innenbegriff. Darüber hinausgehend gilt es die hierin zum Ausdruck kommenden dominanten Subjektivierungsweisen zu überprüfen. Als zweite Komponente eines kritischen Adrssat/innenbegriffs benennen Bitzan und Bolay das Konzept der Lebensbewältigung, mit dem das Streben nach Handlungsfähigkeit der Adressat/innen im Kontext von Selbstwert, sozialer Eingebundenheit und Anerkennung, sozialer Orientierung und Selbstwirksamkeit konturiert und an strukturelle Lebensbedingungen und soziale Milieus rückgebunden wird. Schließlich ist wie bereits dargelegt die sozialpolitische Bestimmung von Problemlagen diesem Adressat/innenbegriff ebenso inhärent wie biografische Selbstpräsentationen, womit die aktualisierte Handlungsfähigkeit der Adressat/innen über die gegenwärtigen Handlungsbedingungen hinausweist.

Mit der Skizzierung einer Sozialen Arbeit als personenbezogener Wohlfahrtsproduktion geht es in der Relationierung eines institutionellen Organisationsverständnisses, einer reflexiven Professionalität und eines kritischen Adressat/innenbegriffes perspektivisch um eine systematische Analyse der

· durch die institutionelle Regulierungen eröffneten (oder verschlossenen) Lebenschancen,
· durch die von Professionellen und Adressat/innen je realisierten (Ko-) Produktionen personenbezogener Wohlfahrt
· sowie deren kulturell, sozial, ökonomisch und politisch strukturierte Bedingungsmöglichkeiten (vgl. Böllert 2010).

Prozesse einer Sozialen Arbeit als personenbezogener Wohlfahrtsproduktion können somit insgesamt als spannungsreiche Figuration der Interessen, Vorstellungen, Orientierungen und Potentiale der Adressat/innen, der Organisationen und der Profession der Sozialen Arbeit erforscht werden.

Literatur

Bäcker, G. (2011): Soziale Sicherung. In: Otto, H.-U./Thiersch, H. (Hrsg.): Handbuch Soziale Arbeit. München Basel: Reinhardt, 1406-1428.

Bitzan, M./Bolay, E. (2011): Adressatin und Adressat. In: Otto, Hans-Uwe/Thiersch, Hans (Hrsg.): Handbuch Soziale Arbeit. München Basel: Reinhardt, 18-24.

Böhnisch, L. (1997): Sozialpädagogik der Lebensalter. Weinheim u. München: Juventa.

Böhnisch, L./Schröer, W./Thiersch, H. (2005): Sozialpädagogisches Denken. Wege zu einer Neubestimmung. Weinheim u. München: Juventa.

Böllert, K. (2010): Einleitung: Soziale Arbeit als Wohlfahrtsproduktion. In: Böllert, K. (Hrsg.): Soziale Arbeit als Wohlfahrtsproduktion. Wiesbaden: VS, 7-15.

Braches-Chyrek, R./Sünker, H. (2010): Disziplin- und Professionsentwicklungen in der Sozialen Arbeit. In: Wilken, U./Thole, W. (Hrsg.): Kulturen Sozialer Arbeit. Profession und Disziplin im gesellschaftlichen Wandel. Wiesbaden: VS, 61-74.

Dewe, B./Otto, H.-U. (2011): Profession. In: Otto, H.-U./Thiersch, H. (Hrsg.): Handbuch Soziale Arbeit. München, Basel: Reinhardt, 1131-1142.

Dewe, B./Otto, H.-U. (2011a): Professionalität. In: Otto, H.-U./Thiersch, H. (Hrsg.): Handbuch Soziale Arbeit. München Basel: Reinhardt, 1143-1152.

Füssenhäuser, C./Thiersch, H. (2011): Theorie und Theoriegeschichte Sozialer Arbeit. In: Otto, H.-U./Thiersch, H. (Hrsg.): Handbuch Soziale Arbeit. München Basel: Reinhardt, 1632-1645.

Galuske, M. (2002): Flexible Sozialpädagogik. Weinheim u. München: Juventa.

Grunwald, K. (2011): Organisation und Organisationsgestaltung. In: Otto, H.-U./Thiersch, H. (Hrsg.): Handbuch Soziale Arbeit. München Basel: Reinhardt, 1037-1048.

Kaufmann, F.-X. (2005): Sozialpolitik und Sozialstaat: Soziologische Analysen. Wiesbaden: VS, 219-242.

Lessenich, S.(2011): Soziale Ungleichheit und Sozialpolitik. In: Otto, H.-U./Thiersch, H. (Hrsg.): Handbuch Soziale Arbeit. München Basel: Reinhardt, 1429-1440.

Peter, C. (2010): Neo-Institutionalismus und Soziale Arbeit. In: Zeitschrift für Sozialpädagogik, Heft 2, 156-168.

Rauschenbach, T. (1999): Das sozialpädagogische Jahrhundert. Weinheim u. München: Juventa.

Thole, W. (2010): Die Soziale Arbeit – Praxis, Theorie, Forschung und Ausbildung. Versuch einer Standortbestimmung. In: Thole, W. (Hrsg.): Grundriss Soziale Arbeit. Ein einführendes Handbuch. Wiesbaden: VS, 19-72.

Agency und die Entgrenzung des Sozialen – Bewältigungslagen als sozialpädagogisches Zugangskonzept

Lothar Böhnisch & Wolfgang Schröer

Der Begriff der Entgrenzung ist in den vergangenen fünfzehn Jahren in den Sozial- und Geisteswissenschaften zu einer zentralen Kategorie geworden, um die sozialen Dynamiken im digitalen Kapitalismus fassbar zu machen. Auf der einen Seite verweist der Begriff bereits in seiner metaphorischen Kraft auf grundlegende Veränderungsprozesse, die sich insbesondere im Kontext der Globalisierung vollziehen. Es wird in diesem Zusammenhang in den Sozialwissenschaften unter Bezug auf die globalen Entgrenzungsprozesse z. B. der „methodologische Nationalismus" (Wimmer/Glick Schiller 2002) kritisiert und die damit einhergehende Entstehung von transnationalen Strukturen genauso begründet, wie insgesamt von einer „Entgrenzung der Politik" (Albert u. a. 2004) und des „Politischen" (Jugend 2002) gesprochen wird.

Wenn wir in unserem Zusammenhang von der Entgrenzung des Sozialen sprechen, dann beziehen wir uns einerseits auf sozialwissenschaftliche Analysen, in denen ausgehend von dem Ansatz der alltäglichen Lebensführung (vgl. Projektgruppe „Alltägliche Lebensführung" 1995) Entgrenzungen sowie neue Begrenzungen in dem Verhältnis von Freizeit, Lernen und Arbeit nachgezeichnet wurden. In diesem Kontext wird „die Auflösung alter Grenzen und Unterscheidungen" ebenso betrachtet, wie die durch „neue – allerdings gemäß einer Logik der inneren Grenzflexibilisierung provisorische, moralisch und rechtlich plurale – Ab- und Eingrenzungen" bestimmte Alltagswelt (vgl. Beck/Bonß/Lau 2004: 49). Darüber hinaus sehen wir aber – andererseits – mit dem Begriff Entgrenzung die sozialen Dynamiken des sich gegenwärtig durchsetzenden *digitalen* Kapitalismus verknüpft, die eine soziale Entbettung der Ökonomie vorantreiben und eine Freisetzung und Abstraktion von Arbeit und sozialen Bindungen mit sich bringen.

Der Begriff „digital" verweist in diesem Zusammenhang darauf, dass durch die nahezu unendlichen Verbindungsmöglichkeiten von mikroelektronischer Technologie und weltweiten Kapitalbewegungen eine neue hegemoniale Struktur ständig wechselnder, sich aber letztlich weltweit vernetzender ökonomischer und sozialer Punkte entstanden ist, welche die sozialen Welten durchdringen und fortlaufend Sachzwänge signalisieren.

Für die Soziale Arbeit ergeben sich vor diesem Hintergrund entsprechende theoretische und empirische Herausforderungen. In diesem Zusammenhang kommt es darauf an, zwischen den angesprochenen Dimensionen der Entgrenzung zu unterscheiden. In einer Mikroperspektive ist der Entgrenzungsbegriff eng an die alltägliche Lebensführung und die Bewältigungslagen (siehe unten) gekoppelt. Damit ist – wie erwähnt – gemeint, dass sich im Alltag die Grenzen zwischen Arbeit und Leben räumlich, zeitlich und in den Altersgruppen unterschiedlich verschieben und die Handlungsfähigkeit der Menschen herausfordern. Allerdings wird angesichts der empirischen Zugänglichkeit dieser mikrosozialen Prozesse oft der makrosoziale Bezug der Entgrenzung – wie er sich in den Lebenslagen ausdrückt – übergangen oder ausgeblendet.

1 Handlungsfähigkeit (agency) und die Entgrenzung des Sozialen

Als ein Beispiel, wie in den Sozialwissenschaften die Entgrenzung des Sozialen in ihrer Bedeutung für die alltägliche Lebensführung der Menschen diskutiert wird, kann die Diskussion um den Begriff „agency" angesehen werden. In diesen Theorien werden die Deutungen der Akteure, deren Kompetenzen und Ressourcen wie Begrenzungen sowohl auf der Ebene des (individuellen) Handelns als auch auf der strukturellen Ebene im Hinblick auf die Gestaltung und Bewältigung von je spezifischen Lebenssituationen und -umwelten in den Blick genommen (vgl. Emirbayer/Goodwin 1996; Yadama/Menon 2003) und sie zeichnen die individuellen und strukturellen Handlungsspielräume aus diesem Blickwinkel nach. Das sozialwissenschaftliche Grundverständnis von *agency*-Theorien basiert auf der Ausgangsthese, dass menschliche Handlungen nicht nur durch Routinen bestimmt werden, die in der Vergangenheit entwickelt wurden, sondern dass sich Akteure durch Herausforderungen und Konflikte von diesen distanzieren können, um sich neuen entgrenzten sozialen Konstellationen zu stellen und im Rahmen sich verändernder Lebens- und Umweltbedingungen handelnd zu reagieren: „For an individual to possess agency is for her to possess internal powers and capacities, which, through their exercise, make her an *active* entity constantly intervening in the course of events ongoing around her" (Barnes 2000: 25). In ihrem grundlegenden Beitrag „What ist Agency" haben Emirbayer und Mische (1998) in diesem Zusammenhang ein interaktionistisches Modell zur Stärkung subjektiver Handlungsfähigkeit beschrieben. Die potenzielle Veränderung menschlichen Handelns wird im konstitutiven Wechselspiel mit (strukturellen) Bedingungen ihrer Welt betrachtet. *Agency* wird dabei als Begriff verwendet, um soziale Konstellationen und soziale Prozesse der Stärkung der Handlungsfähigkeit zu betrachten und diese in gesellschaftlichen Kontexten zu verorten (vgl. Weltentwicklungsbericht 2006).

In der sozialpolitischen und sozialpädagogischen Diskussion rückt vor allem im Kontext von Aktivierungsprogrammen angesichts der Entgrenzung des Sozialen der Begriff agency im Rahmen einer akteursbezogenen Befähigungs- und Wohlfahrtspolitik in den Mittelpunkt: „Den Mikropolitiken der Aktivierung unterliegt ein starker Begriff von Agency für jene, die sich in entwürdigender Abhängigkeit von staatlicher Fürsorge befinden. Theoreme wie ‚Empowerment‘, ‚Selbstverstärkung‘ und ‚Eigentätigkeit‘ dienen der Begründung von Vorstellungen wohlfahrtsstaatlicher Hilfe zur Selbsthilfe. Man mag das als perfide Implementierung einer neuen ‚Technologie des Selbst‘ im projektorientierten Kapitalismus denunzieren (...), man kann das aber auch als Abkehr von staatlichem Bevormundungsdenken und Rückbesinnung auf die unhintergehbare Freiheit der Person begrüßen" (Bude/Willisch 2006: 15). Der Begriff *agency* wird dabei als persönliches *agency* aufgenommen. Die Diskussion richtet den Fokus auf die Position der Akteure in der Wohlfahrtsproduktion und dabei vor allem auf die Ressourcenverteilung, -ausstattung und -erschließung der Akteure.

Dabei wird immer wieder Bezug auf den *capability approach* Armatya Sens genommen. Sen stellt heraus, dass Freiheit nicht nur Partizipation am wirtschaftlichen Reichtum bedeute, sondern auch an anderen gesellschaftlichen Möglichkeiten, wie Bildung, Ausbildung, Gesundheitsförderung und kultureller Teilhabe. Er entwickelt vor diesem Hintergrund den Begriff ‚agent‘ im Rahmen der Armutsbekämpfung1 folgendermaßen: "With adequate social opportunities, individuals can effectively shape their own destiny and help each other. They need not be seen primarily as passive recipients of the benefits of cunning development programs" (Sen 2000: 11). "(They are) active agents of change, rather than (...) passive recipients of dispensed benefits" (ebd.: xiii). „I am using the term ‚agent‘ (...) in his older – and ‚grander‘ – sense as someone who acts and brings about change" (ebd.: 18 f.).

In sozialwissenschaftlicher Perspektive schließen Ansätze dieser Befähigungpolitik vielfach auch an die Theorie Anthony Giddens an (vgl. kritisch: Raithelhuber 2011), da darüber für Individuen und Gruppen, Chancen eröffnet werden könnten, an einer „Veranlassung des Geschehens" mitzuwirken, „anstatt dass ihnen die Dinge widerfahren" (Giddens 1997: 36). Giddens beschreibt mit dem Begriff *agency* die dynamische Initiativkraft zum Handeln. Diese verwirklicht sich demnach in sozialen Praktiken und ist den Akteuren in der Gestalt praktischen Bewusstseins eingeschrieben (vgl. Giddens 1988: 78f.). Giddens betont in diesem Zusammenhang den reflexiven Charakter menschlichen Handelns und fordert von einer Gesellschaftstheorie, Handeln „als rational erklärbares Verhalten [zu] betrachten, das von den Handelnden reflexiv organisiert wird" (Giddens 1984: 8). Reflexivität bedeutet dann, dass die Handelnden auf den fortlaufenden Prozess des gesellschaftlichen Lebens steuernden Einfluss nehmen (Giddens 1988: 53). Giddens' Ansatz unterstellt die Existenz eines einheitlichen und wissenden Subjekts („existences of a unitary and knowledgeable subject", Hoggett 2001: 37), ist dabei aber weitgehend unsensibel gegenüber Prozessen bspw. individueller Ohnmacht, Hilflosigkeit, Abhängigkeit und seelischer Behinderung, die für die Soziale Arbeit von grundlegender Bedeutung sind.

Wir wollen im Folgenden über den sozialpolitischen Zugang der Lebenslage sowie die sozialpädagogische Perspektive der Lebensbewältigung die Diskussion um agency in sozialpädagogische Zusammenhänge überführen. Dabei sehen wir den Begriff der Bewältigungslage als Kerndimension einer sozialpolitisch reflexiven Sozialen Arbeit angesichts der Entgrenzung des Sozialen.

2 Spielräume und Handlungsfähigkeit – Lebenslagen als sozialpolitischer Zugang

Mit dem Lebenslagenkonzept kann der Zusammenhang zwischen gesellschaftlicher Entwicklung und der jeweiligen Ausformung von sozialen Handlungsspielräumen, in denen das Leben je biografisch unterschiedlich bewältigt werden kann, thematisiert werden. Lebenslagen, so Anton Amman (1994), sind „Produkt gesellschaftlicher Entwicklung (strukturiert), zugleich aber Bedingung und Ausgangssituation (strukturierend) der Entwicklung von einzelnen Menschen und Gruppen; Lebenslagen sind Ausgangsbedingungen menschlichen Handelns ebenso wie sie Produkt dieses Handelns sind" (ebd.: 324). Mit dem Lebenslagenansatz wird also der Kontext der von den Menschen verfügbaren materiellen, sozialen und kulturellen Bewältigungsressourcen vor dem Hintergrund gesellschaftlicher Entgrenzungen und in der Rückbindung zu diesem beschrieben werden.

Es war Ingeborg Nahnsen (1975), die die Dialektik in der Verbindung von Lebensverhältnissen und gesellschaftlicher Entwicklung erkannt und lebenslagentheoretisch umgesetzt hat. Am Beispiel der Entwicklung des Arbeitsschutzes in Deutschland baut sie ihr Grundmodell auf: Die Modernisierung und Weiterentwicklung der industriekapitalistischen Ökonomie erfordert auch die Modernisierung der Lebensverhältnisse der Arbeitenden. In diesem Prozess erwachsen die Interessen der Subjekte an der individuellen und sozialen Gestaltung ihrer Lebensperspektive, die über den rein ökonomischen Reproduktionsaspekt hinausgehen. Die Menschen erkennen also mit der ökonomisch induzierten Verbesserung ihrer Lebensverhältnisse weiterführende eigene Interessen. Deshalb können sie eine eigensinnige Praxis entwickeln, die prinzipiell in manifester oder latenter Spannung zu der ökonomisch gewünschten Sozialform steht. In diesem dialektischen Prozess werden soziale Ideen, die bisher freischwebend und eher utopisch sind an die realen gesellschaftlichen Verhältnisse gebunden und werden so zu normativen Antrieben des gesellschaftlichen Wandels.

Der Begriff der Erfahrung ist hier zentral. Amman (1994) verdeutlicht dies, wenn er in Lebenslagen die „Bedingung und Ausgangssituation" (strukturierend) der Entwicklung von einzelnen Menschen und Gruppen" sieht. Es wird also davon ausgegangen, dass Lebenslagen Spielräume der Ermöglichung von Erfahrungen der eigenen Lebenssituation im Kontext ihrer sozialen Umwelt darstellen. Dies können psychosozial verengende, regressive wie psychosozial erweiternde, sozial öffnende Erfahrungen sein.

Dies führt uns in eine weitere Dimension der Lebenslagendefinition, in der darauf verwiesen ist, dass die Subjekte nicht einfach von ihrer Lebenslage „betroffen" sind, sondern sich in ihrer Handlungsfähigkeit (agency) mit ihr – bewusst reflexiv oder unbewusst agierend – auseinander setzen, ihre Interessen aus der Lebenslage heraus zu verwirklichen suchen. Interessen entwickeln sich aber nicht einfach subjektiv gesetzt, sondern entwickeln sich in und mit der Entwicklung der Lebenslage. In diesem Sinne sprechen wir auch von der Lebenslage als Ermöglichungszusammenhang von Handlungsfähigkeit. Diese ermöglichende und aktivierende Seite der Lebenslage wird im Lebenslagendiskurs auch in einen normativen Bezug gestellt, aus dem heraus sich die Handlungsantriebe über das existenzielle Grundniveau einfacher Handlungsfähigkeit hinaus orientieren und erweitern können. Schon Gerhard Weisser (1978) sprach vom „Lebenssinn", der die Lebenslage durchzieht und überwölbt. Wir können mit unserem Anschlusskonzept Lebensbewältigung zeigen, dass diese Dimension des Lebenssinns nicht normativ freischwebend angenommen werden kann, sondern im Streben nach Handlungsfähigkeit – vor allem in der Bewältigungskomponente Selbstwirksamkeit – freigesetzt wird (vgl. Böhnisch/Schröer 2012).

Wenn wir in diesem Zusammenhang versuchen, das Konzept der Lebenslage und den Agency-Diskurs miteinander zu verknüpfen, so können wir festhalten, dass der bewusst und aktiv gesuchte soziale Bezug des erweiterten Bewältigungshandelns in der Agency-Begrifflichkeit operationalisiert werden kann: Agency als „realized capacity of people to act upon their world and not only to know about or give personal intersubjective significance to it" (Holland u. a. 1998: 42). Der hier betonte Aspekt der „erkannten Möglichkeiten" verweist dabei auf die Fähigkeit soziale Zusammenhänge aktiv wahrnehmen und in ihren Handlungsbedingungen und Spielräumen einschätzen zu können. Die Operationalisierung der Verbindung von Lebenslage und Agency-Perspektive sehen wir in der Agency-Definition von Sewell (1992), wonach es darum geht, „Kontrolle über seine sozialen Beziehungen zu gewinnen, was wiederum impliziert, seine Beziehungen in gewissem Umfang zu transformieren" (Homfeldt/Schröer/

Schweppe 2008: 8). Hier ist die direkte Verbindung zu der zentralen Dimension Selbstwirksamkeit. Gleichzeitig lenkt der Ansatz den Blick auf die sozialstrukturelle Einbettung und Spielräume dieses Surplushandelns denn „agents are empowered by structures" (Sewell 1992: 20).

Dabei hat der Begriff des „Spielraums" eine zentrale Bedeutung, mit dem Weisser die Struktur- und Handlungsdimension der Lebenslage verknüpft. Darunter versteht er jenen Kontext gesellschaftlicher Bedingungen („äußere Umstände, die der Einzelne von sich aus nicht beeinflussen kann"), die es den Menschen ermöglichen, jene Interessen zu befriedigen, die die existenziellen Grundlagen und den Sinn seines Lebens sichern helfen (vgl. Weisser 1975: 6). Diese „Spielräume" setzt Nahnsen (1975) nur nicht in eine Rangreihe der Bewertung, sondern in einen interdependenten und in der Bedeutung wechselnden Zusammenhang: „Aus analytischen Gründen ist es zweckmäßig, die Vielzahl von Bedingungen und der an ihnen hängenden Hypothesen nach Komplexen zu ordnen oder anders ausgedrückt, zu mehreren (fiktiven) Einzelspielräumen der Lebenslage zusammenzufassen. So hängt zweifellos das Maß möglicher Interessenentfaltung und Interessenrealisierung unter anderem von einer Reihe gesellschaftlich bewirkter Umstände ab, die den Umfang möglicher Versorgung mit Gütern und Diensten bestimmen (*Versorgungs- und Einkommensspielraum*). Es hängt ferner von den Möglichkeiten ab, die die Pflege sozialer Kontakte und das Zusammenwirken mit anderen mehr oder weniger erlauben *(Kontakt- und Kooperationsspielraum)*. Die Chancen zur Interessenentfaltung und -realisierung werden wesentlich beeinflusst von den Bedingungen der Sozialisation, von Form und Inhalt der Internalisierung sozialer Normen, vom Bildungs- und Ausbildungsschicksal, von den Erfahrungen in der Arbeitswelt, vom Grad möglicher beruflicher und räumlicher Mobilität usw. (Lern- und Erfahrungsspielraum). Eine weitere entscheidend wichtige Rolle spielen die psycho-physischen Belastungen, die dem Einzelnen in typischer Weise abgefordert werden durch Arbeitsbedingungen, Wohnmilieu, Umwelt, Existenzunsicherheit u. ä. (*Muße- und Regenerationsspielraum*). Schließlich werden Interessenentfaltung und Interessenrealisierung nicht zuletzt durch die Verhältnisse strukturiert, von denen es abhängt, wie maßgeblich der Einzelne auf den verschiedenen Lebensgebieten mitentscheiden kann (*Dispositionsspielraum*)" (ebd.: 150; vgl. auch Krieger/Schläfke 1987).

3 Bewältigungslagen als sozialpädagogisches Zugangskonzept

Entgrenzungen setzen die Suche nach Handlungsfähigkeit (agency) bei den Menschen neu und unbestimmt frei. Mit dem Begriff Lebensbewältigung wird in diesem Kontext in der sozialpädagogischen Forschung die innerpsychische

Dynamik des so herausgeforderten Sozialverhaltens im Spannungsverhältnis zu dem gesellschaftlichen Ort, an dem Probleme des ‚Ausgesetztsein' und der ‚Betroffenheit' für die modernen Menschen entstehen, thematisiert. Da die Soziale Arbeit aber nur bedingt sozialstrukturell intervenieren kann, sondern personenbezogen agiert, ist es in einem weiteren Schritt notwendig, den entsprechenden sozialpädagogischen Zugang zur Lebenslage zu entwickeln. Das heißt nun nicht, dass die Soziale Arbeit das sozialstrukturelle Wissen nicht bräuchte. Im Gegenteil: es ist als Hintergrund- und Bezugswissen unabdingbar, steckt es doch die Reichweite und die Grenzen der sozialpädagogischen Intervention genauso ab wie es diese sozialpolitisch rückkoppeln kann.

Die Soziale Arbeit gilt zwar als verlängerter Arm der Sozialpolitik, indem sie die biografischen Ausformungen sozialer Risiken zum Gegenstand der Intervention hat. Sie kann aber zentrale Spielräume der – Einkommen, Arbeit und Beruf, Rechte – nicht oder kaum verändern. Dafür kann die Soziale Arbeit aber die sozialen und kulturellen Spielräume beeinflussen, soweit sie pädagogisch interaktiv beeinflussbar sind. Ein sozialpädagogisch anschlussfähiges Konzept von Handlungsfähigkeit entwickelt in diesem Kontext Matthias Grundmann u. a. (2006) mit ihrem Agency-Konzept. Demnach verweist der Agency-Begriff darauf, dass sich ‚Handlungsfähigkeit' als Ausdruck von Selbstwirksamkeit in spezifischen Milieukontexten entwickelt. Das Milieukonzept halten wir in diesem Zusammenhang für besonders geeignet, um Wechselwirkungen zwischen sozialer Umwelt und Bewältigungsdynamik thematisieren zu können. Der Begriff „Milieu" beinhaltet die Vorstellung eines emotionalen Aufeinanderbezogenseins. Milieustrukturen sind durch intersubjektive biografische und räumliche Erfahrungen charakterisiert. Die Art und Weise, wie die in ihnen vermittelte Spannung zwischen Individualität und Kollektivität ausbalanciert werden kann, entscheidet, wie sich Individuen gesellschaftlich ausgesetzt oder zugehörig fühlen, das heißt ob Milieus zu einer sozialen Abgeschlossenheit gegenüber gesellschaftlichen Prozessen oder zur gesellschaftlichen Offenheit tendieren. In Milieubeziehungen formiert sich Normalität und soziale Ausgrenzung, entwickeln sich Deutungsmuster über das, was als konform und was als abweichend zu gelten hat. Wir können zwischen offenen, regressiven und autoritären Milieubezügen unterscheiden (vgl. Böhnisch 1994). Regressive Milieubezüge suchen ihre Dichte und Stabilität z. B. durch ethnozentrische Abwertung und Ausgrenzung. Die Binnenbeziehungen solcher Milieus sind geprägt durch Unterdrückung von Individualität und Unterordnung unter ein autoritäres Gruppenregime. Offene Milieus hingegen sind dadurch gekennzeichnet, dass Individualität zum Zuge kommt, dass die Gruppe als Rückhalt für sozial erweiterte Aktivitäten empfunden wird, in denen der Konflikt und die Balance zwischen Individualität und Kollektivität als Motor für die Öffnung des Milieus anerkannt sind.

Der gegenwärtige Agency-Diskurs bezieht sich vor allem auf diese offenen Milieus. Deshalb ist es wichtig, wieder darauf zu verweisen, dass Bewältigungsantriebe in kritischen biografischen Lebenskonstellationen, vor allem wenn sie sich verstetigt haben, soziale Anschlüsse gerade auch in regressiven Milieus – oder wie wir sagen: Bewältigungslagen – suchen, weil sie nur noch dort Anerkennung finden und Selbstwirksamkeit spüren können. Gerade auch in gewaltnahen Bewältigungslagen entwickeln sich zielgerichtete Agency-Prozesse. Hier wird deutlich, wie fruchtbar der Bewältigungsansatz für eine Differenzierung und Dimensionierung der Agency-Perspektive sein kann. Wenn wir dies nun unter einer sozialkulturellen Ermöglichungs- und Verwehrungsperspektive thematisieren, können wir – bezogen auf das Streben nach biografischer Handlungsfähigkeit vor dem sozialstrukturellen Hintergrund der Lebenslage – eine sozialpädagogisch zugängliche, handlungsbezogene *Bewältigungslage* darstellen.

Erweitertes wie regressives Bewältigungsverhalten ist in offene beziehungsweise regressive Bewältigungslagen eingebettet. Solche unterschiedlichen Bewältigungslagen beeinflussen auch Dichte und Reziprozität sozialer Spielräume, auf die sich der Agency-Diskurs bezieht, wenn Ermöglichungskontexte sozial operationalisiert werden sollen. Insgesamt kann entsprechend über den Zugang der Lebensbewältigung im Gegensatz z. B. zur Agency-Perspektive beschrieben werden, dass ein Zwang zur Abspaltung – selbstdestruktiv nach innen, antisozial nach außen – dann entstehen kann, wenn die Menschen ihre Hilflosigkeit nicht zur Sprache bringen, nicht thematisieren können.

Dies verweist auf eine Bewältigungslage, die stumm macht, Abspaltungsdruck erzeugt. Gleichzeitig wissen wir, dass kritische Lebenskonstellationen dann thematisiert werden können, wenn sie als soziale Probleme anerkannt sind, nicht allein den Einzelnen angelastet, zugeschuldet werden. Auch die soziometrische Struktur der Lebenslage ist hier mit ausschlaggebend. Wir fragen nach den Unterstützungs- und Anerkennungsmöglichkeiten und -formen. Aber genauso nach den Abhängigkeitsverhältnissen und darin den Ausprägungen erlernter Hilflosigkeit, wie wir sie oft bei Betroffenen in Gewaltverhältnissen beobachten. Darüber kommen wir zur biografischen Zeitdimension, zur Problematik der Verstetigung und Verfestigung. Hier sind es vor allem die Auswirkungen devianter Karrieren aber auch Klientenkarrieren über Jahre hinweg, die dazu geführt haben, dass die Betroffenen die negativen, defizitären Zuschreibungen, die ihnen immer wieder entgegengebracht wurden, übernommen, sich in ihnen eingerichtet haben. Es haben sich Abhängigkeiten entwickelt, über die die Klienten letztlich ihre Handlungsfähigkeit gesichert sehen und die deshalb nur schwer aufzubrechen sind. In der räumlichen Dimension schließlich interessieren uns vor allem die Aneignungsmöglichkeiten und -verwehrungen, die sich aus der Lebenslage heraus entwickeln können oder eben begrenzt sind. Die Bezüge zwischen den lebenslagenbezogenen Spielräumen: Einkommen, Wohnverhältnisse, soziale Kontakte und den bewältigungsbezogenen Aneignungschancen sind offensichtlich. Aber auch der Zusammenhang zwischen Abhängigkeitsverhältnissen und Einkommens- und Beteiligungsspielräumen, sowie zwischen Kontakt- und Beteiligungsspielraum und der sozialen Chance, kritische Befindlichkeiten zur Sprache zu bringen, ist herstellbar.

4 Bewältigungslage und geschlechterreflexive Soziale Arbeit

Analysen zur Bewältigungslage bedürfen zudem einer geschlechtsreflexiven Vergewisserung angesichts der Erfahrung, dass gerade in entgrenzten und krtischen Lebenskonstellationen geschlechtsdifferente Bewältigungsmuster hervortreten. Die Grundmuster des männlichen (*Externalisierung)* und des weiblichen (*Zurücknahme*) Bewältigungsverhaltens durchziehen nahezu alle Interventions- und Gestaltungskontexte der Sozialen Arbeit (vgl. umfassend zum Zusammenhang von Sozialer Arbeit und Geschlecht: Ehlert/Funk/Stecklina 2011). Dabei wird keinesfalls die konstruktivistische Warnung außer Acht gelassen, nach der das Hantieren mit geschlechtsdifferenten Kategorien zur Bestätigung, wenn nicht gar Verstärkung von Geschlechterstereotypen führen könne. Im Gegenteil: Geschlechtsreflexivität meint hier gerade das Aufdecken von Geschlechterstereotypen, denen gerade die Praxis der Sozialen Arbeit ausgesetzt und für die sie anfällig ist. Gleichzeitig ermöglicht sie einen Zugang zum inneren Erleben kritischer Lebenssituationen, zu unterschiedlichen Formen des „Betroffenseins". Dass die Mehrheit der Männer oder die Mehrheit der Frauen bestimmte Konstellationen des Betroffenseins geschlechtsdifferent erfahren und entsprechend reagieren, ist empirisch breit aufgeschlossen und kann nicht einfach übergangen werden. Natürlich verführen die sozialpädagogischen Konstrukte des „Falls" und des „Klienten" dazu, „geschlechtsneutral" zu argumentieren. Dies scheint sich inzwischen in der neueren Fachliteratur wieder eingebürgert zu haben. Die beanspruchte professionelle Rationalität hat die Geschlechterfrage, die sie doch lange verunsichert hat, gleichsam ausgesessen. Damit wird aber die hinter der Fallkulisse wirkende Geschlechterrealität ausgeblendet und – wenn auch ungewollt – Geschlechterstereotypen wieder Vorschub geleistet.

Unsere Gesellschaft ist strukturell weiter nach dem Prinzip der geschlechtshierarchischen Arbeitsteilung aufgebaut: Die reproduktiven Rollen der Beziehungs- und Hausarbeit, aber auch der Erziehung und Fürsorge sind niedriger bewertet als die industriewirtschaftlichen, technischen und die darauf bezogenen administrativen Rollen. Traditionell waren die reproduktiven Rollen den Frauen zugeordnet. Zwar stehen heute den Frauen auch alle gesellschaftlichen Rollen außerhalb des Reproduktionsbereiches offen, das geschlechtshierarchische Prinzip ist aber als Wertprinzip geblieben. Die Kluft zwischen externalisierter Ökonomie und sozial emotionaler Reproduktionssphäre ist eher noch gewachsen. Sie ist aber verdeckt, weil – der Druck auf die Familie zeigt es – die reproduktive Sphäre wieder zunehmend (re-)privatisiert wird. Dennoch scheint es – wenn man sich geschlechtsspezifisch gewichtete Umfragen der letzten Jahre anschaut, einen bemerkenswerten Trend zur Nivellierung der Geschlechtsunterschiede und zur Geschlechterpartnerschaft zu geben. Umfragen geben aber nur eine Dimension, nämlich die der gesellschaftlichen Einstellungen der Befragten wieder. Man zeigt, dass man gesellschaftlich mithalten, dabei sein will und eine entgrenzte Arbeitsgesellschaft kann eben keine rigiden und starren Geschlechterrollen brauchen. Sieht man sich dagegen Befunde der beratenden und therapeutischen Dienste an, dann zeigt sich, wie deutlich tradierte Geschlechterrollen und das geschlechtshierarchische Verhältnis im Privaten, durch den gesellschaftlichen Druck der Problemverdeckung überfordert, weiterwirken. Diese Seite bekommt vor allem die Soziale Arbeit ab.

Vor dem Hintergrund der geschlechtshierarchischen Arbeitsteilung ist also das Geschlecht eine, wenn auch verdeckte, Ordnungs- und Orientierungskategorie für alle Akteure. Sie ist es vor allem deswegen, weil sie die Bewältigungslagen tiefgreifender berührt als jede formelle Rolle. Wenn im Alltag gesagt wird: „Männer/Frauen sind halt so", dann ist damit nicht nur gemeint, dass sich die Betreffenden so verhalten, wie es gesellschaftlich erwartet wird, sondern dass man von sich selbst (als interpretierende(r) Betrachter/Betrachterin) davon ausgeht, dass die Betreffenden es auch so empfinden. Die Geschlechterrolle schafft Orientierung, Normalität, Unterscheidung, es ist keine aufgezwungene Rolle wie die institutionellen Rollen, sondern eine, in die man „mit Leib und Seele" so hineinwächst. Ich möchte mich anders als Mann und Frau verhalten, aber ich kann es nicht. In der leibseelischen Verankerung liegt die eine Tücke der Tradierung von Geschlechterrollen. Die andere erwächst aus dem gesellschaftlichen Verdeckungszusammenhang. Zwar ist die geschlechtshierarchische Arbeitsteilung überformt durch demokratische Verfahren der Gleichstellung und die Ausweitung öffentlicher Reproduktionsagenturen. Verdeckt wirkt sie aber als Auffang- und Orientierungszusammenhang in gesellschaftlichen oder privaten Krisenkonstellationen weiter, greifen die Menschen selbst auf dieses Ordnungs-, Orientierungs- und Bewältigungsmuster zurück.

Das Klientel der Soziale Arbeit kommt oft aus sozial prekären Lebenslagen, befindet sich in kritischen Lebenskonstellationen, in denen die sozialen und kulturellen Ressourcen der Ordnung und Orientierung im Alltag schwach oder weggebrochen sind und in denen man nach dem greift, was man noch hat, was einem nicht genommen werden kann. Der Griff nach der tradierten Geschlechterrolle schafft in diesen Bewältigungslagen Orientierungs- und Verhaltenssicherheit und erscheint damit als selbstverständlich. Soziale Orientierung und leibseelische Befindlichkeit werden wieder eins.

Der Kern einer geschlechtsreflektierenden Sozialen Arbeit besteht nun gerade darin, diese Orientierung an tradierten Geschlechterrollen in den Bewältigungslagen aufzubrechen, das Klammern an sie vorsichtig zu lösen. Aus all dem kann man nun den professionellen Schluss ziehen, dass geschlechtsreflektierende Arbeit zwei Dimensionen haben muss: Zum einen gilt es zu verstehen und in diesem Sinne zu akzeptieren, dass und wie eine traditionelle Geschlechterorientierung ihre eigene Qualität in kritischen Bewältigungslagen hat und dass sie auf Grund ihrer leibseelischen Verankerung subjektiv plausibel für die Betroffenen ist. Auf der zweiten Ebene der Intervention gilt es deshalb, funktionale Äquivalente dergestalt zu schaffen, dass die Betroffenen sich auch wohl fühlen und sozial orientieren können, wenn sie nicht auf traditionelle Geschlechterrollen zurückgreifen können. Unter der Schaffung und Gestaltung von funktionalen Äquivalenten verstehen wir eine Methode der Erweiterung von Bewältigungslagen, die von der Sozialen Arbeit her initiiert werden kann. Funktionale Äquivalente sind Projektsettings, in denen die Klienten erstmals und mit der Zeit erfahren können, dass sie ihr starres Geschlechterverhalten nicht brauchen, um Selbstwert, soziale Anerkennung und Selbstwirksamkeit zu erreichen Eine andere Geschlechterorientierung bedeutet zwar erst einmal Unsicherheit in der Befindlichkeit und in der sozialen Orientierung gleichermaßen. Erst wenn ich über entsprechende Ressourcen – vertrauensvolle Beziehungen, soziale Anerkennung, Möglichkeiten, etwas bewirken zu können ohne andere abzuwerten oder sich selbst erniedrigen zu müssen – nachhaltig mobilisieren kann, mag es gelingen, sozial- und selbstdestruktive Formen zu mindern und die Bewältigungslage und damit die Agency- Perspektive zu erweitern.

Allerdings: Wenn die Kategorie Geschlecht so dominant ist, wo bleibt da die Bedeutung anderer sozialer und kultureller Faktoren? Widerspricht das nicht dem Diversitätsprinzip, der Anerkennung der Vielfalt, die den sozialpädagogischen Blick schärfen soll? Wenn hier Geschlechtssensibiliät und Geschlechtsreflexivität als grundlegende und durchgängige Arbeitsprinzipien bewältigungsorientierter Sozialer Arbeit reklamiert werden, so ist ja damit nicht gemeint, dass alle Mädchen und Jungen, Männer und Frauen gleich fühlen und sich sozial gleich verhalten. Natürlich macht es einen Unterschied, welcher sozialen Schicht sie angehören, welchen Bildungsstatus sie innehaben, ob sie einen Migrationshintergrund haben, in welche Milieus sie eingebettet waren oder welchen Lebensstil sie biografisch gefunden hatten. Und wir wissen auch, dass diese Unterschiede nicht für sich bestehen, sondern Interdependenzen erzeugen und vor allem rückgebunden sind an soziale Strukturen und Machtverhältnisse und unterscheiden deshalb zwischen selbstbestimmten und aus Zwangsverhältnissen resultierenden Verschiedenheiten. Aber: Eine sozial benachteiligte Frau und eine Frau aus der Mittelschicht mögen noch so unterschiedlicher Herkunft sein und im Alltag noch so unterschiedliche Lebensformen verkörpern; in kritischen Lebenssituationen reagieren sie mit ähnlichen Bewältigungsmustern. Dahinter steckt eine zwar sozial, ethnisch und biografisch unterschiedlich vermittelte Struktur geschlechtshierarchischer Arbeitsteilung, aus der heraus sich weibliches Bewältigungsverhalten in seinen Grundformen freisetzt. Damit wollen wir nicht allgemein die Kategorie Geschlecht über die soziale Schicht oder die ethnische Zugehörigkeit stellen. Uns kommt es hier vielmehr darauf an, zu argumentieren, dass wir mit dem Zugang Gender zum Zustand der *Betroffenheit* als psychosozialem Kern der Bewältigungslage vordringen können. Erst dann öffnen sich auch die sozialstrukturellen, ethnisch-kulturellen Hintergründe und Kontexte, die dieses „geschlechtstypische" Verhalten variieren und deshalb unterschiedliche Settings der Hilfe verlange. Keine soziale Kategorie entfaltet und vermittelt sich in so vielen Dimensionen – leib-seelische, psychosoziale, sozial interaktive und gesellschaftsstrukturelle – wie das Geschlecht. Ich werde z. B. bei Gewalt in der Familie zuerst und existenziell mit der spezifischen weiblichen Betroffenheit und dem Bewältigungsdilemma der Frau konfrontiert, bevor ich nach sozialer und ethnischer Herkunft fragen und biografisch nachhaken kann. Deshalb kann die Kategorie Geschlecht in der Sozialen Arbeit nicht einfach neben anderen sozialen und kulturellen Kategorien stehen, sondern hat wegen dieser seiner sozialpädagogischen Zugangsqualität eine besondere Stellung. Auch eine „diversitätsbewusste Sozialpädagogik bedarf (…) in ihrem Kern der geschlechterbewussten Pädagogik" (Fleßner in Leiprecht 2011: 74). Sie ebnet nicht ein, verweist aber auf Grundstrukturen und ist gleichzeitig Tor zum Erkennen von unterschiedlichen Hintergrundkonstellationen.

5   Entgrenzung, Bewältigung, agency – sozialpädagogische Perspektiven

In der gesellschaftlichen Perspektive lässt sich der Begriff der Lebensbewältigung eng mit dem Begriff der Entgrenzung verknüpfen. Damit ist gemeint, dass es historisch-gesellschaftliche Transformationsprozesse gibt, die so einschneidende sozialstrukturelle Veränderungen mit sich bringen, dass die Menschen, nicht mehr auf den gewohnten gesellschaftlichen Orientierungs- und Handlungsmustern aufbauen können, wenn sie sich in den neuen Verhältnissen zurechtfinden wollen. Es kann also weniger auf bisher Erfahrenem aufbauend ‚gelernt' werden, sondern viele Menschen befinden sich in einer ambivalenten Bewältigungslage (vgl. Böhnisch/Schröer 2012).

Mit dem Begriff der Bewältigungslage kann – wie beschrieben – das subjektive Zusammenspiel von innerer Betroffenheit, sozialer Handlungsfähigkeit und Bewältigungshandeln thematisiert werden, es fehlt aber der theoretische Anschluss an die Perspektive der gesellschaftlichen Umsetzung dieses Handelns und damit die Frage, wie die sozialen Bezüge aussehen sollten, aus der heraus Individuen in ihrer Handlungsfähigkeit gestärkt werden und erweitertes Bewältigungshandeln ermöglicht werden kann. An dieser Stelle sehen wir wiederum Impulse in dem sozialwissenschaftlichen Diskussion um agency, in dem sich soziale Kontexte der Anerkennung und Ermöglichung analysiert werden, in denen die Menschen ihre Handlungsfähigkeit stärken und in den sozialen und politischen Gestaltungsprozess einbringen können.

Dabei ist agency als sozialer Prozess von den oben bereits angesprochenen personifizierenden ‚agent' und Befähigungskonzepten zu unterscheiden. Agency als sozialer Prozess ist unmittelbar anschlussfähig an die Bewältigungsperspektive. Herausgearbeitet werden – und hier liegt auch unser Anschluss – nicht nur soziale Konstellationen, die zur Stärkung der Handlungsfähigkeit oder einem erweiterten Bewältigungshandeln führen können, sondern auch die sozialhistorischen und -strukturellen Bedingungen, die eine erweiterte Handlungsfähigkeit von Akteuren ermöglichen.

Die Diskussion um agency ist in diesem Kontext heute für die Soziale Arbeit zentral, da der Sozialstaat einerseits die Rahmen einer akteursbezogenen Befähigungs- und Wohlfahrtspolitik die Aktivierung der Bürger in den Mittelpunkt rückt, dies aber andererseits angesichts seiner Transformation und der Entgrenzung des Sozialen strukturell erschwert ist. Die sozialpädagogischen Organisationen stehen unter dem Zwang, dem ökonomischen Rationalisierungsdruck zu folgen. Sie werden so zu ökonomisierten Agenturen umdefiniert, die auf die Entgrenzungen durch eine Orientierung weg von der Gestaltungs- hin zur Begrenzungspolitik mit repressivem Auftrieb reagieren. So versuchen sich nicht wenige sozialpädagogische Institutionen darüber zu stabilisieren, dass sie sich auf ihre etablierten Begrenzungen verlassen oder neue Grenzen gegenüber den Bedürftigkeiten der Menschen setzen, wie sie sich in deren Bewältigungslagen ausdrücken. Damit wird eine ‚Resozialisierung' der sozialstaatlichen Strukturen und sozialpädagogischen Organisationen zur Stärkung der Handlungsfähigkeit der Menschen blockiert. Denn „die ‚Resozialisierung' des Sozialstaates durch die (Wieder)-Herstellung verantwortlicher Formen von Beteiligung und Engagement in seinen Kernbereichen ist eine Aufgabe, die über die Einrichtung sozialpolitischer Absicherungen von Engagement und die unternehmerische Suche nach Aktivitätsnischen weit hinausführt. Vermutlich bekommt ‚Bürgerarbeit' erst dann einen anerkannten Status, wenn sie sich auch als selbstverständlicher Bestandteil des Funktionierens zentraler gesellschaftlicher Institutionen etablieren kann." (Evers 1999: 64)

Eine erweiterte Handlungsfähigkeit – Agency – bedarf dagegen sozialer Kontexte, die nicht primär an den organisationalen Grenzen orientiert sind, sondern gerade eine sozialpolitische Reflexivität entwickeln, in der die Bewältigungs- und Lebenslagen der Menschen aufeinander bezogen werden. So können auch sozialpädagogische Organisationen als *lernende Institutionen* herausgefordert werden, wenn sie merken, dass das institutionelle Wissen nicht mehr ausreicht oder sogar dysfunktional ist, um die Handlungsfähigkeit der Menschen zu stärken. Wenn die Organisationen der Sozialen Arbeit an das Wissen, wie es im Sinne von Agency als sozialer Prozess aktiviert werden kann, herankommen wollen, können sie dies nicht aus ihrer Machtposition heraus tun, sondern müssen sich als Lernende den Bewältigungslagen der Menschen gegenüber öffnen und in Verhältnis zu den Lebenslagen reflektieren, wie sie angesichts der Entgrenzungen des Sozialen entstanden sind.

Literatur

Albert, M. Hurrelmann, K. (2002): Jugend 2002. 14. Shell-Jugendstudie, Frankfurt am Main: Fischer Taschenbuch.

Albert, M./Moltmann, B./Schoch, B. (Hrsg.) (2004): Die Entgrenzung der Politik. Internationale Beziehungen und Friedensforschung. Frankfurt a. M.: Campus.

Amann, A. (1994): Offene Altenhilfe. Ein Politikfeld im Umbruch. In: Reimann, H./Reimann, H. (Hrsg.): Das Alter: Einführung in die Gerontologie. Stuttgart: Enke 319-347.

Barnes, B. (2000): Understanding Agency. Social Theory and Responsible Action. London (u. a.): Sage.

Beck, U./Bonß, W./Lau, C. (2004) (Hrsg.): Entgrenzung und Entscheidung. Frankfurt a. M.: Suhrkamp.

Böhnisch, L. (1994): Gespaltene Normalität. Weinheim und München: Juventa.

Böhnisch, L./Schröer, W. (2012): Sozialpolitik und Soziale Arbeit. Weinheim und München: Juventa.

Bude, H./Willisch, A. (Hrsg.) (2006): Das Problem der Exklusion. Ausgegrenzte, Entbehrliche, Überflüssige. Hamburg: Hamburger Edition HIS Verlagsgesellschaft.

Ehlert, G./Funk, H./Stecklina, G. (Hrsg.) (2011): Wörterbuch Soziale Arbeit und Geschlecht. Weinheim und München: Juventa.

Emirbayer, M./Mische, A. (1998): What is Agency? In: American Journal of Sociology, 103. Jg., H. 4, 962-1023.

Emirbayer, M./Goodwin, J. (1996): Symbols, Positions, Objects: Towards a New Theory of Revolutions and Collective Action. In: History and Theory, vol. 35, No. 3, 358-374.

Evers, A. (1999): Lokale Beschäftigungspolitik und der Beitrag des 3. Sektors. In: Sachße, E./Tennstedt, T./Uhlendorff, U. (Hrsg.): Kommunale Beschäftigungspolitik zwischen Sozialhilfe und Arbeitsmarkt. Kassel: Gesamthochschulbibliothek.

Fleßner, H. (2011): Die Kategorie Gender in der diversitätsbewussten Sozialpädagogik. In: Leiprecht, R. (Hrsg.): Diversitätsbewusste Soziale Arbeit. Schwalbach/Ts.: Wochenschau Verlag, 61-70.

Giddens, A. (1984): Interpretative Soziologie. Frankfurt a. M.: Campus.

Giddens, A. (1988): Die Konstitution der Gesellschaft. Grundzüge einer Theorie der Strukturierung. Frankfurt a. M./New York: Campus.

Giddens, A. (1997): Die Konstitution der Gesellschaft. Frankfurt a. M.: Campus.

Grundmann, M../Dravenau, D./Bittlingmayer U.H./Edelstein, W. (2006): Handlungsbefähigung im Milieu. Zur Analyse milieuspezifischer Alltagspraktiken und ihrer Ungleichheitsrelevanz. Münster/Berlin: Lit Verlag.

Krieger, I./Schäfke, B. (1997): Bestimmung von Lebenslagen. In: Lompe, K. (Hrsg.): Die Realität der neuen Armut. Analysen der Beziehungen zwischen Arbeitslosigkeit und Armut in einer Problemregion. Regensburg: Transfer 97-118.

Hoggett, P. (2001): Agency, Rationality and Social Policy. In: Journal of Social Policy. Jg. 30, H. 1, 37-56.

Holland, D./Skinner, D./Lachicotte, W. Jr./Cain, C. (1998): Identity and Agency in Cultural World. London: Havard University Press.

Homfeldt, H. G./Schröer, W./Schweppe, C. (Hrsg.) (2008): Vom Adressaten zum Akteur. Soziale Arbeit und Agency. Opladen & Farmington Hills: Barbara Budrich.

Nahnsen, I. (1975): Bemerkungen zum Begriff zur Geschichte des Arbeitsschutzes. In: Osterland, Martin (Hrsg.): Arbeitssituation, Lebenslage und Konfliktpotential. Frankfurt a. M.: Europäische Verlagsanstalt.

Projektgruppe „Alltägliche Lebensführung" (Hrsg.) (1995): Alltägliche Lebensführung. Arrangements zwischen Traditionalität und Modernisierung. Opladen: Leske und Budrich.

Raithelhuber, E. (2011): Übergänge und agency. Eine sozialtheoretische Reflexion des Lebenslaufkonzepts. Opladen: Budrich.

Sen, A. (1999): Development as Freedom. Oxford.

Sen, A. (2000): Ökonomie für den Menschen. Wege zu Gerechtigkeit und Solidarität in der Marktwirtschaft. München und Wien: Dt. Taschenbuch-Verlag.

Sewell, W. H. (1992): A Theory of Structure: Duality, Agency and Transformation. In: The American Journal of Sociology, Wol. 98 H. 1, 1-29.

Weltentwicklungsbericht (2006): Chancengerechtigkeit und Entwicklung. Sonderausgabe für die Bundeszentrale für politische Bildung. Düsseldorf.

Weisser, G. (Hrsg.) (1978): Beiträge zur Gesellschaftspolitik. Göttingen: Schwartz.

Wimmer, A./Glick Schiller, N. (2002): Methodological Nationalism and Beyond: Nation-State Building, Migration, and the Social Sciences. In: Global Networks 2 (4), 301-334.

Yadama, G. N./Menon, N. (2003): Forstering Social Development through Civic and Political Engagement: How Confidence in Institutions and Agency Matter. Washington University in St. Louis. Center for Social Development. Working Paper No. 03-12.

Soziale Kohäsion.
Versuch einer sozialräumlichen Ausdeutung

Carsten Müller

„Aristoteles hat der Stadt ein Maß vorgegeben, das durch Autarkie und bürgerschaftliche Selbstregierung bestimmt war und dessen Zweck in der ‚eudaimonia', im sittlich guten Leben bestand. Die Stadt musste sich selbst genug sein, das heißt über alle wesentlichen Tätigkeitsbereiche und eine ausreichende Zahl von Bürgern verfügen, um sich behaupten zu können; aber sie dürfte nicht so groß sein, dass die Bürger einander nicht mehr kannten, denn sie sollten ihre Fähigkeiten zur Ausübung von Ämtern beurteilen können. Nicht die Ummauerung, sondern der innere Zusammenhalt der Bürgerschaft macht das Wesen der Stadt aus." (Münkler 2010: 161)

Das Eingangszitat aus dem aktuellen Buch „Mitte und Maß. Der Kampf um die richtige Ordnung" des Berliner Politologen Herfried Münkler mag bezüglich des Themas Soziale Kohäsion etwas verwundern. Es wird dementsprechend die Aufgabe des vorliegenden Beitrages sein, aufzuzeigen, wie gesellschaftlicher Zusammenhalt – dies ist die wörtliche Übertragung von Sozialer Kohäsion – und das im Zitat beschriebene bürgerschaftlich-städtische Leben zusammen hängen. Dabei wird sich, so hofft der Autor, Soziale Kohäsion inhaltlich ausdeuten und zwar in eine bestimmte Richtung: sozialräumlich.

Diese Richtung wird bewusst eingeschlagen, denn das Thema der Sozialen Kohäsion ist in Deutschland noch relativ unbestimmt. Der Terminus dient gewissermaßen als Klammer für mehr oder weniger bekannte Diskurse, wie Solidarität oder Integration (vgl. Chiesi 2005: 253). Mehr noch: Er droht bereits jetzt nach einer kaum stattgefundenen Rezeption zu verwässern bzw. politisch instrumentalisiert zu werden. Darauf wird der erste Teil des Beitrages (1) eingehen.

Demgegenüber stehen der zweite und dritte Teil. Hier wird es darum gehen, zu klären, aus welchem Kontext der Diskurs um sozialen Zusammenhang herrührt (2) und was einmal darunter verstanden wurde (3).

Im vierten Teil wird dann die Sichtweise der Sozialen Arbeit, vertreten durch die International Federation of Sozial Workers – European Region (IFSW-E) erarbeitet (4). Dabei lässt sich, was im fünften Teil des Beitrages (5) herausgearbeitet werden soll, eine sozialräumliche Komponente im Thema finden. Dies ist umso spannender, da sich hierdurch Bezugspunkte zum wieder aktuellen sozialräumlichen Denken in der Sozialen Arbeit, besonders der Gemeinwesenarbeit herstellen lassen. Ein sechster Teil (6) rundet unter dieser Hinsicht

den Beitrag ab: In den Blick soll als Ausblick ein ‚gutes', da kohäsives Leben
kommen.

Ziel des Beitrages ist es, das Themengebiet Sozialer Kohäsion einer kritischen Praxis Sozialer Arbeit anschlussfähig zu machen und dabei gegenüber der
eingangs formulierten politischen Indienstnahme gewappnet zu sein.

1 Eben noch unbekannt – jetzt schon ideologischer Streitpunkt

In Deutschland greift die Rede von Sozialer Kohäsion oder besser vom sozialen
Zusammenhalt um sich. War Soziale Kohäsion im Unterschied zu anderen Europäischen Ländern, z. B. Großbritannien oder Frankreich, wo mehrere Millio-
nen € für den „plan de cohésion sociale" ausgegeben wurden (vgl. Toye 2007),
vor kurzem noch kaum in Sprachgebrauch, so scheint sich dies jetzt zu verändern. Mehr noch: Sozialer Zusammenhalt wird zum politischen Streitpunkt.
Zwei prominente, gegensätzliche Beispiele können als Beleg herhalten:

(a) Der aktuelle Koalitionsvertrag zwischen CDU, CSU und FDP vom Oktober
2009 ist mit „WACHSTUM, BILDUNG, ZUSAMMENHALT" überschrie-
ben. Bereits die Präambel des Koalitionsvertrages macht die zentrale Stellung
deutlich, die die aktuelle Bundesregierung dem gesellschaftlichen Zusammenhalt zuschreibt. Dort heißt es: „Deutschland ist ein starkes Land. Seine
Stärke gründet auf dem Fleiß der Bürgerinnen und Bürger, auf der Verant-
wortungsbereitschaft gerade in den Familien und Lebensgemeinschaften, auf
dem ehrenamtlichen Engagement, der Arbeit der christlichen Kirchen sowie
der anderen Religionsgemeinschaften, auf dem Engagement der Unternehme-
rinnen und Unternehmer, der Leistungsbereitschaft der Arbeitnehmerinnen
und Arbeitnehmer sowie auf dem Miteinander der Generationen. Daraus entsteht der *Zusammenhalt* der Gesellschaft" (Koalitionsvertrag 2009: 5; kursiv
d. Verf.).

Der Terminus fällt an weiteren Stellen der Präambel: „Unser Leitbild ist die
solidarische Leistungsgesellschaft, in der sich jeder nach seinen Fähigkeiten
einfalten kann und Verantwortung übernimmt. Zugleich wollen wir den *Zusammenhalt* aller erhalten und stärken. Alle Menschen in unserem Land sollen die Chance auf wirtschaftlichen Erfolg, *sozialen Zusammenhalt* und ein
Leben in Freiheit und Sicherheit haben" (ebd.; kursiv d. Verf.). Und noch-
mals: „Der *Zusammenhalt* unserer Gesellschaft ist die notwendige Voraussetzung für sozialen und wirtschaftlichen Erfolg" (ebd.; kursiv d. Verf.).
Schließlich findet sich unter der Überschrift Sozialer Fortschritt folgende ein
wenig konkretere Passage: „Wir wollen ein eigenverantwortlichen und soli-
darisches Miteinander in der Gesellschaft. Im freiheitlichen Sozialstaat gehö-

ren Rechte und Pflichten zusammen. Wir werden die sozialen Sicherungssysteme zukunftsfest machen. Auch wer auf solidarische Hilfe angewiesen ist und dementsprechend unterstützt wird, soll ermutigt werden, dem ihm möglichen Beitrag zu leisten. Das stärkt den *Zusammenhalt*" (ebd.: 7; kursiv d. Verf.).

Jenseits politischer Floskeln ist hier deutlich, wie Soziale Kohäsion im Koalitionsvertrag konnotiert ist: Basis des sozialen Zusammenhaltes sollen Bürgerinnen[1] sein, die als fleißig, selbstverantwortlich, eigeninitiativ, ja unternehmerisch und leistungsfähig usw. beschrieben werden. Beschworen wird hier das Bild eines Aktivbürgers, der Rechte mit Pflichten zu verbinden weiß und dementsprechend für sich selbst als auch das Gemeinwohl sorgt. Weniger der Staat wird für den sozialen Zusammenhalt verantwortlich gemacht, sondern vielmehr eine Aktivbürgerschaft und ihre zivilgesellschaftlichen Gruppen. Das bedeutet auch: Sogar diejenigen, die auf Hilfe im – wie jetzt fein unterschieden wird – ‚freiheitlichen' Sozialstaat angewiesen sind, sollen ermutigt werden, Beiträge zu leisten.

Das alles steht, wie sich an einzelnen Maßnahmen im weiteren Textverlauf des Koalitionsvertrages, etwa in den Passagen zu Sozialversicherungen und Rente konkreter herausarbeiten ließe, im Kontext einer veränderten Sozialstaatspolitik: Es geht auch im Koalitionsvertrag um den Umbau des Wohlfahrtsstaates zu einem aktivierenden Sozialstaat (vgl. Galuske 2004), um das Umschwenken von einer Fürsorge-Politik (welfare) zu einer Politik, die die Sicherung und Wiederherstellung der Arbeitskraft (workfare) der dann eigenverantwortlichen Subjekte in den Mittelpunkt stellt. Dabei stellt eben die Aktivierung der Bürger zu mehr Eigeninitiative eine zentrale Komponente dar.

(b) Ein dazu konträres Verständnis von sozialem Zusammenhalt entwickelt folgender Text: Die so genannte Essener Erklärung der Arbeiterwohlfahrt mit dem Titel „Zusammenhalt stärken – Ausgrenzung verhindern", welche im Oktober 2010 von 250 Delegierten sowie dem Präsidium der AWO auf deren erster Sozialkonferenz verabschiedet wurde. Hier heißt es: „Das vorliegende Konzept der Bundesregierung [gemeint sind die Sparbeschlüsse anlässlich der Wirtschafts- und Finanzkrise; d. Verf.] lässt keinen politischen Willen erkennen, den Staatshaushalt sozial gerecht und durch die Stärkung der Einkommensseite zu konsolidieren. Eine solche Entwicklung gefährdet den *sozialen Zusammenhalt* und verschärft soziale Ungleichheit!" (Essener Erklärung des AWO-Bundesverbandes e.V. 2010: 4; kursiv d. Verf.). An anderer Stelle der Erklärung heißt es: „Die erfolgreiche Bekämpfung der Armut und

---

1   Weibliche und männliche Formen werden im willkürlichen Wechsel benutzt.

Ausgrenzung sowie die Stärkung des *sozialen Zusammenhalte*s sind die zentralen Schlüsselthemen unserer Gesellschaft. Die Bürgerinnen und Bürger brauchen auch in den kommenden Jahren und Jahrzehnten einen starken, verlässlichen und solidarisch finanzierten Sozialstaat" (ebd.: 450; kursiv d. Verf.). Hier ist also nicht vom ‚freien' sondern vielmehr vom starken, verlässlichen und solidarischen Sozialstaat die Rede. Im weiteren Textverlauf werden dann verschiedene Um- und Abbaumaßnahmen, die die Bundesregierung am Wohlfahrtsstaat vorgenommen hat bzw. vornehmen will, etwa die so genannte Hartz-, die Gesundheits- wie Rentenreform, kritisiert und Gegenforderungen aufgestellt.

Demzufolge liegt hier ein anderes Verständnis von Sozialer Kohäsion vor: Gesellschaftlicher Zusammenhalt wird hier anscheinend weniger als ein Produkt aktivierter Bürgerinnen, sondern vielmehr als Resultat erfolgreicher Bekämpfung von Spaltungs- und Ausgrenzungsprozessen besonders durch einen gestärkten Sozialstaat interpretiert.

So gesehen kann ein Bezug zur Sozialen Kohäsion sowohl in die eine wie in die andere Richtung hergestellt werden. Im Koalitionsvertrag zwischen CDU, CSU und FDP dient der Bezug auf den gesellschaftlichen Zusammenhalt auch dazu, den Umbau des Wohlfahrtsstaates zum aktivierenden Sozialstaat ideologisch zu untermauern; in der Essener Erklärung des AWO wird gerade diese Umstrukturierung als Gefährdung des gesellschaftlichen Zusammenhaltes gedeutet. Der Terminus Soziale Kohäsion bietet also eine breite Projektionsfläche. Kann hier der Rückbezug zum Entstehungskontext der Debatte abhelfen?

2   Wer hat's erfunden?

Die Soziologie hat sich seit ihrem Entstehen als Wissenschaft immer auch mit der Frage beschäftigt, was Gesellschaften zusammenhält und wie sie zusammengehalten werden. Denn diese Fragen sind ebenso wie die ihnen gegenteiligen Fragen nach sozialen Unterschieden und Spaltungsprozessen Grundsatzfrage. Mehr noch: Die Fragen hängen damit zusammen, dass die Moderne sich als ein stetiger Prozess der Individualisierung und Pluralisierung, also der Ausdifferenzierung beschreiben lässt. Mit der Moderne wird dementsprechend die Frage brisant, wie viel Unterschiedlichkeit – neudeutsch: Diversität – eine Gesellschaft aushält, sogar zu ihrer Entwicklung braucht und wie viel Bindung, also Zusammenhalt notwendig sei. Klar ist, das beides gebraucht wird: „Gesellschaften benötigen soziale Differenzierung, aber auch soziale Kohäsion" (Boeckh/Huster/Benz 2010: 434). Indes sind Dosis und Verhältnis fraglich.

Zur Reflektion und Beantwortung dieser Frage haben verschiedene Soziologen unterschiedliche Erklärungen gefunden. So unterschied bereits Ferdinand Tönnies im vorletzten Jahrhundert zwischen Gemeinschaft und Gesellschaft (vgl. Tönnies 1887/1970), um die moderne Entwicklung von eben der Gemeinschaft hin zur Gesellschaft zu kennzeichnen. Interessant hierbei ist, dass diese Überlegung in Verbindung zur Sozialen Arbeit, hier als Oberbegriff für die Theoriestränge Sozialarbeit und Sozialpädagogik verstanden, steht bzw. gestellt werden kann. Dementsprechend lässt sich Sozialpädagogik etwa bei Paul Natorp (vgl. Natorp 1899/1974) verstehen als Erziehung in, durch und für Gemeinschaft, wobei zu diskutieren ist, ob sich darin ein konservativer sogar antimoderner Zug spiegelt. „Begibt man sich (...) auf die Suche, so fällt nicht schwer, von der Frage nach sozialer Kohäsion auf den Begriff Gemeinschaft zu stoßen – ein magisches Wort (...), dem gleichzeitig der Verlust einer sozialen Einheit und die Hoffnung auf die Möglichkeit ihrer Wiedergewinnung eingeschrieben sind (...)" (Dollinger 2010: 62). Dies kann Natorp nicht unterstellt werden, findet sich allerdings bei verschiedenen Nachahmern.

Sozialarbeit, der andere Strang in der Sozialen Arbeit, wiederum kann als Bearbeitungsinstanz von Desintegration verstanden werden. Diese wird im Prozess der Moderne eben aufgrund gesellschaftlicher Ursachen erzeugt und muss folglich auch gesellschaftlich beantwortet werden. Zu Denken ist etwa an die mit der Industrialisierung einhergehende soziale Frage. Die soziale Frage brauchte gesellschaftliche Antworten, weil sie eben eine soziale, d.h. gesellschaftliche Frage war. Mit Niklas Luhmann gesprochen geht es deshalb in modernen Gesellschaften nicht um Barmherzigkeit oder Mildtätigkeit als Grundkodierungen sozialer Hilfen, sondern vielmehr um die Bewältigung sozialer Probleme mittels professioneller Sozialer Arbeit im Kontext von Sozialstaatlichkeit (vgl. Luhmann 1973).

Anscheinend leben diese Fragen mit der Debatte um das Thema Soziale Kohäsion zurzeit wieder neu auf. Mehr noch: Die Debatte hat im Zeichen der Europäisierung neuen Schwung bekommen. Zur Verbreitung des Themas hat eine nicht unerhebliche Rolle gespielt, dass die Regierungschefs der Mitgliedsstaaten der Europäischen Union bereits 1997 in Strassburg beschlossen haben, dass sozialer Zusammenhalt angesichts des wachsenden Europas eine wichtige Notwendigkeit darstellt. Auch die sozialpolitische Agenda in Form des Nizza-Vertrages, der bis zum Inkrafttreten des Lissabon-Vertrages eine Rechtsgrundlage der Europäischen Union bildete, sieht eine so genannten Policy-Mix vor; einen Mix aus Wirtschafts-, Beschäftigungs- und Sozialpolitik, dargestellt in Form eines gleichschenkligen Dreiecks. Unter Sozialpolitik werden dabei sowohl gemeinsame soziale Qualitätsstandards als eben auch sozialer Zusammenhalt verstanden (vgl. Boeckh/Huster/Benz 2010: 402ff).

Bereits hier zeichnet sich ab, dass der Diskurs um Soziale Kohäsion auch thematisiert, welcher Sozialpolitik die europäischen Staaten folgen sollen. Denn im Gegensatz zu wirtschaftlicher Liberalität liegen die Kernbereiche der Sozialpolitik, z. B. die sozialen Sicherungssysteme, größtenteils wie auch die Steuerpolitik in nationalstaatlicher Hand und können so auch gegeneinander ausgespielt werden bzw. keinen zähmenden Charakter auf das Wirtschaftliche entwickeln. Die Schenkel des oben genannten Dreiecks sind also keineswegs gleich.

Dies wird ferner als Behinderung der wirtschaftlichen Entwicklung interpretiert. Die Kohäsionsstrategie stellt insofern das Ergänzungsstück zur Wirtschaftsstrategie der Europäischen Union dar. Sie folgt der Lissabon-Strategie, wobei ökonomischer und sozialer Zusammenhalt zusammen gedacht werden. Ist das erklärte Ziel von Lissabon die Europäische Union bis 2010 – ironischer Weise zeitgleich zur Finanz- und Wirtschaftskrise – zum „wettbewerbsfähigsten und dynamischsten Wirtschaftsraum der Welt zu machen" und wird hierbei die Stärke des Wirtschaftsraumes Europa forciert, dann scheint es, als solle die Kohäsionsstrategie einerseits dies untermauert und andererseits die Nebenfolgen der vorangetriebenen Ökonomisierung abmildern (vgl. ebd.: 380ff).

Noch zu erwähnen ist, dass das Council of Europe, im weiteren Verlauf ein Europäisches Komitee für Soziale Kohäsion, das European Committee for Social Cohesion (CDCS) eingerichtet hat, welches verschiedene Foren zu Kohäsionsthemen abgehalten hat, z. B. zu den Themen Rolle des Staates, des Marktes und der Zivilgesellschaft. Dieses Komitee hat u. a. im Oktober 2004 ein Positionspapier herausgegeben mit dem Titel: „A new strategy for Social Cohesion". Zwischenzeitlich wurde die Strategie überarbeitet und 2010 in das Papier „New Strategy and Council of Europe Action Plan for Sociale Cohesion" gefasst. Und auch die OECD, die ‚Organisation for Economic Co-operation und Development', spricht von „promoting social cohesion" als einem der zentralen politischen Ziele in den Mitgliedsstaaten der Europäischen Union (vgl. Toye 2007).

3   Was meint Soziale Kohäsion genauer?

Im soeben genannten Positionspapier „A new strategy for Social Cohesion" wird Soziale Kohäsion wie folgt definiert: „Soziale Kohäsion wird vom Europarat so verstanden, dass eine Gesellschaft in der Lage ist, das allgemeine Wohlergehen all ihrer Mitglieder sicherzustellen, indem Ungleichheiten reduziert und Spaltungen vermieden werden. Eine kohäsive Gesellschaft ist eine sich gegenseitig unterstützende Gemeinschaft von freien Individuen, die diese gemeinsamen Ziele mit demokratischen Mitteln anstrebt". (kursiv; d. Verf.)[2]

Im Zitat wird deutlich:

(c) Akteure sind die Gesellschaft und die freien Individuen. Als hauptverantwortlich für den sozialen Zusammenhalt wird zwar weiterhin der Staat mittels staatlicher Sozialpolitik bestimmt, aber dessen Rolle wird mittels verstärkter Einbindung u. a. von Nicht-Regierungs-Organisationen und der Zivilgesellschaft, d. h. den Bürgerinnen selbst, neu definiert. Das Motto lautet, für Soziale Kohäsion sind alle verantwortlich: „Social cohesion is a responsibility shared by all". Dabei ist ganz bewusst der Wechsel von einem als omnipotent gekennzeichneten Staat hinzu neuen Konzepten der Regierung durch Partnerschaft intendiert – gemäß dem Motto: „governance through partnership".

(d) Dazu passt, dass die Rolle der Mitglieder der Gesellschaft, auch die der besonders verletzlichen Gruppen (Kinder, Jüngere allgemein, Familien in prekären Lebenssituationen, Migranten und ethische Minderheiten, Menschen mit Behinderungen, ältere Menschen usw.) nicht nur passiv als Empfängerinnen von Hilfe verstanden wird, sondern aktiv. Das Stichwort lautet: „participate actively".

(e) Hier deutet sich auch das mit der Kohäsionsstrategie verbundene Demokratieverständnis an. Die Kohäsionsstrategie satteln auf Menschenrechten, Demokratie und Rechtsstaat auf. Die entsprechende Formulierung lautet: „Building social cohesion on a basis of human rights". Anknüpfungspunkte sind vor allem die Europäische Menschenrechtskonvention sowie die revidierte Fassung der Europäischen Sozialcharta. Aber auch hier wird nicht nur der Schutz der Individuen in den Blick gerückt. Es wird auch die aktive Teilhabe und -nahme betont. Es geht auch um den Beitrag, den jeder Mensch bei Respekt dessen Unterschiedlichkeit zur Gesellschaft leisten kann.

(f) Und schließlich geht es zwar um die Bekämpfung von Ausgrenzung und weiteren klassischen sozialen Problemen, wie Armut (Anmerkung: 2010 war das Europäische Jahr der Armut, von dem zumindest anfänglich behauptet wurde, ein Ziel sei, die Armut in Europa drastisch zu reduzieren), Kriminalität, Folgen von Migration und zwar auch auf präventivem Weg. Hinzu kommen neue Probleme, wie ein unzureichender Zugang zu Informationen und Kommunikationsmitteln oder die Privatisierung von ehemals öffentlichen Gütern.

---

2   Das Papier liegt nur in englischer Sprache vor. Diese hier verwendete Übersetzung wurde von Studierenden des Master-Studienganges „Soziale Arbeit und Gesundheit im Kontext Sozialer Kohäsion" an der Hochschule Emden/Leer im Wintersemester 2008/09 erstellt.

Deutlich wird aber auch, dass es nicht um die Nivellierung sozialer Ungleichheit geht, sondern vielmehr (nur) um deren Reduzierung. Ziel scheint
es, die Unterschiede nicht zu groß werden zu lassen, so dass es zu Spaltungen
kommt. Es geht – wie es an anderer Textstelle heißt – um die Vermeidung
eines Auseinanderdriftens der Gesellschaft; um die Vermeidung von Gesellschaften zweier Geschwindigkeiten.

Das neue Papier „New Strategy and Council of Europe Action Plan for Sociale
Cohesion" (2010) ergänzt diese und andere Punkte um einen Aktionsplan und
betont dabei u. a. demokratische Entscheidungsprozesse, die auf Dialog und Beteiligung beruhen. Der Steuerungsprozess soll dabei sowohl ‚top down' als auch
vom Lokalen sowie Regionalen ausgehend ‚bottom up' verlaufen.

4   Die Interpretation der IFSW-E

Nicht nur an diesen Punkten zeichnet sich ab, dass das Thema Kohäsion zwar
weiterhin ein offenes sogar ambivalentes Feld für unterschiedliche Interpretationen abgibt. Indes bietet das Thema auch Ansatzpunkte für die Soziale Arbeit.

In diesem Sinn hat sich 2006 auf einem Workshop die europäische Sektion
der Internationalen Vereinigung der Sozialarbeitenden, die International Federation of Social Workers - European Region (IFSW-E), der Kohäsion angenommen. Der IFWS-E hat mit dem Bericht „Social work and social cohesion in
europe" Anschlussfähigkeit an die Profession herzustellen versucht. Dabei wurde die Chance der interpretatorischen Offenheit genutzt, um den Terminus selbst
zu füllen. Einige Linien sollen nachgezeichnet werden:

Zunächst stellt die IFSW-E fest, dass „social cohesion" in Beziehung zu
„social inclusion", also zur sozialen Inklusion gesetzt werden kann (vgl. IFSW-
E 2006: 3). Der Kohäsionsbegriff zeigt nach IFSW-E indes Vorteile gegenüber
der Inklusionsbegriff: „(...) social cohesion goes a step beyond the aspects of
exclusion and inclusion ..." (ebd.: 5). Als Fortschritte führt die IFWS-E diesbezüglich an:

(a) Soziale Kohäsion verabschiede die Tendenz, Menschen als Empfänger von
Wohltätigkeit zu kategorisieren. Sie betone hingegen das Element sich gemeinschaftlichen Werten zugehörig zu füllen.
(b) Soziale Kohäsion verabschiede dementsprechend das klassische Konzept des
Gebens und Nehmens zugunsten des Teilens und der Wechselseitigkeit.
(c) Kohäsion ersetze die einfache Denkweise des Ein-/Ausschlusses durch die
der Wechselseitigkeit. Im Unterschied zur Inklusion, welche die Zugehörig-

keit zu einer Gemeinschaft thematisiere, stellt sich bei Sozialer Kohäsion die Option der Zugehörigkeit oder des Ausschlusses gar nicht erst.

(d)Und: Soziale Kohäsion verlasse folglich auch die Idee des Ansatzes an einzelnen isolierten sozialen Problemen, auf die bisher mit einzelnen Wohlfahrtsmaßnahmen reagiert worden sei (vgl. ebd.: 5).

So gesehen greift Soziale Kohäsion gemäß der Interpretation der IFSW-E das menschliche Bedürfnis nach Vereinigung und Zugehörigkeit auf. Kohäsion stelle deshalb die Logiken der Wechselseitigkeit, Interdependenz und Partizipation einfachen Dienstleistungslogiken in der Wohlfahrt entgegen.

Aber Kohäsion macht auch Probleme: Als ein zentrales Problem kennzeichnet die IFSW-E, die Schwierigkeit den doch eher theoretischen Ansatz in eine entsprechende Praxis umzusetzen (vgl. ebd.: 6). Soziale Kohäsion sei ein Lernprozess für alle, ein „learning process for all" (ebd.: 7). Anknüpfend an die Definition der Sozialen Arbeit als Menschenrechtsprofession (vgl. ebd.: 10; dazu Staub-Bernasconi 2003) benennt die IFSW-E dennoch abschließend folgende Aktivitäten bzw. Aufgabenfelder, die gewissermaßen hergebrachte Aufgaben Sozialer Arbeit ergänzen, verstärken und neu gewichten (vgl. IFSW-E 2006: 10-11).

(a) Allen voran steht: Erziehung
(b) Anwaltschaftlichkeit
(c) Empowerment
(d) reflexive und kritische Praxis
(e) Gemeinwesenarbeit
(f) Netzwerkarbeit

In dieser Auflistung fällt die Betonung solcher Ansätze auf, die den Blick vom Einzelfall hin zum Feld öffnen: So ist mit Erziehung gemeint, dass z. B. Menschenrechte durch Aufklärung und Aktionen in der „community" erfahrbar werden. Mit „community based social work", ist gedacht, die Idee der Kohäsion in direkten realen Kontakt mit dem Gemeinwesen vor Ort zu bringen. Dabei ist mit zu bedenken, dass im englischen Kontext, soziale Kohäsion mit „Community Cohesion" (vgl. Hennschen 2011) in Eins gesetzt wird, wobei ‚community' im Englischen mehr als Nachbarschaft meint. Und schließlich stützt sich die oben genannte Netzwerkarbeit auf Gemeinwesenzentren, lokale und überregionale Akteure als auch Nichtregierungsorganisationen usw.

Dies legt nahe, eine dritte Betrachtungsweise jenseits der Eingangs genannten ideologischen Indienstnahmen einzuziehen: die sozialräumlich Perspektive; wohlweislich dass auch das Schlagwort Sozialraumorientierung keineswegs frei von Ambivalenzen ist (vgl. Fehren 2009).

5   Die sozialräumliche Perspektive: Kohäsion als Gegenbegriff zur Segregation

Eine sozialräumliche Perspektive ist dem Verfasser erstmalig bei einem Besuch des Europäischen Parlaments in Brüssel im Jahre 2009 in den Kopf gekommen. Eine Gruppe von Studierenden und Dozierenden war u. a. bei der Vertretung des Bundeslandes Niedersachen in Brüssel. Anlässlich eines Referats eines Mitarbeiters über die Kohäsionspolitik der Europäischen Union wurde dabei deutlich, dass es sich hierbei zunächst darum gehandelt hat, zwischen schwachen und starken Regionen innerhalb der EU einen gewissen Ausgleich durch Zahlungen aus dem europäischen Kohäsionsfond herzustellen. Ein derartiger Blickwinkel erlaubt Kohäsion wie folgt aufzufassen: *Kohäsion kann als Gegenbegriff zur Segregation – dementsprechend: Soziale Kohäsion als Gegenbegriff zur sozialen Segregation verstanden werden.*

Soziale Segregation meint nach Hartmut Häussermann: „Eine Stadt bildet einen *Sozialraum*. Ihre sozialräumliche Struktur ist das Ergebnis komplexer Prozesse, in deren Verlauf die unterschiedlichen sozialen Gruppen und Milieus ihren Ort in der Stadt finden bzw. zugewiesen bekommen. Dabei spielen Marktprozesse ebenso eine Rolle wie Machtstrukturen, individuelle oder Gruppenpräferenzen ebenso wie historische Entwicklungen. Die verschiedenen Schichten und Gruppen der Stadtbevölkerung sind nicht gleichmäßig über die Wohngebiete der Stadt verstreut. Man bezeichnet diese Struktur als (...) ‚soziale‘ Segregation. Es gibt wohlhabende und arme Wohnviertel, Arbeiterviertel und solche, in denen sich die Zuwanderer konzentrieren. (...) Städte sind Räume, in denen soziale und symbolische Konflikte ausgetragen werden. In ihnen treffen verschiedene Klassen oder Schichten, Lebensstile und ethnische Gruppierungen aufeinander und eine wichtige zivilisatorische Leistung von Städten besteht darin, die Integration verschiedener Gruppierungen auf engem Raum zu ermöglichen (...)“ (Häussermann/Siebel 2004: 139).

Gewissermaßen bildet soziale Segregation soziale Ungleichheit räumlich ab. Soziale Segregation wird besonders dann zum Problem, wenn sie zu Polarisierungen und Spaltungen im Raum führt. Dies lässt sich in den westlichen Industriestaaten seit längerer Zeit – erinnert sei beispielsweise an die Auseinandersetzungen in den Vorstädten französischer Großstädte in den letzten Jahren – beobachten: „Seit mehr als zwei Jahrzehnten vollzieht sich in den westlichen Industrieländern ein ökonomisch und gesellschaftlicher Wandel, mit dem insbesondere in den Großstädten eine deutliche Verschärfung der sozialen Ungleichheit innerhalb der Bevölkerung einhergeht. ... Die skizzierten Entwicklungen verweisen auf Tendenzen einer gesellschaftlichen Spaltung, die sich auch inner-

halb der Städte, in Form einer zunehmenden ungleichen Verteilung der Wohn-
standorte sozialer Gruppen, zeigt" (Farwick in Baum 2007: 111).

Wird diese Perspektive zur Erklärung sozialer Kohäsion zu Grunde gelegt,
dann ergibt sich daraus der Vorteil, dass Soziale Arbeit auf das Repertoire der
Gemeinwesenarbeit, sowohl theoretisch als auch methodisch, zurückgreifen
kann. Hier kommen dann etwa verstärkt ethnografische Ansätze in den Blick,
um überhaupt erst einmal die Besonderheit sowie die auch informellen Strukturen des jeweiligen Sozialraumes in Erfahrung zu rücken. Auch kann auf aktivierende Methoden und solche zur Partizipation und Organisation von Bürgern im
Gemeinwesen, etwa Community Organizing (siehe Müller/Szynka 2010), zurückgegriffen werden. Vor allem aber scheint wichtig, dass es sich bei der Gemeinwesenarbeit bestenfalls um einen politisch-kritischen Ansatz handelt, der
die Perspektive Sozialer Arbeit ändern kann. Gemeinwesenarbeit, zumindest in
ihrer katalytischen Tradition (vgl. Karas/Hinte 1978) geht es darum, nicht für
die Bürgerinnen vor Ort zu handeln, sondern diese darin zu unterstützen, selbst
aktiv zu werden und ihre Interessen ggf. auch mittels Konflikten durchzusetzen.
So gesehen macht Gemeinwesenarbeit mit der auch im Thema Sozialer Kohäsion enthaltenen Demokratie ernst. Der Sozialraum ist dann derjenige Raum, indem Konflikte im Rahmen demokratischer Spielregeln ausgetragen werden (vgl.
dazu Müller 2011). Das Entscheidende daran ist, dass hierbei keine sozialpolitische Planung *von oben* vorgenommen wird, sondern vielmehr die Prozesse an
der Seite der betroffenen Bürgerinnen *von unten* in Gang gebracht werden.

Dies deckt sich damit, wie sozialer Zusammenhalt entsteht. Ralf Dahrendorf
hat in einem frühen Artikel zur Sozialen Kohäsion zu Bedenken gegeben: „Wir
wissen auch, wie man darangeht, Verteilungsfragen anzupacken, die sich aus der
Ungleichheit des Wohlstandes ergeben. ... Aber wenn es darum geht, soziale
Bindungen zu stiften ... überhaupt Solidarität und Kohäsion zu fördern, finden
wir uns in Verlegenheit" (Dahrendorf 2000: 15). Manche setzen auf Bildung,
andere auf „genossenschaftliche Organisationsformen bei der Reform des Sozialstaates", wieder andere auf den so genannten „dritte[n] oder freiwillige[n] Sektor, also [auf] Vereine und Verbände" (ebd.). Klar scheint nur, dass diese sozialen Bindungen nicht von oben, etwa per Gesetz herzustellen sind, es sei denn um
den Preis der Freiheit: „Die gute Gesellschaft von oben – also die gemachte und
daher auch machbare gute Gesellschaft – ist fast notwendig autoritär. Der verordnete Einschluss aller macht Andersdenkende zu Kriminellen und raubt den
vielen Mitmachern jene Chancen und Freuden, die nur eine freie und offene Gesellschaft vermitteln kann. Lebenswert sind Gesellschaften nur, wenn ihre Qualität das Werk ihrer Bürger ist. Da ist vieles machbar, aber eben dort, wo Menschen leben und nicht dort, wo Regierende dirigieren." (ebd.)

6　Das gute Leben vor Ort

Gewissermaßen kann, so scheint es zumindest, ein gutes da kohäsives Leben nur vor Ort und von unten oder – besser gesagt – *aus der Mitte* der Gesellschaft heraus wachsen. Es ist daher nicht, wie im Koalitionsvertrag politisch zu verordnen, zumal nicht als ideologische Rechtfertigung für den Umbau des Sozialstaates. Kohäsion kann kein Ersatz für den Sozialstaat sein, wie konservative Kräfte behaupten. Gleichfalls garantiert auch nicht die Stärkung des alten Wohlfahrtstaates mittels Umverteilung von vor allem materiellen Gütern den sozialen Zusammenhalt per se, wie die Essener Erklärung der AWO und eher sozialdemokratische Ansätze Glauben machen wollen. In beiden Fällen liegt – so die hier vertretene These – ein Kategorienfehler vor. Denn Soziale Kohäsion lässt sich möglicherweise nicht herstellen; sie kann allenfalls wachsen.

Trotzdem darf vielleicht mit Münkler eine Richtschnur angegeben werden. Münkler beschäftigt sich in der Tradition des griechischen antiken Philosophen Aristoteles mit Maß und Mitte. Hinsichtlich der Thematik sozialer Segregation am Beispiel der Stadt ist aufschlussreich, dass Aristoteles der Stadt – siehe das Eingangszitat – und damit dem Sozialraum ein Maß vorgegeben hat: Die Stadt muss sich selbst genug sein![3]

Daran lassen sich einige Prämissen für kohäsive Soziale Arbeit ableiten, wobei Soziale Arbeit dann die Profession wäre, die für Mitte mittels Vermittlung und für Maß mittels Ausgleich mit zu sorgen hätte. Was wäre die Aufgabe einer derartigen Sozialen Arbeit?

(a) Dort, wo ein Sozialraum und seine Bürgerinnen unterversorgt sind, hätte Soziale Arbeit dafür mitzusorgen, Ausgleich zu schaffen.

(b) Sie hätte ebenfalls dafür mitzusorgen, dass alle notwendigen Funktionen und die Vielfalt in einem Sozialräumen für seine Bürgerinnen erhalten bleiben und, wo möglich, von diesen selbst verantwortet werden.

(c) Sie hätte darüber hinaus mitzuwirken, dass sich der Sozialraum und seine Bürgerinnen selbst – demokratisch – vertreten und behaupten.

(d) Und schließlich hätte Soziale Arbeit mitzuwirken, dass sich die Bürgerinnen eines Sozialraumes kennen- und anerkennen.

Fassen wir diese Aufgaben zusammen, dann wäre eine derart verstandene Soziale Arbeit, Soziale Arbeit an und in der Zivil- und Bürgerinnengesellschaft. Ihre

---

3　Darin liegt eine durchaus pädagogische Perspektive, wenn mitbedacht wird, dass neuzeitliche Pädagogik, etwa bei Rousseau, immer auch die Autarkie des Subjekts als Erziehungsziel gesetzt hat. Dass sozialpädagogisch spannende an dieser Sichtweise auf die Stadt ist indes, dass Autarkie hier nicht individualpädagogisch verkürzt, sondern auf ein soziales Gefüge bezogen wird.

Aufgabe wäre es, die Zivilgesellschaft und deren inneren Zusammenhalt zu stärken, ohne – davor sei abschließend eindringlich gewarnt – dem Abbau sozialer Sicherheit Vorschub zu leisten.

Literatur

Baum, D. (Hrsg.) (2007): Die Stadt in der Sozialen Arbeit. Ein Handbuch für soziale und planende Berufe. Wiesbaden: VS.

Boeckh, J./Huster, E.-U./Benz, B. (2010³): Sozialpolitik in Deutschland. Wiesbaden: VS.

Chiesi, A. M. (2005): Soziale Kohäsion und verwandte Konzepte. In: Genov, N. (Hrsg.): Die Entwicklung soziologischen Wissens. Wiesbaden: VS, 240-256.

Dahrendorf, R. (2000): Zwei Gasthäuser in jeder Straße. Soziale Bindung ist eine gute Sache. Eine „gute Gesellschaft" aber sollten wir uns nicht wünschen. In: DIE ZEIT, Nr. 41, 15.

Dollinger, B. (2010): Gemeinschaft oder Gesellschaft? Repräsentationen des Sozialen als Gegenstand sozialpädagogischer Historiographie. In: Müller, C. (Hrsg.): Historisch-kritische Zugänge zur Professionalität der Sozialpädagogik und Sozialarbeit. Essen: Die Blaue Eule, 59-75.

Essener Erklärung des AWO Bundesverbands e.V. (2010): Zusammenhalt stärken – Ausgrenzung verhindern. Berlin Quelle: http://www.puwendt.de/files/AW,%20Essener%20Erklärung%20(2010).pdf [Letzter Zugriff: 27.08.2012]

Fehren, O. (2009): Was ist ein Sozialraum? Annäherung an ein Kunstwerk. In: Soziale Arbeit, Heft 8, 268-293.

Galuske, M. (2004): Der aktivierende Sozialstaat. Konsequenzen für die soziale Arbeit. Quelle: http://www.ehs-dresden.de/fileadmin/uploads_hochschule/ Forschung/Publikationen/ Studientexte/Studientext_2004-04_Galuske.pdf [Letzter Zugriff: 17.02.2012].

Häussermann, H./Siebel, W. (2004): Stadtsoziologie. Eine Einführung. Frankfurt, New York: Campus.

Hennschen, St. (2011): Kohäsion in England – Eine Annäherung an das englische Verständnis des Kohäsionsbegriffs. Hochschule Emden/Leer: unveröffentlichte Masterthesis.

International Federation of Social Workers – European Region (IFSW-E) (2006): Social work and social cohesion in europe. Quelle: http://cdn.ifsw.org/assets/FINAL_Soc_Coh_Report_-_agenda_item_4.2.pdf [Letzter Zugriff: 27.08.2012].

Karas, F./Hinte, W. (1978): Grundprogramm Gemeinwesenarbeit. Wuppertal: Jugenddienst.

Koalitionsvertrag zwischen CDU, CSU und FDP (2009): Wachstum. Bildung. Zusammenhalt. Koalitionsvertrag zwischen CDU, CSU und FDP. 17. Legislaturperiode. Quelle: http://www.cdu.de/doc/pdfc/091026-koalitionsvertrag-cducsu-fdp.pdf [Letzter Zugriff 27.08.2012].

Luhmann, N. (1973): Formen des Helfens im Wandel gesellschaftlicher Bedingungen. In: Otto, H.-U./Schneider, S. (Hrsg.): Gesellschaftliche Perspektiven der Sozialarbeit (Bd. 1). Neuwied, Darmstadt: Luchterhand, 21-43.

Müller, C. (2011): Sozialraumorientierung. Was stimmt – Steuerung von oben oder Aktivierung von unten? In: Sozialmagazin 7-8/2011, 69-76.

Müller, C./Szynka, P. (2010): Community Organizing. Handbuchartikel im Internet: Enzyklopädie Erziehungswissenschaft Online (EEO); www.erzwissonline.de [Abruf: 25.5.2012].

Münkler, H. (2010): Mitte und Maß. Der Kampf um die richtige Ordnung. Berlin: rowohlt.

Natorp, P. (1899/1974): Sozialpädagogik. Theorie der Willensbildung auf Grundlage der Gemeinschaft. Paderborn: Schöningh.

Staub-Bernasconi, S. (2003): Soziale Arbeit als (eine) ‚Menschenrechtsprofession'. In: Sorg, R. (Hrsg.): Soziale Arbeit zwischen Wissenschaft und Politik. Münster, Hamburg, London: Lit, 17-54.

Tönnies, F. (1887/1970): Gemeinschaft und Gesellschaft. Grundbegriffe der reinen Soziologie. Darmstadt: Wissenschaftliche Buchgesellschaft.

Toye, M. (2007): Social Cohesion: International Initiatives for Cities. In: In Brief – Parliamentary Information und Research Service, PRB 07-46E.

Aktiv(es) Alter(n)[4]: Aktiv altern oder Aktives Alter, Aktives Altern oder Alter aktiv

Christine Meyer

Viermal der Zusammenhang „aktiv" und „Alter" beschreibt die vieldeutige Verbindung, die sich vielleicht sogar als Formel „Aktiv(es) Alter(n)[4]" formulieren lässt und von der einfachen Verknüpfung bis hin zur Potenzierung den Umgang mit der Lebensphase Alter bzw. dem Alternsprozess verbildlichen soll. Diese Formel steht dafür, wie auf die Alterung und Schrumpfung der Gesellschaft seit Wahrnehmung der Entwicklung zu Beginn der 90er Jahre des letzten Jahrhunderts reagiert wurde. Im folgenden Verlauf wird es darum gehen, die aktuelle Diskussion um „aktiv(es) Alter(n)" zu beschreiben. Lessenich/Otto stellen fest, dass gerade Aktivitäts- und Aktivierungstopoi mit Blick auf Ältere über bereits lange und prominente Tradition verfügen (vgl. ebd. 2005: 9). Gleichzeitig wird die Relevanz zur Gestaltung des demographischen Wandels für Soziale Arbeit als eine der zentralen Herausforderungen der Zukunft erkennbar.

Ganz allgemein stehen die Begriffspaare „aktiv(es) Altern" für den persönlichen, professionellen, politischen und (alterns)theoretischen Umgang mit dem demographischen Wandel und werden im Folgenden beispielhaft erklärt. Sie sind untereinander austauschbar: „Aktiv Altern" kann bedeuten, mit Rückbezug auf Alternstheorien, im Alternsprozess im alltäglichen Leben möglichst lange aktiv zu bleiben und damit die Hochaltrigkeit, die für Multimorbidität anfällige Phase des Alterns, möglichst lange hinauszuschieben. „Aktives Alter" kann ein Hinweis darauf sein, sich für gesellschaftliche Belange einzusetzen, in dem sich ein Älterer ehrenamtlich engagiert oder seine Enkelkinder beaufsichtigt, um beiden Eltern Erwerbstätigkeit zu ermöglichen. Dieses Engagement wirkt gesellschaftlich unterstützend und entlastend für fehlende öffentliche Unterstützungssysteme. Menschen „aktives Altern" zu eröffnen, bezieht sich auf die Herausforderungen an die Professionalität Sozialer Arbeit, sich zuständig zu erklären für eine Lebensphase, die mit einem Verlauf von etwa 30 Jahren ab Berufsaustritt gestaltet und bewältigt werden will vor dem Hintergrund von Entwicklungsaufgaben, vielfältigen Möglichkeiten und problematischen Lebenslagen, die auf ältere Menschen zukommen können. „Alter aktiv" bezieht sich auf die Aktivierung von Eigenverantwortlichkeit älterer Menschen mit der Gefahr, ihnen die Qualität ihres Alternsprozesses selbst zuzuschreiben. Gleichwohl mischen sich ältere Menschen ein und entwickeln Forderungen, Ideen und Wünsche in Bezug auf die Gestaltungsmöglichkeiten und -erfordernisse für den Alternsprozess, der als Prozess entlang eines Kontinuums von dritter chancenreicher Lebensphase

zu einer vierten, eher von Multimorbidität bestimmten, zumindest jedoch ge-
fährdeten, auszugehen hat.

Aus dieser Zusammenschau entsteht eine Potenzierung, die sich als Formel
„Aktiv(es) Alter(n)[4]" beschreiben lässt und meint, das gesellschaftlich zur
Kenntnis genommene individuelle und gesellschaftliche Alternsprozesse auf
mehreren Ebenen gemeinsam betrachtet, theoretisch, politisch, professionell und
persönlich eine Potenzierung erfahren, da sich erfolgreiche Alternsprozesse nur
verwirklichen lassen, wenn sie mit dem Zusatz „aktiv" verbunden sind. Alternsprozesse, in denen sich nicht aktiv um etwas bemüht wird und die nicht mit
Zielen versehen sind, werden als nicht entwicklungsförderlich für den Alternsprozess in Betracht gezogen. Das Motto lautet: Wenn ein Mensch nur weiter aktiv bleibt und sich einmischt, fühlt er sich nicht alt und wird es folglich
auch nicht (vgl. Meyer 2008a; Meyer 2008b).

Wer sich mit dem demographischen Wandel auseinandersetzt, wird selbstverständlich zu Begriffen kommen, wie „Alter, Überalterung, Schrumpfung".
Diese Begriffe beschreiben die demographische Entwicklung der Gesellschaft.
Dabei lässt sich feststellen, dass zum „Altern" als dreifache Alterung (Schrumpfung der Gesellschaft insgesamt, Zunahme der Anteile Älterer insgesamt und die
Zunahme der Anteile Hochaltriger an der Gesellschaft) in vielen Diskussionen
und Veröffentlichungen das Adjektiv „aktiv" hinzugefügt wird, um dem Alter(n)
eine positive Bedeutung zuzuschreiben. Ausgangspunkt dieser Überlegungen
stellen Erfahrungen seit Beginn der 1990er Jahre mit dem Begriffspaar „Alter
und Aktivierung" und „Aktiv-Sein" dar, denn kaum ein Begriffspaar wird
scheinbar so häufig gebildet und verwendet. Dabei wird es sehr oft auch in den
Absichten gegensätzlich verwendet, ohne dass dies unbedingt gleich auffällt.
Seit Beginn meines eigenen Engagements in forscherischen Kontexten mit älteren Menschen Anfang der 1990er Jahre innerhalb eines Forschungsprojektes zur
Altenhilfeplanung in Stadt und Landkreis Lüneburg bekam die Beteiligung älterer Menschen am Planungsprozess höchste Priorität. In generationsübergreifen-
den Seminaren ging es darum, etwas über die Wünsche und Bedürfnisse älterer
Menschen in Stadt und Landkreis herauszufinden, um sicherzustellen, dass nicht
an den Älteren und ihren Bedürfnissen vorbeigeplant wurde. Aktive Beteiligung
älterer Menschen an Sozialplanungsprozessen gilt als notwendig und unhinter-
gehbar. Klie hebt die aktive Beteiligung als unverzichtbaren Teil im Bereich al-
tenplanerischer Prozesse hervor, da Altenberichterstattung und -planung auf die
Initiierung öffentlicher Diskurse betroffener Bürger und Bürgerinnen abzielt. Je
mehr Bürgerinnen und Bürger sich an Diskussionen zu vorgelegten Empfehlun-
gen beteiligen, desto mehr Verwirklichungs-, Verantwortungs- und Gestaltungs-
potenzial wird gebündelt, da eine Realisierung von Vorschlägen unter Beteiligung möglichst vieler Betroffener angestrebt wird (vgl. Klie u. a. 2002: 15). Mit

dieser Prämisse habe ich, wann immer ich mit älter werdenden Menschen zusammen kam, dazu geraten, sich aktiv zu beteiligen und aktiv zu werden, sich über die eigenen Bedürfnisse klar zu werden und bei Bedarf auf professionelle oder politische Unterstützung zurückzugreifen und diese selbstverständlich einzufordern. Ältere Menschen sollten sich nicht darauf verlassen, dass ihnen Angebote gemacht werden, die ihnen auch gefallen und in denen sie sich wiederfinden können. Diesen Ratschlag kann man mittlerweile nicht mehr uneingeschränkt erteilen, denn die Erkenntnisse zur postwohlfahrtsstaatlichen Aktivierung zeigen, dass die Aufforderung zur aktiven Beteiligung gesellschaftlicher Mitglieder eventuell als Ersatz für wohlfahrtsstaatliche Arrangements und zuvor noch selbstverständliche, öffentlich bereitgestellte Angebote und Aufgaben eingesetzt wird. Alternstheoretisch führen die Aktivierungstheorie (Havighurst/ Albrecht 1953) und Disengagement-Theorie (Cumming/Henry 1961) des Alters dazu, Ältere in Bewegung zu halten und sie auch mit Angeboten in Bewegung halten zu müssen, damit sie nicht zu alten, kranken, hilflosen und unselbstständigen älteren Menschen werden. Diese Erkenntnisse sind weitgehend überholt und erfahren vor dem Hintergrund gegenwärtiger aktivierungspolitischer Programme eine neue Wendung.

„Aktivierung" als Aufforderung zu einem dauerhaften Engagement bedeutet mindestens zweierlei: Individuelle Selbstbestimmung und gesellschaftliche Fremdbestimmung und es stellt sich die Frage, wie jemand unterscheiden lernt, welche Art von Aktivierung gerade vorliegt, eine, die es „gut" mit einem und dem eigenen Alternsprozess meint oder eine, die darauf setzt, dass ich mir selber helfe und somit ein eigentlich gesellschaftlich bzw. sozialpolitisch zu verantwortendes Angebot zu installieren, verhindert. Damit entsteht auch die Frage, an wen sich ein älterer Mensch wenden könnte und wer ihn unterstützt, wenn er nicht den Eindruck bekommt, selbstbestimmt und unabhängig entscheiden und handeln zu können.

Alter und Alternsprozesse bedingen u. a. die Zukunft und hieraus folgt für eine auf die Herstellung sozialer Teilhabe ausgerichteten Sozialen Arbeit, Ideen für Lebensgestaltungen zu entwerfen, die durch systematisches Wissen um Alternsprozesse entstehen, um darüber Möglichkeiten der Lebensführung für ältere Menschen zu eröffnen.

1   Soziale Arbeit und Alternsprozesse: Gesellschaftliche Alterns- prozesse und sozialpädagogische Gestaltungsnotwendigkeit

Soziale Arbeit wird für die Bewältigung und Gestaltung der ersten 30 Jahre ei- nes Menschen in einer sich demographisch verändernden Welt neu herausgefor- dert und sie sollte sich für die letzten 30 Jahre selbstverständlich weitaus stärker einmischen, welche Angebote, Aufgaben und Perspektiven Soziale Arbeit für die Lebensphase Alter übernehmen und bereithalten will. Diese Einschätzung wird zunehmend auch aus der Mitte Sozialer Arbeit laut, wie z. B. von Hanses und Homfeldt, die feststellen, dass die Lebensphase Alter angesichts sozialer und biografischer Problemlagen dringend sozialpädagogische Einmischung er- fordere (vgl. ebd. 2009: 151f). Hervorhebenswert erscheint, dass in der Veröf- fentlichung von Kessl und Otto zur Sozialen Arbeit ohne Wohlfahrtsstaat nie- mand der langjährig im Themenfeld Soziale Altenarbeit arbeitenden Wissen- schaftler/innen herangezogen wurde (vgl. ebd. 2009). Fragen der Aktivierung und Diskussionen um postwohlfahrtsstaatliche Arrangements betreffen ebenfalls die Gestaltung der Lebensphase Alter. Das Alter bzw. der Alternsprozess, bisher gekennzeichnet durch gesellschaftlich verordnete Nutzlosigkeit über die Verren- tung im Durchschnittsalter von 60 Jahren, führt über das Hervorheben eines jun- gen, dynamischen, selbstverantwortlichen, fitten „silver ager" im dritten Le- bensalter genau zu dem, was von Fach (2000) als politische Figur der Animation verstanden wird oder unter dem Stichwort „Aktivierung" diskutiert wird (vgl. Fach 2000: 120f. zit. N. Oelkers 2009). Der Staat übernimmt die Rolle des ‚Er- möglichenden' oder ‚Aktivierenden' und es wird Politik konstituiert, die indivi- duelle und kollektive Subjekte dazu anleitet, sich selbst zu regieren, das Leben in die eigene Hand zu nehmen und Verantwortung zu tragen. Während das ‚Tun' verstärkt den Bürger/innen überlassen bleibt, habe sich staatliches Regie- ren auf das Anleiten, (Vor-)Entscheiden und Setzen von Standards zu konzen- trieren (vgl. ebd.).

Wie bereits eingeführt, lässt sich für den Umgang mit der Lebensphase Alter kritisch beschreiben und analysieren, dass eine Aktivierung des Alters auf meh- reren Ebenen stattfindet und damit verbunden Potenzierungen erfolgen. Aktivie- rungsprozesse ziehen sich von der persönlichen Ebene, über die theoretische zur professionellen Ebene bis hin zur politischen Ebene durch. Mit der Formel der potenzierten Aktivierung für Alternsprozesse werden konkrete Voraussetzungen für Angebote und Einrichtungen geschaffen. Folglich wird es aufgrund der Komplexität schwieriger zu verdeutlichen, warum die Lebensphase Alter konti- nuierlich eine besondere Aufmerksamkeit und sozialpädagogisch gestaltete An- gebote und Unterstützung benötigt. Mit der Formel „Aktiv(es) Alter(n)[4]" setzen vier unterschiedliche Ebenen auf Aktivierung des Alters und das könnte dazu führen, dass die Sensibilität für die Vielfalt und Vielschichtigkeit von Alternsprozessen verloren geht und Gefährdungen nicht (mehr) wahrgenommen werden. Die älteren Menschen selbst setzen auf Aktivierung und aktivieren sich. Kaum jemand über 60 Jahre würde von sich behaupten, alt zu sein. Das Alter ist nach wie vor mit einer Defizitperspektive verbunden, die charakterisiert wird durch langsamer werden oder krank sein, nicht mehr stark genug sein und für die Gesellschaft nicht mehr produktiv. Die Lebensphase Alter bringt mit sich, entweder langsam schleichend multimorbider zu werden oder ganz plötzlich, von einem Tag auf den anderen nicht mehr zu können, da eine schwere Krankheit die Selbstständigkeit und das Wohlbefinden beeinträchtigen. Die Lebensphase Alter beginnt jedoch im Grunde mit der Verrentung und der ab dann verordneten gesellschaftlichen Nutzlosigkeit, ohne dass jemand bereits schwach, hilfe- oder pflegebedürftig sein muss. Im Gegenteil: Mit 60 oder 65 Jahren fühlt sich kaum jemand als „alt", was dazu führt, dass soeben verrentete Frauen und Männer von sich sagen, sie seien noch nicht alt, sie fühlen sich fit, sind aktiv und genießen das Leben, frei von gesellschaftlicher Pflicht zur Erwerbsarbeit. Darin liegt jedoch ein Teil der Ambivalenz des Alternsprozesses verborgen. Älter werdende Menschen behaupten, noch nicht alt zu sein, solange sie gesund sind und sie weisen das Alter weit von sich. Damit begeben sie sich in einen (Selbst-)Aktivierungsprozess, der den Alternsprozess so lange meidet, bis gesundheitliche Beeinträchtigungen oder Einschränkungen so weit fortgeschritten sind, dass ihnen die Selbstständigkeit und Selbstbestimmung abhanden gekommen sind. Dadurch geht jedoch die Möglichkeit verloren den Besonderheiten des Alternsprozesses gerecht zu werden, der sich über Jahre einschleicht, mit größer werdenden und z. T. gravierenden Folgen für den Alltag. Alternsprozesse verlaufen sehr unterschiedlich und das Alter kommt nicht nur plötzlich von einer Sekunde zur anderen in Form einer schweren Krankheit. Älter werdende Menschen nehmen sich mit ihrer (Selbst-)Aktivierung die Möglichkeit, den Alternsprozess mit dem ihm innewohnenden Entwicklungsbedürfnissen näher zu kommen. Damit werden Chancen verpasst, vor allem auch, wenn es um die Forderungen geht, die Ältere an die Verwirklichung ihres Alternsprozesses stellen und die mit der Schaffung von Angeboten verbunden sind (Meyer 2008b; Meyer 2011b).

Die Selbstaktivierung Älterer lässt sich auch mit den weit verbreiteten alternstheoretischen Erkenntnissen aus dem Aktivitätsansatz (Havighurst/Albrecht 1953) und der Disengangement-Theorie (Cumming/Henry 1961) und der daraus verfestigten Defizitperspektive erklären, die in das Alltagswissen eingeflossen sind. Die Kernaussage des Aktivitätsansatzes lautet, dass sich soziale und psychische Bedürfnisse mit dem Altern nicht ändern. Subjektives Wohlbefinden und Zufriedenheit empfindet ein Mensch dann, wenn er aktiv ist, etwas leistet und von anderen gebraucht wird. Erfolgreiche Alternsprozesse lassen sich kennzeichnen durch Aktivitäts- und Interaktionsmöglichkeiten, die die über Verrentungsprozesse verloren gegangenen ersetzen. Menschen werden in Passivität gedrängt und aus dem gesellschaftlichen Leben ausgeschlossen, wenn ihnen kein Ersatz bereitgestellt wird (vgl. Havighurst/Albrecht 1953). Die Disengagement-Theorie geht davon aus, dass der ältere Mensch mit zunehmendem Alter danach strebt, sich langsam aus sozialen Aufgaben und Rollen zurückzuziehen, da Krankheit und Tod wahrscheinlicher werden. Diese Aussicht reduziert die Bereitschaft zum Engagement der Individuen und dieser Rückzug aus gesellschaftlichen Rollen erscheint gesellschaftlich funktional. Die Übereinstimmung gesellschaftlicher und individueller Bereitschaft zum Rückzug aus sozialen Verpflichtungen führt zu hoher Lebenszufriedenheit (vgl. Cumming/Henry 1961). Nach Wolf gilt die Disengagement-Theorie als widerlegt und die Aktivitätstheorie als nicht bestätigt, dennoch können beide Theorien je nach konkreten Rollen, spezifischer Persönlichkeitsstruktur und der jeweiligen Lebenssituation für ältere Menschen zutreffen (vgl. Wolf 2008). Im Alltagsverständnis haben sich dennoch zentrale Erkenntnisse dieser Theorien verbreitet und durchgesetzt. Das Alter (mit dem näher kommenden Tod) lässt sich herauszögern und vermeiden, wenn ein älter werdender Mensch möglichst lange aktiv bleibt, sich mit seiner Lebensführung eher an den mittleren erwerbstätigen Lebensabschnitt orientiert und nicht in die Zukunft mit Aussicht auf die Endlichkeit blickt. In dieser Zukunft liegt jedoch die Chance auf einen neuen Lebensabschnitt, der gelebt werden will mit neuen Herausforderungen, wie die kognitive Alternstheorie oder die Lebenslaufperspektive nahe legen. Böhnisch betont, dass das Verhalten älterer Menschen aus ihren Lebenszusammenhängen her verstanden und eingeordnet werden sollte, um nicht auf die Annahme reinzufallen, dass ein alter Mensch, so lange er nur aktiv ist, auch als gesund einzuschätzen sei. Im Alter liegt das Privileg, von täglicher Erwerbsarbeit und seinen Anforderungen befreit zu sein und jeder Ältere kann sich neu orientieren oder noch einmal etwas beginnen, wofür er bisher keine Zeit hatte. Ein unreflektierter Aktivitätsbegriff würde die Älteren übergehen, und so bevorzugt Böhnisch die Möglichkeit der qualitativen Bestimmung und Differenzierung des Rückzugsverhaltens im Alter. Aus der Balance von Aktivität und selbstbestimmtem Rückzug definiert sich die Handlungsfähigkeit im Alter und in dieser Balance wäre damit auch die für das Alter typische Bewältigungsperspektive zu thematisieren (vgl. Böhnisch 2005: 79).

Aktivierung des Alterns aus professioneller Sicht eingeschätzt, führt zu Winklers Frage, dass eigentlich noch unklar sei, worin das thematische Problem eigentlich bestehe, was denn eigentlich Sozialpädagogik mit dem Alter zu tun habe (vgl. ebd. 2005: 7). Der Beginn des Alternsprozesses für den Mensch bedeutet, am Ausgang der Freiheit zur Freiheit zu stehen, die eigentlich Endlichkeit meint und „schlechte Freiheit" heißt. Im Alter müsse sich der Mensch das Leben zusammensuchen und durch die gleichzeitig stattfindende kulturelle und gesellschaftliche Entbettung würde dies verhindet (vgl. Winkler 2005: 16). Die zentrale Aufgabe für Sozialpädagogik im Alter entsteht, wenn man Sozialpädagogik als sozial und kulturell erzeugte Instanz versteht, die in der Verpflichtung steht, einen professionell geordneten Raum zu eröffnen, um die Paradoxien auszuhalten, die moderne Gesellschaften notorisch erzeugen (vgl. Winkler 2005: 7). Damit ist die zentrale Aufgabe für Sozialpädagogik im Alter formuliert, daran mitzuarbeiten und zu entwickeln, dass Menschen ausgehend von ihrem Verrentungszeitpunkt, Ideen, Ideale und Visionen für ihr Leben im Alter entwickeln und realisieren können. Damit sind auch die gesellschaftlichen Bedingungen angesprochen, die für die Verwirklichung dieser Ideen zu gestalten sind. Sozialpädagogik hat darauf zu achten, dass das Alter nicht jenen Verwertungsmechanismen unterworfen wird, denen es über die Verrentung doch entronnen war. Denn eine Sozialpädagogisierung des Alters kann dazu führen, über die Sozialpädagogik neue Kontroll- und Disziplinarstrukturen einzuführen und den Alten damit die Verantwortung für ihren Alternsprozess in der Weise aufzubürden, in dem sie dem Modell „Hilfe zur Selbsthilfe" bis es nicht mehr geht, unterworfen werden. Damit würde den Alten der Rest ihrer zuerkannten Würde weggenommen, und sie würden verantwortlich gemacht für sowohl die wahrscheinlich aktive und chancenreiche Phase des Alters wie auch für die eher abhängige, wahrscheinlich multimorbide, hilfe- und pflegebedürftigere Phase im Alter. Neue Strategien der Subjektmodellierung, so Winkler, würden als subtile Herrschaftsform etabliert und „man muss dann selbst Verantwortung für das (eigene) Alter übernehmen, man ist verantwortlich für das Alter, Subjekt in einer Ich-AG und soll eben der Gesellschaft nicht zur Last fallen (…)" (Winkler 2005: 30). Die professionelle Aufgabe heißt, Ambivalenzen zwischen täglichem Gewinn und Abbau zu begleiten, Chancen zur Bewältigung und Gestaltung des Alltags sowie zur Aneignung zu eröffnen und das vor dem Hintergrund abnehmender Möglichkeiten zur Entwicklung und Verbesserung, ohne jedoch Alter zu bevormunden oder sinnlos aktivieren zu wollen.

Auf der politischen Ebene zeigt die seit den 1990ern begonnene Berichterstattung auf Bundesebene die vordringlichen Themen, die für gesellschaftliche Alternsprozesse als zentral angesehen werden: Alter und Gesellschaft, Wohnen im Alter, Hochaltrigkeit und dementielle Erkrankungen sowie Aktivitäten und Potenziale im Alter. Inzwischen liegt der 6. Altenbericht mit dem Schwerpunkt „Altersbilder in der Gesellschaft" vor. Die Themen der Altenberichte haben mit den letzten beiden Berichten einen Wandel erfahren, denn während die ersten sich um Wissensbildung über Ältere und ihre Lebenslagen bemühten, strahlen die beiden jüngsten Berichte eher in die Gesellschaft zurück. Die Potenziale Älterer für die Gesellschaft und Altersbilder beziehen sich nicht unbedingt auf die Bedürfnisse Älterer, vielmehr sind alle anderen Lebensalter angesprochen, auf Alternsprozesse aufmerksam zu werden.

Der fünfte Altenbericht der Bundesregierung (vgl. bmfsfj.de 2005), der die Potenziale und die Nützlichkeit der Alten in der Gesellschaft betont oder die in den letzten Jahren aufgelegten Bundesmodellprogramme zum Erfahrungswissen Älterer oder Senior-Trainerausbildungen (vgl. bmfsfj.de) können auch als Aufwertungsabsichten des aus der Erwerbsarbeit aussortierten älteren Menschen eingeordnet werden. Sozialpädagogische oder soziologische Erkenntnisse zeigen dagegen: Unabhängig davon, wie sehr sich der alte Mensch auch für die Gesellschaft engagiert, die zugeschriebene Defizitperspektive kann nicht überwunden werden, auch dann nicht, wenn er gesellschaftlich nützliche und notwendige Betreuungsmöglichkeiten für die nachwachsende Generation anbietet. Aktivierung im Sinne des Alterns spiegelt nur vor, man sei noch inmitten der Gesellschaft bedeutend, solange man sich aktiv gesellschaftlich engagiert (vgl. Meyer 2008b; Lessenich/van Dyck 2009; Lessenich/Otto 2005). Mit postwohlfahrtsstaatlicher Weiterverpflichtung bzw. Wiederverpflichtung Älterer über ehrenamtliches Engagement oder Betreuungsleistungen in der Familie wird die Verrentung und die damit gleichzeitig gesellschaftlich verordnete Nutzlosigkeit nicht aufgehoben und rückgängig gemacht. Auf der organisatorischen Ebene werden Ältere als Ehrenamtliche und zugleich Adressat/innen der Angebote vor allem in Mehrgenerationenhäusern gesehen. Dabei können Mehrgenerationenhäuser als Musterbeispiel einer aktivierenden Organisation gelten, in der postwohlfahrtsstaatliche Wiederverpflichtung stattfindet und die gleichzeitig als Einrichtungsform der Zukunft gilt, da für jedes Lebensalter Lösungen für soziale Situationen vom Ehrenamtlichen bis hin zu Professionellen angeboten werden sollen. Ausgehend von einer Landesinitiative des Ministeriums für Soziales, Frauen, Familie und Gesundheit in Niedersachsen und inzwischen als Aktionsprogramm „Mehrgenerationenhäuser" des BMFSFJ sind zuerst in Niedersachsen Mehrgenerationenhäuser entstanden, die seit 2007 als bundesweites Modellprojekt in jedem Bundesland aus bereits bestehenden Einrichtungen, wie z. B. Familienbildungsstätten umgebildet wurden. Sie gestalten eine ganz unterschiedliche Vielfalt an Angeboten entweder nur für junge Menschen bzw. deren Eltern oder nur alte Menschen oder für Jung und Alt gemeinsam. Die Ziele dieser mehrgenerativen Angebote verlaufen wesentlich über die Bedingungen des sozialen Raums, also über die Erweiterung und Institutionalisierung bereits vorhandener Angebote und Initiativen. Kritisch lässt sich analysieren, wie die Einführung der Mehrgenerationenhäuser zunächst als die institutionalisierte Form einer aktivierenden Sozialpolitik verstanden werden kann, die im Hinblick auf den demographischen

Wandel eine Doppelfunktion einnimmt. In dem propagierten Bild eines selbstverantwortlichen alten Menschen, der sich ehrenamtlich für das Gemeinwohl in Mehrgenerationenhäusern einsetzt, spiegelt sich die Politik, die individuelle und kollektive Subjekte anleitet, ihnen die Grundlage schafft, sich für sich selbst und andere einzusetzen, sich gleichzeitig gebraucht zu fühlen und gebraucht zu werden. Mehrgenerationenhäuser, die als institutionelle Antwort auf entstehende Problemlagen des demographischen Wandels und als Antwort auf leerer werdende Räume gelten, reizen als wissenschaftlicher Untersuchungsgegenstand in mehrfacher Hinsicht: Mehrgenerationenhäuser können als institutionalisierte Organisation postwohlfahrtsstaatlicher Politik eingeschätzt werden, in denen gleichzeitig klassische Probleme sozialer Institutionen konzeptionell vorgesehen wurden. So wurden z.B. hohe Beteiligungen Ehrenamtlicher eingeplant, die über ihr Engagement das Angebot strukturieren, gleichzeitig Anbieter und Adressat/innen der Einrichtung darstellen. Die Verbindung von Jung zu Alt und zurück erscheint sozialpädagogisch seltsam ungeklärt und unberührt, obwohl sozialpädagogische Beziehungen gleichzeitig auch Generationenverhältnisse darstellen (vgl. bmfsfsj.de 2007/2011).

Mehr als 500 Mehrgenerationenhäuser sind seit 2007 gegründet worden und haben den Betrieb mit der Aufgabe aufgenommen, sich als Dienstleistungsdrehscheibe in ehrenamtlicher und professioneller Perspektive für alle vier Lebensalter im jeweiligen sozialen Nahraum zu etablieren. Sie werden für einen bestimmten Zeitraum als Bundesmodell finanziell und vor allem in Bezug auf ihre Vernetzung untereinander gefördert. Die Mehrgenerationenhäuser sind dadurch gekennzeichnet, dass sie im hohen Maße ehrenamtlich Tätige gewinnen und einbinden. Diese Ehrenamtlichen halten unterschiedliche Angebote in der Betreuung, Bildung und Erziehung von Kindern vor. Sie sorgen für Mittagessenangebot für Jung und Alt, Hortersatz, Wunschgroßelternvermittlung, Vermittlung von Diensten, Schaffen von Alternativen, die zunehmende Hilfe- und Pflegebedürftigkeit Älterer ausgleichen und auffangen. Sie stellen also eine alle vier Lebensalter und Generationen umfassende Einrichtung der Hilfe zur Selbsthilfe dar, in der wenige Professionelle koordinieren, planen, ausbilden, motivieren usw. Die Angebote wenden sich vor allem an diejenigen und werden von denjenigen gestaltet, denen gesellschaftliche Teilhabe über den Zugang als Erwerbstätige verwehrt bleibt: Kinder und Jugendliche, Mütter mit Kleinkindern, chronisch Kranke, Arbeitslose, ältere Menschen im dritten und vierten Lebensalter.

Heite betont in ihrer Analyse zum postwohlfahrtsstaatlichen Handeln, dass das ‚Subjekt', die ‚Familie', der soziale und nachbarschaftliche Nahraum und private Beziehungen als Elemente sozialer Ordnungsstrukturen konfrontiert werden mit der Forderung und Zumutung, Unterstützungsleistungen eigenverantwortlich zu organisieren und zu erbringen (vgl. Heite 2009: 113). Diese Er-

kenntnisse charakterisieren treffend auch die offizielle Aufgabenbeschreibung
der Mehrgenerationenhäuser: Diejenigen, die sich in solchen Einrichtungen en-
gagieren, unabhängig davon ob sie professionell-fachlich Tätige oder ehrenamtlich Engagierte sind, werden in hohem Maß über ihre Selbstverantwortlichkeit
und Selbstgestaltungsmöglichkeit an die Institution gebunden. Hier liege, so
heißt es, die Chance und Möglichkeit des Einzelnen zur Selbstverwirklichung
(vgl. bmfsfj.de 2007/2011). Der Staat hat in der Idee und Finanzierung der
Mehrgenerationenhäuser die Rolle des „Ermöglichenden" übernommen, das
„Tun" bleibt bei den Bürger/innen. Der Sozialraum bedingt die Quantität und
die Qualität der Angebote wie auch die Angebotspassung, die darin lebenden
potenziellen Ehrenamtlichen strukturieren die Hilfeangebote und -möglichkeit.
Anders formuliert, wird die Autonomie und Mündigkeit der Bürger/innen dabei
politisch gefordert und gefördert. Unter dieser staatlichen Strategie des Rückzugs aus Verantwortung lasse sich, so die Kritik, keine Befreiung verstehen,
vielmehr entziehe sich der Staat aus vormals erbrachter kollektiver Sicherungs-
leistung und Verantwortungszusage (vgl. Oelkers, 2009: 74). Und zuvor er-
brachte wohlfahrtsstaatliche Leistungen würden dabei weg von ökonomischer
Umverteilung hin zu aktivierender, individualisierender, inkludierender und so-
zialinvestiver Maßnahmen umstrukturiert. In Olks skeptischer Analyse zu den
Merkmalen des aktivierenden und produktivistischen Sozialstaats betont er die
plakative Deklaration einer Freiheit, die als Forderung nach Chancengleichheit
auftrete anstelle materieller Gleichheitsideen. Diese den Menschen zugestandene
Freiheit wird nicht mehr primär als ‚Freiheit von materieller Not', vielmehr als
Handlungsautonomie und Freiheit zur Risikoübernahme und zum selbstgesteuerten Handeln auf unsicheren Märkten uminterpretiert. Es geht um die
Schaffung des unternehmerischen Menschen, so Olk kritisch, „der sich flexibel
und vorsorglich auf die stets veränderlichen Anforderungen unterschiedlicher
Märkte vorbereitet" (vgl. Olk 2009: 29). Konkretisiert für die Mehrgenerationenhäuser: Ihre Entstehung basiert nicht auf Neugründungen, vielmehr sind sie
aus bereits bestehenden Einrichtungen hervorgegangen und haben Angebote für
das jeweilig fehlende Lebensalter ergänzt. Die von Gesellschaft mit zunehmender Mobilität und Flexibilität insgesamt als zunehmend wahrgenommen fehlen-
den Verbindungen zwischen den Generationen sollten mit der Schaffung der
Mehrgenerationenhäuser mitinstalliert werden. Mehrgenerationenhäuser wenden
sich mit ihren Angeboten vor allem an diejenigen, die noch nicht oder nicht
mehr an Erwerbsarbeit teilhaben: junge oder ältere Menschen und dadurch er-
leichtern sie denjenigen im erwerbsfähigen Alter, Teilhabemöglichkeit an der
Erwerbsarbeit, da sie tagsüber mit den Öffnungszeiten des Mehrgenerationen-
hauses privat-reproduktive Verpflichtungen abgeben können. Nach Olk erscheint als Besonderheit des aktivierenden bzw. Sozialinvestitionsstaates die

Inklusion der Bürgerinnen und Bürger in Märkte, bzw. Arbeitsmärkte. Auch hier wird der Mensch als lebenslang Lernender definiert, nun aber im Interesse einer nationalen Gesellschaft sowie deren Position im globalen Standortwettbewerb (vgl. ebd. 2009: 26).

Zusammenfassen lässt sich, dass die Aktivierung das Alter nicht nur längst erreicht hat, vielmehr hat sie sich mit dem Konzept der Mehrgenerationenhäuser zugleich institutionalisiert. Die Alten sind gefragt als Anbieter von Dienstleistungen und die älteren Alten oder nicht mehr gesunden Alten gehören zu den Adressaten aller Anbietenden. Mit postwohlfahrtsstaatlicher Weiterverpflichtung bzw. Wiederverpflichtung Älterer, wie Mehrgenerationenhäuser es bisher beabsichtigen, bleibt individuell und gesellschaftlich jedoch im Verborgenen, welches Leben im Alter das Richtige sein könnte. Vor dem Hintergrund des demographischen Wandels und seiner Auswirkungen auf junge und alte Menschen und ihre Verhältnismäßigkeit in den Anteilen zueinander mit weitreichenden Folgen für ihr tägliches Erleben und Leben in der Gesellschaft fordert Soziale Arbeit heraus, mehr denn je Angebote und Konzepte für alle Generationen zu fördern und zu erarbeiten. Mit Blick auf neue, in der Praxis entstandene soziale Organisationen, wie z. B. Mehrgenerationenhäuser drängt die Notwendigkeit, theoretischer über generationsübergreifendes Arbeiten nachzudenken und den Begriff „Aktivierung" kritisch zu gebrauchen, denn es könnten sich Einsparpotenziale in ihm verstecken.

Aktivierung des Alterns findet also mindestens auf vier Ebenen statt und verstärkt sich wechselseitig bis zur Formel der potenzierten Aktivierung, die in Aktionismus einmünden kann und offen lässt, welche Wünsche, Bedürfnisse oder Nöte ein Mensch im Übergang von jahrzehntelanger, täglicher Erwerbsarbeit in die Freiheit und Unabhängigkeit erwerbsloser Tage in sich trägt und wie er sich im Alter gerne verwirklichen würde.

2   Weder Aktivierung noch Aktionismus – Soziale Altenarbeit durch alle Ebenen Sozialer Arbeit

Ältere Menschen werden unbedingt gebraucht, um dazu beizutragen, wie sie sich ihr im Alter im sozialen Nahraum vorstellen. Sie gehören aktiv eingebunden, wenn es darum geht, eine altengerechten Lebensraum zu gestalten, der es ihnen ermöglicht, bis in die Hochaltrigkeit dort selbstständig, selbstbestimmt und unabhängig zu leben, wo sie möchten. Gleichzeitig braucht man Verantwortliche, die auf ihre älter werdenden Bürger/innen setzen und sie aktiv in ihre Planungen einbeziehen. Als weitere Partner/innen werden Fachleute gebraucht, die fachliches Wissen über Fragen des Alterns und der Gestaltungsmöglichkei-

ten des Lebens im Alter einbringen und Planungen und Ideen gemeinsam verwirklichen, die für den Lebensraum als Entwicklung zu einem altengerechten
bzw. menschengerechten Lebensraum notwendig werden (vgl. Klie 2002). Mindestens alle vier Ebenen, persönlich, politisch, professionell und theoretisch sind
gefragt, wenn es darum geht, erfolgreiche Alternsprozesse im demographischen
Wandel zu ermöglichen.

Damit Aktivierung jedoch nicht in sinnlosem Aktionismus einmündet und
sich als nachteilig für älter werdende Menschen auswirkt, stellt sich für Soziale
Arbeit die Herausforderung, ihre Aufgabenzuschreibung und damit verbunden
ihre politische Legitimation auf der Basis neuer sozialstaatlicher Bedingungen
zu bestimmen und entsprechend zu positionieren. Mit Kessl und Otto sei betont,
dass in veränderten wohlfahrtsstaatlichen Arrangements Soziale Arbeit Auseinandersetzungen, inhaltlich wie politisch, darum führen muss, welche Programme
kollektiver Sicherung alltäglicher Lebensführung sind. Diese Auseinandersetzung, die auch eine entsprechende Teilhabe für potenziell alle Gesellschaftsmitglieder beinhaltet, hat jedoch eben erst begonnen (vgl. ebd. 2009: 19).

Der demographische Wandel zwingt zunehmend zu(m) (neuem) Hinsehen,
nicht zuletzt da Soziale Arbeit ebenfalls durch alle Ebenen altert: Ein Großteil
der Beschäftigten ist in Arbeitsfeldern tätig, für die Erkenntnisse über Alternsprozesse relevant sind, da ein Großteil der Arbeits- und Handlungsfelder
eine Überzahl älterer Beschäftigter aufweist. Bereits 1996 schätzte Klie den An-
teil Professioneller auf 40 %, die mit älteren Menschen arbeiten. Diese Schät-
zung berücksichtigt, dass der demographische Wandel ebenso in der Behinder-
tenhilfe, der Obdachlosenarbeit, der Suchtkrankenhilfe, der Arbeit mit Suizidge-
fährdeten und Migrant/in etc. stattfindet (vgl. Klie, zit. nach Karl 2010). Die
Familienhilfe ist mit veränderten Konstellationen konfrontiert, Bohnenstangen-
familien machen es möglich, dass sogar auf Urgroßeltern als unterstützende
Faktoren im Familiensystem zurückgegriffen werden kann. Die Arbeit mit Frei-
willigen ist zu einem beträchtlichen Teil eine Arbeit mit älteren Menschen
und/oder intergenerative Arbeit (vgl. Aner/Karl 2008). Mit diesen Erkenntnissen
stellen sich für Soziale Arbeit mehrere Fragen, z. B. wie bereits während des
Studiums Männer und Frauen neugierig werden könnten, lebenslaufbezogen mit
allen Lebensaltern und vor allem auch mit Älteren arbeiten zu wollen; welche
Kompetenzen für eine lebensalterbezogene bzw. -übergreifende Soziale Arbeit
notwendig sind und welches Inhalte, Theorien und Angebote sein könnten, die
ältere Menschen erreichen und ihr Interesse wecken sowie was Soziale Arbeit
bieten sollte, um Lebensgestaltung und -bewältigung im Alter zu stärken und zu
unterstützen. Es geht nicht nur um die Frage, was den Professionell Handelnden
ausmachen könnte, der sich vor allem mit der Lebenswelt Älterer in seinem beruflichen Alltagshandeln beschäftigen will, vielmehr dreht es sich um die Ge-

winnung von Studierenden für das Handlungsfeld und die Frage danach, was diese Person mitbringen muss, damit sie Ältere für sich gewinnen kann. Darüber hinaus geht es nach wie vor um das Entdecken, was denn aus sozialpädagogischer Sicht bedeutend sein könnte, um die Lebensphase Alter und die Aufgaben, die im Alternsprozess für Ältere auftauchen, sinnvoll und professionell begleiten zu können. Insgesamt sind bereits mehrere Ebenen angesprochen, die als umgekehrtes Generationenverhältnis (vgl. Meyer 2009b) bezeichnete professionelle Verbindung von jüngeren zu älteren Menschen, die Besonderheiten der Lebensphase Alter sowie das Wissen und Können der professionell Handelnden, die sich für die Arbeit mit Älteren entscheiden und die möglichst im Studium bereits die Möglichkeit erhalten, sich mit den Besonderheiten im Alternsprozess vertraut zu machen und daraufhin neugierig werden. Kein professionell Tätiger in der Sozialen Arbeit wird zukünftig nur noch mit einem Lebensalter arbeiten, sondern entweder von vornherein mehrere Lebensalter vor sich sehen bzw. langsam in höhere Lebensalter hineinwachsen, unabhängig davon, in welcher sozialen Einrichtung sie sich befinden und Dienstleistungen anbieten.

Soziale Arbeit sollte zuständig werden, eine flexible und tragfähige Infrastruktur an Einrichtungen und Diensten für ältere Menschen sicherzustellen, ältere Frauen und Männer dazu bewegen, ihre Bedürfnisse zu äußern und einzufordern, für ein verbreitertes fachliches Wissen über Fragen des Alterns, der Vorsorge und der Gestaltungsmöglichkeiten des Lebens im Alter und dies zeitbewusst, sozialräumlich und bezüglich sozialer Beziehungen und sozialer Eingebundenheit. Soziale Arbeit sollte sich ihrer Rolle als umfangreich öffentlich zu erbringende Dienstleistung im Sinne einer Gerechtigkeitsprofession bewusst sein und dafür kämpfen, dass den Adressat/innen nicht nur das sozialpädagogisch Nötige, sondern auch „das sozialpädagogisch Mögliche" als möglichst umfassende und weitreichende Gewährleistung von Verwirklichungschancen eröffnet wird (Heite 2009: 115) und zwar jenseits defizitärer Altersbilder und daraus folgend jenseits sämtlicher Aktivierungsideen, die zu hinterfragen sind und evtl. nichts mit den Besonderheiten zu tun haben, die der Alternsprozess bzw. die Lebensphase Alter hervorbringt.

Literatur

Aner, K. (2010): Soziale Beratung und Alter. Irritationen, Lösungen, Professionalität. Budrich: Opladen.

Aner, K./Karl, U. (Hrsg.) (2008): Lebensalter und Soziale Arbeit. Ältere und alte Menschen. Band 6. Baltmannsweiler: Schneider-Hohengehren.

Blaumeister, H./Blunk, A./Klie, Th./Wappelshammer, E. (2002): Handbuch kommunale Altenplanung. Grundlagen – Prinzipien – Methoden. Frankfurt/Main: Eigenverlag des Deutschen Vereins für öffentliche und private Fürsorge.

Bundesministerium für Familie, Senioren, Frauen und Jugend (BMFSFJ) (2011): Zukunfts-
programm Mehrgenerationenhäuser. http://www.mehrgenerationenhaeuser.de/ core-
media/mgh/de/_downloads/MGH_20Brosch_C3_BCre_202011,property=File.pdf; Zugriff: 30.06.2011.

Bundesministerium für Familie, Senioren, Frauen und Jugend (2007): Starke Leistung für
jedes Alter. Das Aktionsprogramm Mehrgenerationenhäuser. http://www.
mehrgenerationenhaeuser.de/coremedia/mgh/de/_downloads/Konzept_
Aktionsprogramm_MGH.pdf.property=File.pdf; Zugriff: 30.06.2011).

BMFSFJ (2005): Fünfter Bericht zur Lage der Älteren Generation in der Bundesrepublik
Deutschland. Potenziale des Alters in Wirtschaft und Gesellschaft – der Beitrag älterer
Menschen zum Zusammenhalt der Generationen. Berlin.

Böhnisch, L. (2005): Lebensbewältigung und Beratung von Männern im Alter. In: Schweppe,
C. (Hrsg.) (2005): Lebensalter und Soziale Arbeit. Theoretische Zusammenhänge, Auf-
gaben- und Arbeitsfelder. Baltmannsweiler: Schneider-Hohengehren, 77-86.

Cumming, E./Henry, W.E. (1961): Growing Old. The process of disengagement. New York:
Basic Books.

Hanses, A./Homfeldt, H.G. (2009): Biografisierung der Lebensalter in Zeiten eines sich trans-
formierenden Wohlfahrtsstaates. Herausforderung und Optionen für die Soziale Arbeit.
In: Kessl, F./Otto, H.-U. (2009): Soziale Arbeit ohne Wohlfahrtsstaat? Zeitdiagnosen,
Problematisierungen und Perspektiven. Weinheim und München: Juventa, 149-165.

Havighurst, R.J./Albrecht, R. (1953): Older people. New York: Longmanns Green.

Heite, C. (2009): Zur Vergeschlechtlichung Sozialer Arbeit im post-wohlfahrsstaatlichen
Kontext. Kontinuitäten, Aktualisierungen und Transformationen. In: Kessl, F./Otto,
H.-U. (2009): Soziale Arbeit ohne Wohlfahrtsstaat? Zeitdiagnosen, Problematisierungen
und Perspektiven. Weinheim und München: Juventa, 101-133.

Kessl, F./Otto, H.-U. (2009): Soziale Arbeit ohne Wohlfahrtsstaat? Zeitdiagnosen, Problematisierungen und Perspektiven. Weinheim und München: Juventa, 7-21.

Klie, Th. et al. (2002): Handbuch kommunale Altenplanung. Grundlagen – Prinzipien – Methoden. Frankfurt/Main: Deutscher Verein für öffentliche und private Fürsorge.

Lessenich, St./van Dyck, S. (Hrsg.) (2009): Die jungen Alten. Analysen einer neuen Sozialfi-
gur. Frankfurt/Main : Campus Verlag.

Lessenich, St./Otto, U. (2005): Zwischen „verdientem Ruhestand" und „Alterskraftunterneh-
mer": Das Alter in der Aktivgesellschaft – eine Skizze und offene Fragen zur Gestalt eines „Programms" und seinen Widersprüchen. In: Otto, U. (2005) (Hrsg.): Partizipation
und Inklusion im Alter – aktuelle Herausforderungen. Jena: IKS Geramond, 5-18.

Meyer, C. (2011): Sozialpädagogik entdeckt das Alter(n) doch – Zufällig, biographisch, ge-
bietserweiternd, reaktionsfordernd oder interessiert. In: Zeitschrift für Sozialpädagogik.
Heft 2/2011. Weinheim und München: Juventa, 165-183.

Meyer, C. (2009): „Freunde sind Fremde, die sich finden" – Soziale Arbeit und ihr Beitrag
zur Herstellung von Liebe und Freundschaft im Generationenverhältnis. In: Meyer,
C./Tetzer, M./Rensch, K. (2009): Liebe und Freundschaft in der Sozialpädagogik. Personale Dimension professionellen Handelns. Wiesbaden: VS Verlag, 53-74.

Meyer, C. (2008a): Mit der Zeit kommt das Alter(n) in die Soziale Arbeit – Demographischer
Wandel und die Auswirkungen auf Soziale Arbeit. In: neue praxis, Heft 3/2008, 268-286.

Meyer, C. (2008b): Altern und Zeit. Der Einfluss des demographischen Wandels auf individuelle und gesellschaftliche Zeitstrukturen. Wiesbaden: VS-Verlag.

Oelkers, N. (2009): Die Umverteilung von Verantwortung zwischen Staat und Eltern. Konturen post-wohlfahrtsstaatlicher Transformation eines sozialpädagogischen Feldes. In: Kessl, F./Otto, H.-U. (2009): Soziale Arbeit ohne Wohlfahrtsstaat? Zeitdiagnosen, Problematisierungen und Perspektiven. Weinheim und München: Juventa, 71-87.

Olk, Th. (2009): Transformationen im deutschen Sozialstaatsmodell. Der ,Sozialinvestitionsstaat' und seine Auswirkungen auf die Soziale Arbeit. In: Kessl, F./Otto, H.-U. (2009): Soziale Arbeit ohne Wohlfahrtsstaat? Zeitdiagnosen, Problematisierungen und Perspektiven. Weinheim und München: Juventa, 23-35.

Winkler, M. (2005): Sozialpädagogik im Ausgang der Freiheit. Versuch einer Annäherung an üblicherweise nicht gestellte Fragen. In: Schweppe, C. (Hrsg.) (2005): Lebensalter und Soziale Arbeit. Theoretische Zusammenhänge, Aufgaben- und Arbeitsfelder. Baltmannsweiler: Schneider-Hohengehren, 6-31.

Wolf, J. (2008): Theorien des Alterns. Sozialgerontologie. Materialien zur Vorlesung WS 2088/2009. In: http: www.jurgenwolf.de/docs/MS01_04-05.pdf, Zugriff am 14.07.2011.

Responsibilisierung oder Verantwortungsaktivierung in der Sozialen Arbeit

Nina Oelkers

Die Verhältnisse von Markt, Staat und Individuum haben sich in den letzten Jahren verändert. Der Staat übernimmt im Kontext dieser Verhältnisbestimmung eine doppelte Verantwortung „für die Regulierung des Ökonomischen in sozialer sowie des Sozialen in ökonomischer Absicht" (Lessenich 2008: 62 in Anlehnung an Vobruba 1983). Das Soziale[1] oder die soziale Verantwortung des Staates zeigt sich dabei in der Gründung, Finanzierung und Steuerung von Dienstleistungssystemen. ‚Leistungen' sind dann in einem umfassenden Sinne zu verstehen und reichen von materieller Unterstützung bis zu Erziehung, Betreuung und Beratung (vgl. auch Oelkers 2007, 2011). Sozialpolitik kann aus dieser Perspektive als Intervention in die Lebensverhältnisse natürlicher Personen verstanden werden, die in wesentlichen Teilen als öffentlich organisierte personenbezogene Dienstleistungsarbeit im Kontext von Sozialer Arbeit stattfindet. Das Soziale hat im Kontext einer sozialpolitischen Neujustierung sein Gesicht gewandelt und Fragen zur Balance von Rechten und Pflichten zwischen den Akteuren aufgeworfen. ‚Verantwortung' ist dabei zu einer zentralen Kategorie und einem politischen Leitbegriff geworden: Im Kontext einer wohlfahrtsstaatlichen Transformation, innerhalb derer aktive Leistungen zunehmend zurück genommen werden, gewinnen Strategien der Aktivierung sowie der Übertragung von Verantwortung (Responsibilisierung) gegenüber rechtlich verbrieften Leistungen an Bedeutung und führen zu Konditionalisierung eben dieser Leistungen. Unter dem Label „aktivierender Staat" geht es um eine Staatsmodernisierung, die eine starre Abgrenzung zwischen privatem und staatlichen Sektor aufweicht und die Verantwortungsteilung in Staat und Gesellschaft umgestaltet (vgl. Lamping et al. 2002: 28). Der Staat übernimmt zwar weiterhin die Rahmen- und Gewährleistungsverantwortung und sorgt für die Erbringung öffentlicher Aufgaben, erfüllt sie jedoch nicht mehr unbedingt selbst und ist somit auf die Selbsttätigkeit der Bürger/innen angewiesen. Für die Erreichung des Ziels der Verantwortungsübertragung auf die Bürger/innen scheint es besonders effektiv zu sein, verschiedene dezentrale Funktionsbereiche (beispielsweise Soziale Arbeit) mit der

---

1 „Das Soziale" kann als „politische Positivität" gefasst werden (vgl. Ewald 1991). Kennzeichen ist die Etablierung einer *bürokratisch-administrativ organisierten Form risikominimierender sozialer Solidarität*, die begrifflich und strategisch über das Moment der *individuellen Verantwortung* gestellt wird und sich mehr oder weniger gleichberechtigt gegenüber der Ökonomie artikuliert (vgl. Deleuze 1979).

Aktivierung und Regulierung von Verantwortung zu beauftragen und diesen gleichzeitig Freiräume bei der Verwirklichung und Durchsetzung des Ziels ‚Verantwortungsaktivierung' zu gewähren (vgl. Lamping et al. 2002: 28 ff.). Dies bedeutet, dass sich die öffentliche Verantwortung darauf richtet, die Rahmenbedingungen für die Erbringung von Leistungen und die Erfüllung von Aufgaben im privaten Kontext zu gewährleisten. Das sozialpolitische Ziel lautet Aktivierung von privater bzw. zivilgesellschaftlicher Verantwortung. Die jeweilige Dichte und Tiefe öffentlicher Leistungen (der Grad der Unterstützung) wird zunehmend von der Bereitschaft des Einzelnen zur Verantwortungsübernahme abhängig gemacht. Verantwortungsübernahme wird zur Kondition und zur Legitimation von Leistungen – Responsibilisierung (oder Verantwortungsübertragung) wird zur Strategie um moralisch verantwortliche Subjekte zu erzeugen. In nahezu allen sozialpolitischen Bereichen finden sich Prozesse der ‚Verantwortlichung' oder ‚Responsiblisierung'.[2] Die Bürger/innen sollen ihr Leben in einer verantwortlichen und vor allem rechenschaftspflichtigen – d. h. auch risikominimierenden und kostenreduzierenden – Weise gestalten. Die Fähigkeit der Subjekte zur verantwortlichen, (ethisch) rationalen Lebensführung wird dabei vorausgesetzt (vgl. Kessl/Otto 2002). Der Erfolg oder Misserfolg dieser Lebensführung erscheint dann als ein den Individuen selbst zurechenbarer Ausdruck von (mangelnder) Selbstbeherrschung und ‚Autonomiefähigkeit'.

Zusammengenommen steht am „Nachmittag des Wohlfahrtsstaats[3]" (Vogel 2004) die Idealbürger/in als Aktivist/in einer „selbstbestimmten" und (deshalb) „sozial verantwortlichen" Lebensführung im diskursiven Mittelpunkt. Das Gegenstück bilden dabei Vertreter/innen der „wohlfahrtsabhängigen", verstärkt zu

---

2 Die Responsibilisierungsstrategien zeigen sich in unterschiedlichsten Kontexten und Handlungsfeldern von denen hier nur einige beispielhaft aufgezählt werden: Im Bereich der Gesundheits- „Biopolitik" geht es beispielsweise um genetische Verantwortung (Pränataldiagnostik, Vorsorgeuntersuchungen, risikokompetentes Gesundheitsverhalten etc.) (vgl. Lemke 2004); in der Familien- und Jugendhilfepolitik ist beispielsweise Elternverantwortung zu einer zentralen Kategorie geworden (vgl. Oelkers 2007, 2009, 2011); innerhalb der Rentendebatte wurde die Verantwortung für die Alterssicherung jenseits der gesetzlichen Rentenversicherung politisch forciert (vgl. Nullmeier 2004, 2005, 2007); in der Ausrichtung der Arbeitsmarktpolitik, hier insbesondere innerhalb der Aktivierungsprogrammatik des ‚Förderns und Forderns' geht es die eigenverantwortliche Mitwirkung an der Arbeitsmarktintegration (vgl. Dahme/Wohlfahrt 2002, 2003, 2007; Lessenich 2008) und insgesamt um eine eigenverantwortliche Lebensführung (vgl. z. B. Lemke 1997; Kessl/Otto 2002; Heidbrink 2006, Dollinger 2006; Kessl/Reutlinger/Ziegler 2007).

3 „Der hohe Mittag des (vor)sorgenden und auf unmittelbare gesellschaftliche Intervention orientierten Wohlfahrtsstaats ist überschritten, aber der Abend noch nicht erreicht. Am Nachmittag gibt es weder Euphorie noch Tragödie, weder Neubeginn noch endgültigen Verlust" (Vogel 2004: 11).

kontrollierenden „neuen Unterschicht" (vgl. Kessl/Reutlinger/Ziegler 2007). Die Zeiten in denen kollektive Solidarität über individuelle Verantwortung gestellt wird, scheinen vorüber zu sein, wenn Problemlagen entkollektiviert und (re-) privatisiert werden. Die im Herrschaftsraum „des Sozialen" kollektivierten Probleme werden zunehmend (wieder) als individuelle Risiken betrachtet, mit denen die selbstverantwortliche Bürger/in verantwortungsvoll umzugehen hat. Gesellschaftliche Spaltungen und lebenslaufbezogene Risiken gilt es durch Eigenvorsorge zu kompensieren.

1 Verantwortung und Verantwortlichkeit

Die Art und Weise wie Bürger/innen, auch im Kontext Sozialer Arbeit, adressiert werden, steht in einem engen Zusammenhang mit den moralischen Grundkategorien „Verantwortung" (responsibility) und „Verantwortlichkeit" (accountability) (zum Verantwortungsbegriff vgl. Günther 2006; Heidbrink 2003, 2006; Kaufmann 1992, 2006; Maaser 2006a/b; Roemer 1998, Weyers 2006). Dem Konzept „Verantwortung" liegt folgende Relation zugrunde: Jemand (Verantwortungssubjekt) ist verantwortlich für etwas (Verantwortungsobjekt) vor jemandem (Verantwortungsinstanz). Damit erweist sich „[d]er Begriff ‚Verantwortung' [...] als eine mindestens dreistellige Relation, die Verantwortungssubjekt, Verantwortungsbereich und Verantwortungsinstanz verknüpft" (Zimmerli 1993: 105). Verantwortung beinhaltet folglich die Zuschreibung der Pflicht des Verantwortlichen gegenüber dem Verantwortungsobjekt aufgrund eines normativen Anspruchs, der durch eine Instanz eingefordert werden kann und vor dieser zu rechtfertigen ist: „Verantwortlich sind Personen (Institutionen), gegenüber einem Adressaten bzw. Betroffenen, für das eigene Handeln (und Unterlassen) oder für übernommene Aufgaben, vor einer Instanz, die Rechenschaft fordert (Personen, Gericht, Gewissen, Gott ...), in Bezug auf bestimmte Kriterien, im Rahmen eines Handlungsbereichs" (Weyers 2006: 219). Die Voraussetzung für die Zuschreibung von Verantwortung ist eine gewisse Handlungsfreiheit und die Möglichkeit der Beeinflussung von Handlungsergebnissen. Bei der Frage nach den Träger/innen der Verantwortung geraten einzelne Personen (private/ persönliche Verantwortung), Personengruppen (öffentliche/kollektive Verantwortung) oder ‚die Gesellschaft' (soziale Verantwortung) in den Blick. Die Begründungen für die Verantwortung gegenüber dem Verantwortungsobjekt (z. B. sich selbst, anderen oder der Umwelt gegenüber) speist sich aus Normen, die rechtlich kodifiziert oder moralisch-ethisch begründet sind. Verantwortung kann sich dabei auf die Verursachung (Kausalverantwortung), die gestellten Aufgaben (z. B. als Rollenverantwortung), die Erfüllbarkeit (z. B. die Frage nach den Fähigkeiten) oder auf die rechtlich relevante Haftbarkeit (Haftungsverantwortung) beziehen.

Während mit dem Begriff der *Verantwortung* die Handlung einer Person moralisch zugerechnet wird – was sich auch als die notwendige Kehrseite von Handlungsautonomie verstehen lässt (vgl. Baumann 2000) – verweist der Begriff der *Verantwortlichkeit* darauf, in welchem Maße eine Person für die verantwortete Handlung zur Rechenschaft gezogen werden kann und soll. Mit Hilfe dieser Unterscheidung ist es möglich, gewisse moralische Standards hinsichtlich der moralischen Verantwortung der Person aufrechtzuerhalten, sie zugleich aber nicht über Gebühr für sämtliche Handlungen zur Rechenschaft zu ziehen. In welcher Hinsicht und in welchem Maße Personen für ihre Handlungen zur Rechenschaft zu ziehen sind, ist durch die jeweils gültigen gesellschaftlichen Normen bestimmt, die ihrerseits Gegenstand sozio-politischer Auseinandersetzungen sind (vgl. Roemer 1998: 18).

Es wird also nicht immer ohne weiteres klar, welche Form von Verantwortung gemeint ist: Eine moralische oder eine rechenschaftspflichtige. Ein Rückgriff auf entsprechende englische Begriffe bietet eine Differenzierungsmöglichkeit: „Verantwortung im ethischen Sinn bezieht sich auf moralische Verantwortlichkeit des Individuums, das als entscheidungsfähige Person für die Folgen seines Handelns einsteht (responsibility). Aus juristischer Sicht ist Verantwortung primär ein Problem der Haftung, die aus der Schuldigkeit eines Akteurs für begangene Handlungen resultiert (liability). In soziologischer Hinsicht besteht Verantwortung darin, aufgetragene Aufgaben zu übernehmen oder sich freiwillig zu erforderlichen Handlungen zu verpflichten (accountability)" (Heidbrink 2006: 27 nach Kaufmann 1992).

2 Verantwortung als sozialpolitische Leitkategorie und gesellschaftliches Konstrukt

In der Organisation des Sozialen war und ist das Ineinandergreifen von öffentlicher, kollektiver und persönlich-individueller Verantwortung zentral. Nur die Relationierung der ‚Verantwortungssubjekte' hat sich im sozialpolitischen Kontext verändert. Verantwortung ist dabei kein ‚neues' Konzept, erfährt aber als moralische und (sozial)politische Leitkategorie seit einigen Jahren eine besondere Beachtung (vgl. Heidbrink 2003: 57 ff.). Nullmeier betont, das Verantwortung als Eigenverantwortung „ein seit langem in sozialpolitischen Zusammenhängen eingeführtes Wort" ist, das jedoch einen Wiederaufstieg in den letzten Jahren erlebt hat (Nullmeier 2007: 11). Dieser (Wieder)Aufstieg ist als sozialpolitisch eingebettet zu betrachten: „Die letzten Jahre sind nicht nur von zahlreichen sozialpolitischen Reformen gekennzeichnet, sondern auch von einer neuen politischen Sprache, von einer neuen sozialpolitischen Rhetorik [...]. An erster

Stelle wäre hier sicherlich der Aufstieg des Wortes „Eigenverantwortung" zu nennen. An Eigenverantwortung wird sehr häufig appelliert, Eigenverantwortung wird von Bürgern und Bürgerinnen eingefordert" (Nullmeier 2007: 9). Diese Karriere des Konzeptes Verantwortung im sozialpolitischen Kontext lässt sich auch als Weg in die Verantwortungsgesellschaft bezeichnen (vgl. Heidbrink 2003, 2006). Heidbrink benennt drei Aspekte von Verantwortung in der sogenannten „Verantwortungsgesellschaft": „Die Selbstverantwortung, die in der selbstständigen Begründung von Handlungsregeln und der Einsicht in bestehende Handlungspflichten besteht; der Eigenverantwortung, die durch die eigenständige Erfüllung von Handlungszielen und eine autonome Lebensführung gekennzeichnet ist; der Mitverantwortung, die sich durch die Partizipation am Gemeinwesen und dem Engagement für das Gemeinwohl auszeichnet" (Heidbrink 2006: 21). Die sozialpolitische Forcierung von Verantwortung als aktive persönliche Eigenverantwortung und normative individuelle Selbstverantwortung begründet sich dabei darin, dass die Bürger/innen dazu gebracht werden sollen, sich um ihre persönlichen Belange und sozialen Aufgaben selbst zu kümmern. „Der Verantwortungsbegriff dient dem Zweck, die Gesellschaftsmitglieder zu aktivem und engagiertem Verhalten zu bewegen und sie notfalls – falls dies nicht geschieht – für ihr sozialschädliches Handeln mit entsprechenden Sanktionen zur Rechenschaft zu ziehen" (Heidbrink 2006: 26). Insbesondere der Begriff der Eigenverantwortung wird dabei in der sozialpolitischen Rhetorik regelmäßig genutzt, um Leistungskürzungen zu legitimieren (vgl. Kaufmann 2006: 53).

Die Gründe für die Konjunktur des Verantwortungsbegriffs gehen allerdings über die semantische Beliebtheit im Kontext sozialpolitischer Programmatiken hinaus. Kersting sieht einen direkten Zusammenhang mit der „Komplexitätssteigerung der modernen Welt" (Kersting 2003: 10, Heidbrink 2003). „Je mehr die Menschen einsehen müssen, daß [sic!] Gesamtgesellschaft und natürliche Umwelt sich linearer Beherrschbarkeit entziehen, je mehr sie spüren, daß [sic!] die Diskrepanz zwischen Handlungsmacht und Systemmacht stetig wächst, desto entschlossener sind sie, Verantwortlichkeit zu fordern, Verantwortlichkeit zuzuschreiben" (Kersting 2003: 10). Damit ist diese Konjunktur eher als „Symptom der normativen Ratlosigkeit hochkomplexer Gesellschaften" und als „Kompensationsphänomen" zu betrachten (Heidbrink 2003). Dieser kompensatorische Verantwortungsbegriff verlässt als „normativer Ersatzbegriff" (Heidbrink 2003: 35) den Raum der Handlungskausalität und Handlungsintentionalität, wird zur gesellschaftlichen Konstruktion und damit ausufernd und maßlos (vgl. Kersting 2003: 11). Wenn die Zurechenbarkeit von Handlungsfolgen (oder Unterlassungsfolgen) in komplexen Handlungskontexten schwindet, weil die für Zurechnungsfragen relevanten Kategorien „Willentlichkeit, Kausalität und Freiheit" (Heidbrink 2003: 34) nicht mehr ausreichen, expandieren die normativen (moralische oder rechtliche) Zuschreibungen und Zuweisungen von Verantwortung. Verantwortung als Kategorie wird erweitert, da die „Zuständigkeiten und Verpflichtungen auch noch dort aufrechterhalten werden sollen, wo es keine personalen Akteure und kausalen Handlungsfolgen gibt" (ebd.: 35). Absichten und Konsequenzen fallen auseinander.

3   Verantwortungszuweisung und Verantwortungsübernahme

Wie oben bereits angedeutet, werden für die Übertragung und Einforderung von Verantwortung die Handlungsfreiheit und die Möglichkeit der Beeinflussung von Handlungsergebnissen sowie insgesamt die Fähigkeit zur (ethisch) rationalen Lebensführung vorausgesetzt. Bezugspunkt ist die moralische Verantwortlichkeit des Individuums, das als entscheidungsfähige Person nicht nur für die klassisch zurechenbaren Folgen seines Handelns einsteht. Man kann jemandem zur Verantwortung ziehen, wenn er das Handlungsergebnis (durch Handlung oder Unterlassung) verursacht hat. Der oder die Betreffende gilt als zurechnungsfähig, wenn er oder sie handlungsfähig ist, also nicht aufgrund individueller Bedingungen eingeschränkt ist. Wenn die Voraussetzungen einer gewissen Willentlichkeit, Handlungsfreiheit und -fähigkeit nicht gegeben sind, wie beispielsweise bei Kinder (z. T. auch Jugendliche), geistig Behinderten und psychisch Kranken oder situativ unzurechnungsfähigen Personen, stößt diese Zurechnungsfähigkeit an Grenzen. Der Argumentation Heidbrinks folgend, ist es allerdings fraglich, ob die Kriterien der Zurechnungsfähigkeit überhaupt noch eine Relevanz besitzen oder sich die Zuweisung von Verantwortung nicht von Zurechnungsfragen losgelöst hat.

Ausgehend von der sozialpolitisch forcierten Idealbürger/in, die Aktivist/in einer selbstbestimmten und (deshalb) sozial verantwortlichen Lebensführung ist, geraten weitere Facetten von Verantwortung in den Blick. Im Kontext einer aktiven Bürgergesellschaft oder Zivilgesellschaft tritt die (kollektive) Mitverantwortung zu Selbst- und Eigenverantwortung hinzu: „Das Projekt der Zivilgesellschaft [...] beruht auf mindestens drei Pfeilern der Verantwortung: [1] Der Selbstverantwortung, die in der selbständigen Begründung von Handlungsregeln und der Einsicht in bestehende Handlungspflichten besteht; [2] der Eigenverantwortung, die durch die eigenständige Erfüllung von Handlungszielen und eine autonome Lebensführung gekennzeichnet ist; [3] der Mitverantwortung, die sich durch die Partizipation am Gemeinwesen und dem Engagement für das Gemeinwohl auszeichnet" (Heidbrink 2006: 21). Wie im Rahmen von Institutionen geht es hier um eine gemeinschaftlich zu tragende Mitverantwortung für

Kollektivhandlungen.[4] Der Begriff der Verantwortung lässt sich auch für soziale Fragen öffnen, also auch für Zustände, die nicht kausal einzelnen Personen zurechenbar sind. Gosepath unterscheidet hier zwischen primärer und sekundärer moralischer Verantwortung: Wenn sich die Verantwortung unmittelbar aus dem eigenen Handeln und den individuellen Aufgaben herleitet ist diese primär. Eine allgemeine sekundäre Verantwortung ergibt sich daraus, dass jemand in der Lage ist, Ungerechtigkeiten zu beseitigen oder zu mindern, unabhängig davon, ob er/sie an deren Bestehen oder Zustande kommen unmittelbar beteiligt ist (vgl. Gospath 2006: 393).

Verantwortung ist in den Zusammenhängen gefragt, in denen herkömmliche „Mittel der Definition und Kontrolle von Pflichten" versagen. Sie „appelliert an die Selbstverpflichtung des Verantwortungsträgers im Sinne einer nichtprogrammierbaren Handlungsbereitschaft" (Kaufmann 1992: 75). Verantwortungszuschreibung und Verantwortungsübernahme stellen einen Modus sozialer Steuerung in unüberschaubar komplexen Handlungszusammenhängen dar. „Verantwortung als in der Regel rollen- oder aufgabenbezogene Zuständigkeit für Entscheidungen (accountability) und ihr subjektives Korrelat Verantwortlichkeit (responsibility) werden dort eingesetzt, wo sich ‚richtige' oder ‚zweckmäßige' Verhaltensweisen nicht mehr in allgemeiner oder auch nur plausibler Form a priori festlegen lassen. Oder in der Sprache der Ethik: Wo nicht mehr klar ist, was Pflichten gebieten" (Kaufmann 2006: 54). Jemand „ist" nicht verantwortlich, sondern wird zur Verantwortung „gezogen", sodass der Zuschreibungsprozess als „Verantwortlichung" (Heidbrink 2003: 22) oder „Responsibilisierung" bezeichnet werden kann. Verantwortung wird zugeschrieben und eingefordert, ohne Rücksicht darauf, ob der Einzelne sich zu dieser Verantwortung bekennt oder nicht (vgl. Kaufmann 1992: 42). Zudem „dient die Verwendung des [Verantwortungs-]Begriffs vor allem dem Zweck, in zunehmend uneindeutigen Zusammenhängen Handelnde für ihr schädliches Tun zur Rechenschaft zu ziehen oder sie zu vorsorgendem und präventivem Verhalten zu bewegen" (Heidbrink 2003: 18; vgl. Goodin 1998).

---

4   Lenk unterteilt diese in (1) Verantwortung institutionellen Handelns im Sinne von Veranlassungs- oder Führungs- und Befehlsverantwortung; (2) Vorsorgeverantwortung als generelle Fürsorgehandlungsverantwortung und aktive Verhinderungsverantwortung (Präventivverantwortung); (3) negative Kausalhandlungsverantwortung im Sinne der Vermeidung von Unterlassungen sowie (4) positive Kausalhandlungs(ergebnis)verantwortung (vgl. Lenk 1993: 119).

4   Verantwortungsaktivierung als Aufgabe Sozialer Arbeit?

Die Karriere des Verantwortungskonzeptes ist in einen Aktivierungsdiskurs eingebettet, der Sozialpolitik, Sozialwissenschaften und Soziale Arbeit dominiert
(vgl. Dollinger/Raithel 2006; Kessl/Otto 2002, 2003; Maaser 2006a/b; Oelkers
2007, 2009a/b). Der Ruf nach Verantwortung dient der Aktivierung der Gesellschaftsmitglieder, die ihr Leben eigenverantwortlich führen sollen. Die Strategien dieser Verantwortungsaktivierung scheinen sich dabei dadurch auszuzeich-
nen, dass sie die „überkommenen rigiden Regelungsmechanismen durch die
Entwicklung von Selbstregulationsmechanismen" ersetzen (vgl. Lemke 1997:
256), so dass eine Reduzierung von Bevormundung und Kontrolle vermutet
werden kann. Die Zuweisung und Übertragung von Verantwortung verspricht
einen Zuwachs an Autonomie für diejenigen, die Verantwortung übernehmen,
denn es wird gehofft, dass sich so einseitige Abhängigkeiten von institutionellen
und hierarchischen Vorgaben auflösen. Stattdessen wird auf die Freiheit gehofft,
„die jeweiligen Systeme und Beziehungen selbst zu gestalten" (Buchinger 2001:
43). Doch im Kontext einer sozialpolitischen Neujustierung (oder neo-sozialen
Gouvernementalität vgl. Ziegler 2001, Kessl 2005) verweisen Selbstbestimmung, Verantwortung und Wahlfreiheit nicht auf die Begrenzung von Steuerung
und „Regierungshandeln". Ein Zuwachs an (zugeschriebener) Freiheit und Autonomie geht einher mit erhöhten Anforderungen an die eigene Leistung, denn
die „Förderung der Selbstbestimmung ist gebunden an die Forderung, einen bestimmten Gebrauch von ihr zu machen – die Verantwortung für gesellschaftliche
Risiken in ein Problem der Selbstsorge zu transformieren und in Eigenregie zu
managen" (Duttweiler 2004: 28). Die Privatisierung der Problembearbeitung bei
gleichzeitigem Abbau oder Umbau von öffentlichen Unterstützungsleistungen
verändert insbesondere auch die Verhältnisse im privaten Umfeld: „Überall erlebt man, wie erneut die persönliche Verantwortung des Einzelnen, seiner Familie und seines sozialen Umfeldes für das eigene Wohlergehen herausgestellt
wird, wie seine Pflicht betont wird, selbst aktiv Zukunftssicherung zu betreiben"
(Rose 2000: 72 f.).

Wenn es um eine Entkollektivierung und Privatisierung von Verantwortung
geht, werden die Anstrengungen, den Prozess der Verantwortungsübernahme zu
stimulieren, zum sozialpolitischen Kernelement. Soziale Arbeit gilt hier als wesentlicher „Implementationsakteur" (Maaser 2006b: 37) sozialstaatlicher Sozialpolitik und so wird die Aktivierungsidee zunehmend in die Konzepte Sozialer
Arbeit eingeschrieben. Sie erfährt im Kontext der Aufgabenzuweisung ‚Verantwortungsaktivierung' eine Aufwertung als „unterstützungskompetente Profession" (vgl. Dollinger 2006a: 8), da sie eben gerade jene aktivierenden Strategien
zur Hand hat, die der Förderung von Eigenverantwortung, sozialem Engage-

ment, Eigeninitiative und Selbstvorsorge dienen. Die Zuweisung der Aufgabe ‚Verantwortungsaktivierung' an die Soziale Arbeit ist allerdings eine problematische Angelegenheit. So gehören die Adressat/innen der Sozialen Arbeit eben nicht unbedingt zur der Gruppe der Aktivist/in einer selbstbestimmten und sozial verantwortlichen Lebensführung, sondern sind eher auf Unterstützung angewiesen und damit wohlfahrtsabhängig. Auch die Zurechenbarkeit von Handlungsfolgen gegenüber den Adressat/innen ist bei den sozialen Problemlagen, die oft Anlass für die Nachfrage nach Maßnahmen der Sozialen Arbeit sind, begrenzt.[5] Denn die Zuschreibung von Verantwortlichkeit drückt eben die Erwartung aus, dass der zu Responsibilisierende zum Handeln fähig ist, unterstellt also eine prinzipielle Handlungsfähigkeit, Handlungsmöglichkeit und Handlungsautonomie.[6] Die Zurechenbarkeit von Handlungsfolgen stößt allerdings an ihre Grenzen, wenn davon auszugehen ist, dass Menschen nicht aus beliebigen Handlungsalternativen auswählen können, sondern immer nur aus denen, zu denen sie tatsächlich Zugang haben. Die Ursachen Sozialer Probleme liegen oft in den sozialstrukturellen Rahmenbedingungen begründet, so dass die Handlungsmöglichkeiten der Individuen erheblich eingeschränkt sind (bspw. im Falle von Arbeitslosigkeit). Die Zuweisung individueller Verantwortung für strukturell bedingte Probleme ist eine geradezu zynische Programmatik. Werden diese Grenzen der Zurechnungsfähigkeit bei Prozessen der Responsibilisierung ignoriert bzw. Zurechnungsfragen bei der Zuweisung von Verantwortung gar nicht mehr gestellt, besteht die Gefahr, dass sich Verantwortung als „Aktivierungsmedium"

---

5   Die Problematik der Eigenverantwortung liegt darin zu bestimmen, was in komplexen Handlungskontexten noch eigenständig oder selbständig verantwortet werden kann. Wenn die Möglichkeiten eigenverantwortlichen Handelns von unzähligen gesellschaftlichen und vor allem ökonomischen Entwicklungen (beispielsweise von Finanz- und Arbeitsmärkten) abhängen, geht es weniger um Eigenverantwortung als um Fremdverantwortung: „Und es ist eine Fremdverantwortung, die nicht durch kollektiv politisches Handeln gesteuert werden kann. Vieles wird hier der Marktsituation überlassen und nicht der politischen Gestaltung. Angesichts dieses hohen Maßes an Fremdverantwortung über einen sehr langen Zeitraum ist es sicherlich eine Überforderung zu sagen: Sorge für dich selbst, übernehme eigenständig Verantwortung" (Nullmeier 2007: 11).

6   „Im Kontext einer politischen Aktivierung von Eigen-Verantwortung dient der Begriff der Autonomie dabei sowohl als Interpretationsmuster, als auch als eine (Selbst-) Führungs- und Herrschaftstechnik: Autonomie ist die euphemistische Benennung des Prozesses einer Individualisierung und Privatisierung der Verantwortung für das eigene Handeln und ökonomische wie kulturelle Dasein und die ‚Parole' mit der Personen als für ihr Leben selbst verantwortliche Subjekte angerufen werden. Sowohl der ‚Erfolg' als auch das ‚Scheitern' – privilegierte wie prekäre und marginalisierte Lebenslagen – dieser verantwortlichen Subjekte ist dann das verdiente Ergebnis individueller Entscheidungen und (fehl)praktizierter Eigenverantwortung" (Heite/Klein/Landhäußer/Ziegler 2008: 64).

(vgl. Heidbrink 2006: 29) zu einem Instrument der Anpassung, Überforderung und sozialen Spaltung wendet: „Jemanden bei seiner Verantwortung für etwas zu behaften, ohne ihn an entsprechenden Befähigungsprozessen teilhaben zu lassen, erzeugt jene eigentümliche Verantwortungsaktivierung, eine Mischung aus Ermächtigung und Disziplinierung, in der Selbstbestimmung als Grundlage von Verantwortungsübernahme ad absurdum geführt wird" (Maaser 2006a: 79). Ausgehend von der (falschen) Annahme, dass jeder und jede in seiner/ihrer Verantwortung aktiviert werden könne, werden auch jene bestraft, die nicht aktiv werden können, da sie gleichgesetzt werden mit denen, die nicht aktiv werden wollen (vgl. Lamping et al. 2002: 36). Aktivierung meint somit „die Zuschreibung von Verantwortung auch unter Bedingungen, unter denen wir nach üblicher Betrachtung gerade nicht in der Lage sind, wirklich Verantwortung zu übernehmen. Aktiviert ist nicht nur der, der tatsächlich ‚aktiv' und erfolgreich zu agieren versteht, sondern auch derjenige, der dabei scheitert, resigniert und sich dies nun zurechnen lassen muss" (Kocyba 2004: 20f).

Vor diesem Hintergrund muss Verantwortungsaktivierung als Aufgabenstellung von der Sozialen Arbeit zurückgewiesen werden, wenn die vermehrt zugestandene Autonomie und zugeschriebene Verantwortung nicht mit der Bereitstellung von Ressourcen einher geht, die als Voraussetzung für Verantwortlichkeit zu betrachten sind. Denn „[d]ie Ausbildung einer Verantwortungskultur erfordert institutionelle Voraussetzungen sowie eine hinreichende Verbreitung von kulturellem und ökonomischen Kapital. Erst dies bringt eine Infrastruktur der Verantwortungskultur mit entsprechend günstigen verantwortungsgenerierenden Dispositiven, Praktiken einer arbeitsteiligen Verantwortung und Bestimmung der Reichweiten, identifizierbaren Akteuren und rational gerechtfertigten Kriterien auf den Weg" (Maaser 2006a: 78). Ist eine solche Verantwortungskultur gewollt, könnte es eher die Aufgabe Sozialer Arbeit sein, für eine gerechte Verteilung der Ressourcen zu sorgen und ihre Adressat/innen zum Handeln zu befähigen.

Literatur

Baumann, P. (2000): Die Autonomie der Person. Paderborn: Mentis-Verlag.

Buchinger, K. (2001): Zur Professionalisierung der Elternrolle. In: Bier-Fleiter, C. (Hrsg.): Familie und öffentliche Erziehung. Aufgaben, Abhängigkeiten und gegenseitige Ansprüche. Opladen: Leske und Budrich, 35-49.

Dahme, H.-J./Wohlfahrt, N. (2002): Aktivierender Staat. Ein neues sozialpolitisches Leitbild und seine Auswirkungen auf die soziale Arbeit. In: neue praxis, Heft 1, 10-32.

Dahme, H.-J./Wohlfahrt, N. (2003): Aktivierungspolitik und der Umbau des Sozialstaats. Gesellschaftliche Modernisierung durch angebotsorientierte Sozialpolitik. In: Dahme, H.-J./

Otto, H.-U./Trube, A./Wohlfahrt, N. (Hrsg.): Soziale Arbeit für den aktivierenden Staat. Opladen: Leske und Budrich, 75-102.

Dahme, H.-J./Wohlfahrt, N. (2007): Soziale Gerechtigkeit im aktivierenden Sozialstaat. Zur Entwicklung einer dezentralisierten und sozialräumlichen Sozialpolitik. [http://www.efh-bochum.de/homepages/wohlfahrt/pdf/Dahme-Wohlfahrt-Gerechtigkeit-NDV.pdf] Stand 05.11.2011.

Deleuze, G. (1979): Der Aufstieg des Sozialen. In: Donzelot, J. (Hrsg.): Die Ordnung der Familie. Frankfurt am Main: Suhrkamp, 246-252.

Dollinger, B. (2006): Zur Einleitung. Perspektiven aktivierender Sozialpädagogik. In: Dollinger, B./Raithel, J. (Hrsg.): Aktivierende Sozialpädagogik. Wiesbaden: VS, 7-22.

Dollinger, B./Raithel, J. (Hrsg.) (2006): Aktivierende Sozialpädagogik. Wiesbaden: VS.

Duttweiler, S. (2004): Genießen Sie ihre Arbeit! Vom Glück der Arbeit und der Arbeit am Glück. In: Reichert, R. (Hrsg.): Governmentality Studies. Analysen liberal-demokratischer Gesellschaften im Anschluss an Michel Foucault. Münster: LIT, 149-168.

Ewald, F. (1991): Der Vorsorgestaat. Frankfurt am Main: Suhrkamp.

Goodin, R. E. (1998): Social welfare as a collective social responsibility. In: Schmidtz, D./ Goodin, R. E. (Hrsg.): Social Welfare and Individual Responsibility. New York: Cambridge University Press, 97-195.

Gospath, S. (2006): Verantwortung für die Beseitigung von Übeln. In: Heidbrink, L./Hirsch, A. (Hrsg.): Verantwortung in der Zivilgesellschaft. Zur Konjunktur eines widersprüchlichen Prinzips. Frankfurt am Main: Campus, 387-408.

Günther, K. (2006): Aufgaben- und Zurechnungsverantwortung. In: Heidbrink, L./Hirsch, A. (Hrsg.): Verantwortung in der Zivilgesellschaft. Zur Konjunktur eines widersprüchlichen Prinzips. Frankfurt am Main: Campus, 295-330.

Heidbrink, L. (2003): Kritik der Verantwortung. Zu den Grenzen verantwortlichen Handelns in komplexen Kontexten. Weilerswist: Velbrück Wissenschaft.

Heidbrink, L. (2006): Verantwortung in der Zivilgesellschaft. In: Heidbrink, L./Hirsch, A. (Hrsg.): Verantwortung in der Zivilgesellschaft. Zur Konjunktur eines widersprüchlichen Prinzips. Frankfurt am Main: Campus, 13-35.

Heite, C./Klein, A./Landhäußer, S./Ziegler, H. (2008): Das Elend der Sozialen Arbeit. Die ‚neue Unterschicht' und die Schwächung des Sozialen. In: Kessl, F./Reutlinger, C./ Ziegler, H. (Hrsg.): Erziehung zur Armut? Soziale Arbeit und die ‚neue Unterschicht'. Wiesbaden: VS, 55-79.

Kaufmann, F.-X. (1992): Der Ruf nach Verantwortung. Risiko und Ethik in einer unüberschaubaren Welt. Freiburg i. Br.: Herder.

Kaufmann, F.-X. (2006): „Verantwortung" im Sozialstaatsdiskurs. In: Heidbrink, L./Hirsch, A. (Hrsg.): Verantwortung in der Zivilgesellschaft. Zur Konjunktur eines widersprüchlichen Prinzips. Frankfurt am Main: Campus, 39-60.

Kersting, W. (2003): Vorwort zu Ludger Heidbrink: Kritik der Verantwortung. Zu den Grenzen verantwortlichen Handelns in komplexen Kontexten. Weilerswist: Velbrück Wissenschaft, 9-16.

Kessl, F. (2005): Der Gebrauch der eigenen Kräfte. Eine Gouvernementalität Sozialer Arbeit. Weinheim und München: Juventa.

Kessl, F./Otto, H.-U. (2002): Aktivierende Soziale Arbeit. Anmerkungen zu neosozialen Programmierungen Sozialer Arbeit. In: neue praxis, Heft 5, 444 – 456.

Kessl, F./Otto, H.-U. (2003): Aktivierende Soziale Arbeit. Anmerkungen zu neosozialen Programmierungen Sozialer Arbeit. In: Dahme, H.-J./Otto, H.-U./Trube, A./Wohlfahrt, N. (Hrsg.): Soziale Arbeit für den aktivierenden Staat. Opladen: Leske und Budrich, 57-74.

Kessl, F./Reutlinger, C./Ziegler, H. (Hrsg.) (2007): Erziehung zur Armut? Soziale Arbeit und die ‚neue Unterschicht'. Wiesbaden: VS.

Kocyba, H. (2004): Aktivierung. In: Bröckling, U./ Krasmann, S./Lemke, T. (Hrsg.): Glossar der Gegenwart. Frankfurt am Main: Suhrkamp, 17-22.

Lamping, W./Schridde, H./Plaß, S./Blanke, B. (2002): Der aktivierende Staat. Positionen, Begriffe, Strategien. Studie für den Arbeitskreis Bürgergesellschaft und aktivierender Staat der Friedrich-Ebert-Stiftung. [http://library.fes.de/pdf-files/stabsabteilung/01336-1.pdf] Stand 05.11.2011.

Lemke, T. (1997): Eine Kritik der politischen Vernunft. Foucaults Analyse der modernen Gouvernementalität. Hamburg: Argument.

Lemke, T. (2004): Governance, Gouvermentalität und die Dezentrierung der Ökonomie. In: Reichert, R. (Hrsg.): Governmentality Studies. Analysen liberal-demokratischer Gesellschaften im Anschluss an Michel Foucault. Münster: LIT, 63-73.

Lenk, H. (1993): Über Verantwortungsbegriffe und das Verantwortungsproblem in der Technik. In: Lenk, H./Ropohl, G. (Hrsg.): Technik und Ethik. 2. Auflage. Stuttgart: Reclam, 112-148.

Lessenich, S. (2008): Die Neuerfindung des Sozialen. Bielefeld: Transcript.

Maaser, W. (2006a): Aktivierung der Verantwortung. Vom Wohlfahrtsstaat zur Wohlfahrtsgesellschaft. In: Heidbrink, H./Hirsch, A. (Hrsg.): Verantwortung in der Zivilgesellschaft. Zur Konjunktur eines widersprüchlichen Prinzips. Frankfurt am Main: Campus, 61-84.

Maaser, W. (2006b): Aktivierungsdiskurs der Verantwortung. In: neue praxis, Heft 1, 37-52.

Nullmeier, F. (2004): Der Diskurs der Generationengerechtigkeit in Wissenschaft und Politik. In: Burmeister, K./Böhning, B. (Hrsg.): Generationen und Gerechtigkeit. Hamburg: Vsa, 62-75.

Nullmeier, F. (2007): Auf dem Weg zum vorsorgenden Sozialstaat? Neue Gerechtigkeitsdebatte und die Perspektiven der Sozialpolitik. In: Filipic, U. (Hrsg.): Soziale Gerechtigkeit versus Eigenverantwortung? Zur Neujustierung des Sozialstaates. Dokumentation der gleichnamigen Tagung vom 4. Dezember 2006. AK Bildungszentrum Wien, 9-23. [http://www.arbeiterkammer.at/bilder/d63/Sozialpolitik_6.pdf] Stand 05.03.2012.

Nullmeier, F./Wrobel, S. (2005): Gerechtigkeit und Demographie. In: Kerschbaumer, J./ Schroeder, W. (Hrsg.): Sozialstaat und demographischer Wandel. Herausforderungen für Arbeitsmarkt und Sozialversicherung. Wiesbaden: VS, 21-41.

Oelkers, N. (2007): Aktivierung von Elternverantwortung. Zur Aufgabenwahrnehmung in Jugendämtern nach dem neuen Kindschaftsrecht. Bielefeld: Transcript.

Oelkers, N. (2009a): Aktivierung von Elternverantwortung im Kontext der Kindeswohldebatte. In: Beckmann, C./Otto, H.-U./Richter, M./Schrödter, M. (Hrsg.): Neue Familialität als Herausforderung der Jugendhilfe. neue praxis, Sonderheft 9, 139-148.

Oelkers, N. (2009b): Die Umverteilung von Verantwortung zwischen Staat und Eltern. Konturen einer postwohlfahrtsstaatlichen Transformation eines sozialpädagogischen Feldes. In: Kessl, F./Otto, H.-U. (Hrsg.): Soziale Arbeit jenseits des Wohlfahrtsstaats. Zeitdiagnosen, Problematisierungen und Perspektiven. Weinheim und München: Juventa, 71-100.

Oelkers, N. (2011): Familiale Verantwortung für personenbezogene Wohlfahrtsproduktion. In: Böllert, K. (Hrsg.): Soziale Arbeit als Wohlfahrtsproduktion. Offene oder geschlossene Lebenschancen? Wiesbaden: VS, 30-42.

Roemer, J. E. (1998): Equality of opportunity. Cambridge: Harvard University Press.

Rose, N. (2000): Tod des Sozialen? Eine Neubestimmung der Grenzen des Regierens. In: Bröckling, U./Krasmann, S./Lemke, T. (Hrsg.): Gouvernementalität der Gegenwart. Frankfurt am Main: Suhrkamp.

Vobruba, G. (1983): Politik mit dem Wohlfahrtsstaat. Frankfurt am Main: Suhrkamp.

Vogel, B. (2004): Der Nachmittag des Wohlfahrtstaats. Zur politischen Ordnung gesellschaftlicher Ungleichheit. In: Mittelweg 36, Heft 4, 36-55. [http://www.eurozine.com/articles/2004-09-15-vogel-de.html] Stand 05.03.2012.

Weyers, S. (2006): Verantwortung/Eigenverantwortung. In: Dollinger, B./Raithel, J. (Hrsg.): Aktivierende Sozialpädagogik. Wiesbaden: VS, 217-233.

Ziegler, H. (2001): Drei Mann in einem Boot. Warum sich die soziale und die sichere Stadt mit dem aktivierenden Staat so gut verstehen. In: Widersprüche, Heft 82, 25-38.

Zimmerli, W. C. (1993): Wandelt sich Verantwortung mit technischem Wandel? In: Lenk, H./Ropohl, G. (Hrsg.): Technik und Ethik. 2. Auflage. Stuttgart: Reclam, 92-111.

Familie im Fokus Sozialer Arbeit – Theoretische Perspektiven und sozialpolitische Adressierungen

Kim-Patrick Sabla

Die nahezu unüberschaubare Bandbreite an familienorientierten Handlungsfeldern und die ausdifferenzierten Handlungsmethoden in der Arbeit mit Familien, die derzeit im Praxisfeld der Sozialen Arbeit anzutreffen sind, können als ebenso unübersehbarer Beweis der hohen Relevanz und Aktualität des Themas Familie für die Profession der Sozialen Arbeit gelten. Familienorientiert meint jene Handlungsfelder der Sozialen Arbeit, die in Anlehnung an die Bestimmung der sozialpädagogischen Relevanz von Familie spezialisiert sind auf die Bearbeitung sozialer Probleme, die in der Familie auftreten, und auf die Wiederherstellung bzw. Stärkung der familiären Sozialisations-, Kooperations- und Solidaritätsleistungen abzielen (vgl. Euteneuer/Sabla/Uhlendorff 2011). Die entsprechenden Organisationen und Einrichtungen wie etwa das Jugendamt mit dem Allgemeinen Sozialen Dienst, die zahlreichen (Erziehungs-)Beratungsstellen, die stationären und ambulanten Jugendhilfeeinrichtungen, Familienzentren, Familienbildungsstätten und Mehrgenerationenhäuser sind gesellschaftlich fest etabliert und prägen mit ihrer Präsenz so auch das öffentliche Bild der Sozialen Arbeit und ihrer Funktionen allgemein (vgl. Uhlendorff/Euteneuer/Sabla 2013). Demgegenüber fällt die systematische, sozialpädagogisch-theoretische Auseinandersetzung mit der Institution Familie und damit die Unterfütterung des mit der Etablierung des Kinder- und Jugendhilfegesetzes verbundenen massiven Ausbaus sozialpädagogischer Einrichtungen für Familien über viele Jahre vergleichsweise dürftig aus. Auch wenn sich die geleistete Arbeit in den vorgenannten Einrichtungen primär um den Alltag von Familien, die Familienerziehung und Erziehungsschwierigkeiten dreht, sind hier seit den 1970er Jahren theoretische Konzepte familialer Lebenswelten nur ansatzweise und wenig systematisch - und noch seltener empirisch - verfolgt worden (vgl. Sabla 2011; Uhlendorff/Cinkl/Marthaler 2006).

Für die Umgestaltung und Neuausrichtung der familienbezogenen Kinder- und Jugendhilfe seit den 1990er Jahren sind die zentralen Erkenntnisse der Familiensoziologie hinsichtlich der Gestalt der Familie relevant gemacht worden. Die deutschsprachige Familienforschung war lange durch den Dissens geprägt zwischen theoretischen Positionen, die eine umfassende Pluralisierung der Familienformen und mithin einen drastischen Bedeutungsverlust diagnostizieren, und jenen, die im Gegensatz dazu der Familie eine hohe Stabilität und Kontinu-

ität der Familienformen zuschreiben (vgl. Burkart 2008). Inzwischen gilt es als
Konsens, dass Familie sich trotz der vielfältigeren Familienformen nach wie vor
durch ein hohes Maß an persönlicher und gesellschaftlicher Bedeutung auszeichnet und dass so genannte traditionelle Familienformen überwiegend angestrebt und realisiert werden (vgl. Peuckert 2008; s. auch BMFSFJ 2006; Nave-
Herz 2007). Familie ist somit ein Ort, an den auf verschiedenen Ebenen unterschiedliche Erwartungen und Ansprüche gestellt werden, die teilweise wider-
sprüchlich sind und daher die Familienmitglieder immer wieder vor Herausforderungen stellt. Dies zeigt sich ganz besonders im Geschlechterverhältnis zwischen Männern und Frauen und der zu erbringenden Care-Arbeit in Familien.
Mütter und Väter bewegen sich hier in einem Spannungsfeld zwischen eigenen
Bedürfnissen und Entwürfen auf der einen Seite sowie der Vereinbarkeit von
Familie und Erwerbsarbeit auf der anderen Seite. Aus Geschlechterperspektive
ist Familie ein „Kristallisationspunkt, an dem ambivalente Beziehungen zwischen Traditionalisierungseffekten und Modernisierungsprozessen von Geschlecht deutlich werden" (Kortendiek 2010: 447). Das bedeutet für die wissenschaftliche Auseinandersetzung mit Familie, dass eine Beschreibung und Analyse des Wandels der Familienformen und der Gestaltung von Familie ohne eine
Berücksichtigung der Veränderungen und Kontinuitäten von Geschlechterverhältnissen und Selbstverständnissen nicht angemessen vorgenommen werden
können (vgl. Hartmann 2009). Für den folgenden Grundriss der aktuellen sozialpädagogischen Fachdebatten über Familie soll darüber hinaus anhand einiger
ausgewählter Theoriepositionen herausgearbeitet werden, wie Familien jeweils
sozialpolitisch und professionell in den Blick genommen werden.

1   Der Familienbegriff jenseits von gesellschaftlichen Idealen

Sowohl in der öffentlichen Wahrnehmung als auch in den Fachdiskursen entsteht der Eindruck, dass Soziale Arbeit mit Familien ausschließlich finanziell
prekäre, so genannte bildungsferne oder anderweitig von Ausgrenzung bedrohte
Familien ins Visier nimmt. Das überrascht insofern, als dass sich viele Betreu-
ungs-, Erziehungs- und Bildungseinrichtungen zunächst einmal an alle Familien - an Familien in unterschiedlichen Lebenslagen und unterschiedlichen Familienformen - wenden. In ihrer disziplinären Analyse und der professionellen
Bearbeitung familialer Krisen und Problemlagen, insbesondere im Kontext von
Erziehung, bleibt eine gewisse Defizit- oder Problemorientierung in der Tat
nicht aus (vgl. Peter 2012). Gelegentlich werden Familien in der Sozialen Arbeit
als „Multiproblemfamilien" (Marx 2011: 232) bezeichnet. Damit soll angedeutet
werden, dass diese Familien nicht unter einem einzigen Problem leiden, sondern
unter einer Verkettung verschiedener Probleme, die mit prekären Lebens- und

Arbeitsverhältnissen, Bildungsferne und anderen Formen von Armut einhergehen (vgl. ebd). Familien sind Orte, an denen soziale Probleme selbst nur eines einzigen Familienmitglieds automatisch tiefgreifende Auswirkungen auf mehrere Mitglieder haben können. Der Begriff der *Multiproblemfamilie* birgt allerdings auch die Gefahr, ausschließlich die Probleme zu betonen, statt die familialen Ressourcen zu erkennen und die gesamtgesellschaftliche Verantwortung bei der Entstehung von sozialen Problemen zu benennen. Darüber hinaus verleitet die Konzentration auf vermeintlich typische Multiproblemfamilien dazu, das Auftreten sozialer Probleme in anderen Familien zu verharmlosen oder gar zu übersehen.

Die Fachdebatten Sozialer Arbeit beziehen sich bei der Thematisierung von Familie in der Regel auf ein sehr breites Verständnis davon, was Familie jenseits der gesellschaftlich anerkannten und verrechtlichten Formen ausmacht. Nicht zuletzt die Realitäten, mit denen Professionelle sich alltäglich in der praktischen Arbeit mit Familien konfrontiert sehen, legen es nahe, neben dem Ideal der bürgerlichen Kleinfamilie, wie sie als soziale Diskussions- und Orientierungsfolie an Bedeutung kaum eingebüßt hat, auch andere Formen des Zusammenlebens von Müttern, Vätern und Kindern als gelebte Familien anzuerkennen (vgl. Peter 2012). Für Soziale Arbeit zeigt sich, dass biologische Abstammungsverhältnisse trotz ihrer hohen kulturellen und rechtlichen Relevanz weitaus weniger bedeutsam sind als die soziale Konstruktion von Familie und ihrer Funktionen. Aus mikrosoziologischer Perspektive lässt sich Familie als eine Lebensform beschreiben, die durch die Zusammengehörigkeit von mindestens zwei zueinander in einer Eltern-Kind-Beziehung stehenden Generationen geprägt ist (vgl. Böhnisch/Lenz 1997). Damit ist noch wenig über ihre Funktionen und ihren gesellschaftlichen Ort gesagt. Allerdings ist diese Definition von Familie weitestgehend frei von normativen Zuschreibungen des vorgenannten Ideals der bürgerlichen Kleinfamilie, das auf ein bestimmtes heteronormatives, auf biologische Abstammungsverhältnisse und Ehe beruhendes Miteinander von Männern, Frauen und Kindern abhebt (vgl. Peuckert 2008). Nicht ganz unabhängig von diesen normativen Zuschreibungen erlangt Familie ein hohes Maß an gesellschaftlicher Bedeutung, weil sie zum Erhalt und zur Stabilität der Gesellschaft beiträgt, indem sie durch Geburt, Pflege und Erziehung von Nachwuchs ihren Fortbestand sichert und für alle Mitglieder ein Ort der Reproduktion darstellt (vgl. Nave-Herz 2007). In dieser Weise wird Familie charakterisiert als ein spezifisches Kooperations- und Solidaritätsverhältnis, in dem Reproduktions- und Sozialisationsfunktionen zusammenfallen (vgl. ebd.). Hierin begründet sich auch neben der hohen gesellschaftlichen Bedeutung die nicht minder hohe sozialpädagogische Bedeutung: Zum einen hat Familie in der Bearbeitung sozialer Probleme Modellcharakter für zahlreiche sozialpädagogische Hilfeformen, zum anderen gelten das Fehlen oder eine Beeinträchtigung der Ressource Familie selbst als soziales Problem (vgl. Euteneuer/Sabla/Uhlendorff 2011). Familie steht daher unter besonderer öffentlicher Beobachtung, wenn sie aufgrund der Problemlagen der Erfüllung ihrer gesellschaftlichen Aufgaben nicht mehr ausreichend nachkommen kann. Damit sind insbesondere die Erziehung und Pflege von Kindern gemeint, die sich stets im Spannungsfeld zwischen Öffentlichkeit und Privatheit bewegen (vgl. Jurczyk/Oechsle 2008). Hinsichtlich des Modellcharakters der Institution Familie wird Soziale Arbeit stets herausgefordert, die Grundlagen und Bezugspunkte ihrer professionellen Praxis prüfend in den Blick nehmen. Dies mag im Einzelfall bedeuten, eben jene für einzelne Adressatinnen und Adressaten dysfunktionale Familialität durch andere Formen der Hilfe zu ersetzen; das kann beispielsweise bei jungen Männern und Frauen der Fall sein, die Familie aufgrund von traumatisierenden Erfahrungen eben nicht als Ort kennen gelernt haben, der ihrer Entwicklung zuträglich ist. Die Praxis der Sozialen Arbeit mit Familien findet „seit ihren Ursprüngen in Auseinandersetzung mit, in Absetzung von oder an Stelle der privat-familialen Lebensgestaltung statt und zielt dabei auf gelingende (familiale) Privatheit hin, wobei sich Gelingen oder Misslingen an der jeweils gültigen, typisierten Normalität bemisst" (Karsten/Otto 1996: 10). Die jeweils gültige Normalität von Familie gilt als Gradmesser für ‚ausreichende' familiäre Sorgeleistungen und damit für eine gesellschaftliche wie professionelle Grenzziehung zwischen Gelingen und Misslingen der Lebenswelt Familie.

Erst in den letzten Jahren offenbart die Zunahme der familienbezogenen Themen in den disziplinären Fachdiskussionen innerhalb der Sozialen Arbeit, dass sie um eine differenzierte Analyse der Institution Familie bemüht ist, die weit über eine bloße strukturell-funktionale Beschreibung der Familienformen und damit über Teile des langjährigen Mainstreams der Familiensoziologie hinausgeht. Dazu gehören beispielsweise Beiträge, die eine sinnvolle Unterscheidung zwischen Familie im Allgemeinen und Elternschaft im Sinne von Vater- und Mutterschaft im Speziellen vornehmen (vgl. Oelkers 2011; Böllert/Peter 2012; Sabla 2012;) und dabei gleichzeitig auf die familien-, geschlechter- und sozialpolitischen Dimensionen dieser Unterscheidung und entsprechender Adressierungen hinweisen (vgl. Beckmann et al. 2009; Hartmann 2009; Oelkers/Richter 2010). Damit bleiben zwar aktuell Lücken bestehen hinsichtlich der Erforschung der Gestaltung des familialen Alltags und der Lebensrealitäten von denjenigen Familien, die als Gesamtheit oder durch ihre einzelnen Mitglieder als Adressatinnen und Adressaten Sozialer Arbeit in den Blickpunkt rücken (vgl. Knuth/Sabla/Uhlendorff 2009). Dennoch verweisen die aktuellen Debatten auf die Notwendigkeit, die familialen Realitäten nicht allein vor dem Hintergrund des viel zitierten allgemeinen sozialen Wandels zu diskutieren, sondern bei der Betrachtung von Familie auch den weiteren wohlfahrtsstaatlichen Kontext und die Rolle Sozialer Arbeit zu analysieren. Dabei ist jeweils zu diskutieren, welche Familien Soziale Arbeit wie adressiert.

2 Familie im Spiegel theoretischer Bezüge Sozialer Arbeit

Ein derzeit in der Sozialen Arbeit viel beachteter Ansatz fasst Familie als *Herstellungsleistung* (vgl. Schier/Jurczyk 2007). Ähnlich wie bei dem ebenfalls sozialkonstruktivistisch inspirierten ‚doing-gender'-Ansatz ist mit Herstellung keine beliebige, jeden Tag aufs Neue stattfindende Wahl der Zugehörigkeit oder die Entwicklung abweichender Familienformen gemeint, auch wenn Männer und Frauen im Laufe ihrer Biografien immer wieder gezwungen sind, für sich „ein je eigenes Paket zu schnüren" (BMFSFJ 2006: 77) und insbesondere die Beziehungen zwischen Berufs- und Familienbiografie „bei beiden Geschlechtern nicht ein für allemal zu ordnen, sondern je nach Familienphase, Gelegenheitsstruktur und individueller Entwicklung immer wieder neu" (ebd.). Vielmehr verweist dieser Ansatz auf die Notwendigkeit der Selbstdefinition und Selbstinszenierung durch Familie im Alltagshandeln und macht so deutlich, dass Familie keine unerschöpfliche, naturgegebene Ressource darstellt. Familie muss als soziales Beziehungsnetzwerk mittels vielfältiger Tätigkeiten und Praktiken alltäglich 'hergestellt' und erhalten werden (vgl. Schier/Jurczyk 2007: 10). Hierfür werden ausreichend Zeit und familiale Orte benötigt, die in Zeiten der Entgrenzung zunehmend Mangelware sind, so dass die Befähigung der Familie zu Sorgeleistungen gefährdet ist (vgl. Jurczyk/Szymenderski 2012). Die Gleichsetzung von Familie und Ressource übersieht die vielfältigen Herausforderungen der einzelnen Mitglieder und der Familie als Gesamtheit, die sie erschöpfen lassen: „Unsicherheit und wachsende Ungleichheit schlagen sich in ihren individuellen und alltagskulturellen Folgen unmittelbar in familiären Strukturen und den Handlungen von Menschen nieder, sie zeigen und verstetigen sich in Verhaltensmustern und in kulturellen Kontexten, die Verfestigung tradieren" (Lutz 2012: 11; vgl. auch Peters 2012). Eine Betrachtung von Familie im Sinne einer Herstellungsleistung eröffnet zum einen den Blick für täglich stattfindende Aushandlungsprozesse innerhalb der Familie, zum anderen macht sie sich stark für eine professionelle und politische Unterstützung beim Erhalt der Interaktions- und Kommunikationsfähigkeit der Beteiligten über den konkreten Konflikt- bzw. Krisenfall hinaus.

Der eben skizzierte Ansatz knüpft indirekt an eine andere Theorieposition zur Familie in der Sozialen Arbeit an, die in den 1970er Jahren als interaktionstheoretisch inspirierte Theorie zur Familienerziehung bekannt geworden ist (vgl. Mollenhauer/Brumlik/Wudke 1975). Demnach ist Familie zunächst ein *komplexes Lernfeld* und ein nach Regeln geordnetes Lernmilieu, das strukturell im Alltagshandeln verankert ist. Ähnlich wie im Ansatz zur Familie als Herstellungsleistung müssen sich die einzelnen Teilsysteme der Familie (Eltern, Kinder) mittels Kommunikation und Interaktion über die Gestaltung und Organisation der Familie verständigen und dabei individuelle Bedürfnisse und Intentionen ausbalancieren. Dieser Ansatz ist insofern immer noch relevant, als dass er die Schwierigkeiten der Balance sowohl innerhalb der Familie als auch zwischen Familie und ihrem gesellschaftlichen Ort in den Blick nimmt (vgl. ebd.: 88). Die Beschreibung der *Familie als ein Lernfeld*, an dem komplexe Lernprozesse stattfinden, ist seit dem grundlegenden Entwurf, wie er von Mollenhauer et al. vorgelegt worden ist, nur wenig weiterentwickelt worden, wenngleich sich die skizzierten Aushandlungs- und Verständigungsprozesse ebenfalls als Lern- und Bildungsprozesse theoretisieren lassen (vgl. Knuth/Sabla/Uhlendorff 2009; Büchner/Brake 2006).

Wenn derzeit im Kontext von Familie über Lern- und Bildungsprozesse gesprochen wird, rückt sie selbst weniger als eigenständiger Lern- und Bildungsort in den Fokus. Im Zuge der aktuell gesteigerten gesellschaftlichen Aufmerksamkeit für Bildung und Erziehung gerät neben den öffentlichen Bildungseinrichtungen auch die Institution Familie als einer der zentralen Faktoren für ein gelingendes Aufwachsen junger Menschen unter die Lupe. Familie als *„bildungsbiografischer Möglichkeitsraum"* (Büchner 2009: 119) erbringt ihren jeweiligen ökonomischen, zeitlichen, sozialen und kulturellen Ressourcen entsprechend grundlegende Bildungsleistungen. Viele Bildungsprozesse beginnen in der Familie und sollen die Teilhabe am kulturellen und sozialen Leben ermöglichen. Gleichzeitig gilt Bildung als sinnvolle Maßnahme zur Verhinderung oder Bekämpfung sozialer Risiken. Bildung und Erziehung in der Familie werden seitens der Politik daher oft als problematisch und ergänzungsbedürftig eingeschätzt, da nicht alle Familien in gleicher Weise in der Lage sind, die Folgen herkunftsbedingter und gleichzeitig sozialpolitisch in Kauf genommener Chancenungleichheiten zu kompensieren. Auf andere Weise schwingt hier aber auch vor dem Hintergrund des Rückzugs wohlfahrtsstaatlicher Leistungen die Sorge mit, dass die gesellschaftlich notwendige private Reproduktionsarbeit nicht ausreichend gesichert ist. Soziale Arbeit mit Familien ist nicht frei von jenen gesellschaftlichen Adressierungen, die ausgehend von Normierungsversuchen von Familie soziale Risiken und den Erfolg der Bearbeitung sozialer Probleme stärker privatisieren möchten (vgl. Beckmann et al. 2009).

Wie bereits skizziert, kann Soziale Arbeit mit Familien insofern als Umsetzung familienpolitischer Ziele verstanden werden, als durch diese von Seiten des Staates pädagogische Mittel zur Verfügung gestellt werden sollen, um die familiären Sozialisations-, Kooperations- und Solidaritätsleistungen zu stärken oder zu ergänzen. Damit sollen zum einen mögliche Fehlentwicklungen bei Familien oder den einzelnen Mitgliedern verhindert und zum anderen bestehende Schwierigkeiten und Belastungen in Familien behoben oder zumindest gemildert werden (vgl. Euteneuer/Sabla/Uhlendorff 2011).

Die Beziehung von Sozialer Arbeit und Familien kann auf theoretischer Ebene im Spiegel des Verhältnisses von (Wohlfahrts)Staat und der Sphäre der Privatheit allgemein betrachtet werden. Von der Entstehung des Wohlfahrtsstaates im ausgehenden 19. Jahrhundert bis in die Gegenwart bewegt sich dieses Verhältnis zwischen den beiden Polen *Kontrolle und Partnerschaft.* Die aktuellen sozialpolitischen Debatten bestätigen die These, dass „dieses Verhältnis immer wieder dann in die öffentliche, politische und sozialpädagogische Diskussion kam und neu bestimmt wurde, wenn gesellschaftliche bzw. ökonomische Krisen wahrgenommen wurden" (Mierendorff/Olk 2007: 543). Die anhaltende Wirtschafts- und Finanzkrise in der Bundesrepublik Deutschland und auch im übrigen Europa boten und bieten offenkundig ausreichend Anlass für eine weitreichende Neuordnung dieses Verhältnisses (vgl. Jurczyk/Oechsle 2008). Obwohl die Organe der EU über keine familienpolitische Kompetenz verfügen, werden auch hier familienpolitische Leitlinien diskutiert und indirekt vorgegeben, indem die unterschiedlichen europäischen Familienpolitiken im Sinne der Methode der offenen Koordinierung aufeinander abgestimmt werden. Die familienpolitischen Ziele der EU sind auf das wirtschaftspolitische Ziel des Ausbaus und der Stärkung der internationalen Konkurrenzfähigkeit des europäischen Wirtschaftsraums fokussiert und setzen daher mit Blick auf die dafür benötigten wohlfahrtsstaatlichen Leistungen gleichermaßen auf die Stärkung und den Erhalt der familialen Leistungen (vgl. Reinecke/Bauckhage-Hoffer 2008). Wohlfahrtsstaatstheoretische Analysen beschreiben diesen Trend für das bundesdeutsche Wohlfahrtsarrangement als eine Transformation des Zusammenspiels von Familie und Staat bezüglich der Wohlfahrtsproduktion, die sich als Re-Familialisierung bezeichnen lässt (vgl. Oelkers/Richter 2010). Mit Re-Familialisierung ist eine stärkere Verlagerung der Gewährleistungsfunktion von Care-Arbeit an die einzelnen Familienmitglieder bei gleichzeitigem Rückzug des Staates bei der Gewährleistung und Erbringung dieser Leistungen gemeint. Eine stärkere (Wieder-)Einbindung von Familienmitgliedern in die personenbezogene Wohlfahrtsproduktion im Sinne der Fürsorgearbeit (z. B. Erziehung von Kindern und die Pflege älterer oder kranker Menschen) wirkt den typischen defamilialisierenden Prozessen und Erkennungsmerkmalen des Wohlfahrtsstaates entgegen, die zum Abbau von familialen oder gemeinschaftlichen Zwängen und Abhängigkeiten beigetragen haben (vgl. Ullrich 2005). Modernisierungstheoretisch werden diese Prozesse auch mit einer Erosion ursprünglicher Hilfesysteme begründet und scheinen dadurch faktisch unumkehrbar (vgl. Merten/Olk 1997). Mit der Neukonzeption des Verhältnisses von öffentlicher und privater Fürsorge kehren sich diese Prozesse allerdings sehr wohl um in eine wieder zunehmende Re-Familialisierung. Diese Tendenz trifft Familien je nach materieller und sozialer Ressourcenausstattung auf unterschiedliche Weise, wodurch die aus sozialstruktureller Benachteiligung resultierenden klassen- und geschlechtsspezifischen Probleme wieder verstärkt zum Privatproblem erklärt werden (vgl. Oelkers/Richter 2010). Die entsprechenden öffentlich-medialen Debatten um Familien richten den Blick auf verantwortungsvolle, gute Eltern, deren Leistungen anerkannt werden, und auf die versagenden oder gar „gefährlichen" Eltern, die ihren Kindern kein zukunftsicherndes Aufwachsen ermöglichen. Darin eingelagert sind jeweils unterschiedliche Anteile von Ermächtigung und Disziplinierung, Fremdbestimmung und Selbstbestimmung (vgl. Oelkers 2012). Inwieweit die skizzierten Diskurs- und Theorielinien ihren Niederschlag in die sozialpädagogische Praxis finden, ist bislang nur in Ansätzen untersucht worden. In einer Zusammenschau der aktuellen sozialpädagogisch-professionellen Auseinandersetzung mit Familie kann auf unterschiedlichen Ebenen eine *dichotomisierende Perspektive* herausgearbeitet werden. So beschreiben Petra Bauer und Christine Wiezorek (2009) im Rahmen ihrer Studie, wie gesetzliche Regelungen und pädagogische Konzeptionen Elternrecht und Kindeswohl dichotomisieren und damit den Blick entweder auf Elterninteressen oder auf die Bedürfnisse der Kinder richten. Es zeigt sich ferner, dass der normativen Wirkung von Familienbildern bei der professionellen Wahrnehmung von Familien eine zentrale Orientierungsfunktion zukommt. Sie werden zur Folie für die Einordnung und Bewertung der familiären Situation. Die Studie rekonstruiert, wie mit diesen Normalitätsvorstellungen normative Entwürfe von Familien in professionelles Handeln einfließen. Es kann daher davon ausgegangen werden, dass in ähnlicher Weise normative Vorstellungen von (guten) Müttern und (traditionellen/neuen) Vätern in die professionelle Bewertung von gelingender Elternschaft einfließen (vgl. Sabla 2012). Das Bild der bürgerlichen Kleinfamilie ist nach wie vor impliziter Bestandteil einer Leitvorstellung für die professionelle Arbeit mit Familien (vgl. Bauer/ Wiezorek 2009). Demnach gelten als gute Eltern offenbar die Eltern, die im Sinne der bürgerlichen Kleinfamilie an entsprechenden Geschlechterrollen festhalten. Das Abweichen von diesen Leitvorstellungen kann durchaus professionell sanktioniert werden. Unterstützung und öffentliche Anerkennung hingegen finden vor allem diejenigen Familienformen, die im Sinne einer Reproduktion gesellschaftlich benötigten Humankapitals als erfolgreich gelten. In einer weiteren Studie zeigt Sabine Toppe (2009) am Beispiel von Kinderarmut, dass die Auswirkungen von (Kinder)Armut primär als Folge unangepassten elterlichen Verhaltens gedeutet werden und dass die Ursachen der prekären Verhältnisse somit in die alleinige Verantwortung der Erziehenden abgeschoben werden.

Verantwortlich gemacht dafür wird vor allem das Versagen der Familienerziehung, wobei diese Zuweisung insbesondere den Müttern gilt, weil die Zuständigkeit für die Erziehung hier hauptsächlich verortet wird. Parallel wird auf die Funktionalität traditioneller Geschlechterarrangements insistiert, indem beispielsweise alleinerziehende Mütter mit ihren Kindern als unvollständige Familien ohne entsprechenden Familienernährer stigmatisiert werden (vgl. Toppe 2009).

3 Theoretische Erkenntnisse und wissenschaftlich-empirische Erfordernisse

Wie einleitend erwähnt markiert der doppelte Bezug der Sozialen Arbeit zur Familie als Adressatin aber auch als Modell für familienorientierte Hilfeformen ein breites Feld. Die Notwendigkeit der Intervention sowie deren Gelingen bemessen sich an immer wieder diskursiv hergestellten Normalitätsannahmen. Diese werden durch öffentliche Diskurse sowie durch fachliche und wissenschaftliche Diskurse geprägt. Vor allem vor dem Hintergrund der Veränderungen und Herausforderungen am globalisierten Arbeitsmarkt kann vermehrt eine politische Indienstnahme der Familie zur Kompensation wohlfahrtsstaatlicher Leistungen beobachtet werden (vgl. Oelkers/Richter 2010). Die skizzierten theoretischen Ansätze lassen das Bild der Familie als gesellschaftlicher Fels in der Brandung insofern als Täuschung erscheinen, als dass die Familie ihre gesellschaftlichen Funktionen (Bildung, Erziehung, Sozialisation, Reproduktion) nicht unbegrenzt leisten kann und unter Umständen als sensibler Ort der Kummulation sozialer Probleme selbst der Unterstützung bedarf (vgl. Peters 2012). Die Diversifizierung familialer Lebensformen im Lebensverlauf führt für alle Familienmitglieder zu steigenden Anforderungen in Bezug auf ihre (alltägliche) Gestaltung. Obwohl die Relevanz der alltäglichen Herstellung und Erhaltung von Familie unlängst theoretisch formuliert wird, fehlt es bislang an sozialpädagogischen Studien, die die Entwicklung und Anpassung von Familienkonzepten an sich wandelnde Lebensumstände als Bildungs- und Lernprozess empirisch erfassen (vgl. Knuth/Sabla/Uhlendorff 2009). Sozialpädagoginnen und Sozialpädagogen unterstützen Väter, Mütter, Kinder und Jugendliche dabei, für sich eine Lebensführung zu entwickeln, untereinander abzustimmen und so zu realisieren, dass sie für sie selbst befriedigend und für andere sozial verträglich sind. Hierfür benötigen die Professionellen ein hohes Maß an Reflexionsvermögen, um die eigenen Normen und Erwartungen sowie die der Familien im Kontext gesellschaftlicher Erwartungen abzuwägen. Hierbei ist ein weit gefasster Familienbegriff, der Spielräume für je eigene Entwürfe der Gestaltung lässt, nicht nur eine lebensweltorientierte Grundvoraussetzung. Allerdings sollte er nicht die vielfältigen und tiefgreifenden Einschränkungen der Gestaltungsmöglichkeiten in den Bereich persönlichen Beliebens der Adressatinnen und Adressaten oder gar ihres selbstverschuldeten Versagens verlagern. Dazu sind im Dialog von sozialpädagogischer Profession und Disziplin immer wieder macht-, gender- und wohlfahrtsstaatstheoretische Vergewisserungen erforderlich.

Literatur

Bauer, P./Wiezorek, C. (2009): Familienbilder professioneller Sozialpädagog/innen. In: Villa, P.-I./Thiessen, B. (Hrsg.): Mütter - Väter: Diskurse, Medien, Praxen. Münster: Westfälisches Dampfboot, 173-190.

Beckmann, C./Otto, H.-U./Richter, M./Schrödter, M. (2009): Neue Familialität als Herausforderung der Jugendhilfe (Einleitung). In: Beckmann, C./Otto, H.-U./Richter, M./ Schrödter, M. (Hrsg.): Neue Familialität als Herausforderung der Jugendhilfe. Neue Praxis, Sonderheft 9, Lahnstein: neue Praxis Verlag, 1-14.

Böhnisch, L./Lenz, K. (1997): Zugänge zu Familien – ein Grundlagentext. In: Böhnisch, L./ Lenz, K. (Hrsg.): Familie. Eine Interdisziplinäre Einführung. Weinheim/München: Juventa, 9-64.

Böllert, K./Peter, C. (Hrsg.) (2012): Mutter + Vater = Eltern? Sozialer Wandel, Elternrollen und Soziale Arbeit. Wiesbaden: VS Verlag.

Büchner, P. (2009): Familien bilden – aber bilden Familien auch „richtig"? In: Beckmann, C./ Otto, H.-U./Richter, M./Schrödter, M. (Hrsg.): Neue Familialität als Herausforderung der Jugendhilfe. Neue Praxis, Sonderheft 9, 119-130.

Büchner, P./Brake, A. (Hrsg.) (2006): Bildungsort Familie. Transmission von Bildung und Kultur im Alltag von Mehrgenerationenfamilien. Wiesbaden: VS Verlag.

Bundesministerium für Familie, Senioren, Frauen und Jugend (BMFSFJ) (Hrsg.) (2006): Siebter Familienbericht. Familie zwischen Flexibilität und Verlässlichkeit: Perspektiven für eine lebenslaufbezogene Familienpolitik. Bundestags-Drucksache 16/1360, Berlin.

Burkart, G. (2008): Familiensoziologie. Konstanz: UVK.

Euteneuer, M./Sabla, K.-P./Uhlendorff, U. (2011): Familienpolitik, Familienbildung und Soziale Arbeit mit Familien. In: Otto, H.-U./Thiersch, H. (Hrsg.): Handbuch Soziale Arbeit. 4., völlig neu bearbeitete Auflage. München/Basel: Ernst Reinhardt Verlag, 394-406.

Hartmann, J. (2009): Familie weiter denken – Perspektiven vielfältiger Lebensweisen für eine diversity-orientierte Theorie und Praxis Sozialer Arbeit. In: Beckmann, C./Otto, H.-U./n Richter, M./Schrödter, M. (Hrsg.): Neue Familialität als Herausforderung der Jugendhilfe. Neue Praxis, Sonderheft 9, 65-75.

Jurczyk, K./Oechsle, M. (2008) (Hrsg.): Das Private neu denken – Erosionen, Ambivalenzen, Leistungen. Münster: Westfälisches Dampfboot.

Jurczyk, K./Szymenderski, P. (2012): Belastung durch Entgrenzung – Warum Care in Familien zur knappen Ressource wird. In: Lutz, R. (Hrsg.): Erschöpfte Familien. Wiesbaden: VS Verlag, S. 89-105.

Karsten, M.-E./Otto, H.-U. (Hrsg.) (1996): Die sozialpädagogische Ordnung der Familie. Weinheim und München: Juventa.

Knuth, N./Sabla, K.-P./Uhlendorff, U. (2009): Das Familienkonzeptmodell: Perspektiven für eine sozialpädagogisch fokussierte Familienforschung und -diagnostik. In: Beckmann, C./Otto, H.-U./Richter, M./Schrödter, M. (Hrsg.): Neue Familialität als Herausforderung der Jugendhilfe. Neue Praxis, Sonderheft 9, S. 181-194.

Kortendiek, B. (2010): Familie: Mutterschaft und Vaterschaft zwischen Traditionalisierung und Modernisierung. In: Becker, R./Kortendiek, B. (Hrsg.): Handbuch Frauen- und Geschlechterforschung. Theorie, Methoden, Empirie. Wiesbaden: VS Verlag, 442-453.

Lutz, R. (2012): Soziale Erschöpfung – Erschöpfte Familien. In: Lutz, R. (Hrsg.): Erschöpfte Familien. Wiesbaden: VS Verlag, 11-67.

Marx, R. (2011): Familien und Familienleben. Grundlagenwissen für Soziale Arbeit. Weinheim/Basel: Beltz Juventa.

Merten, R./Olk, T. (1997): Sozialpädagogik und Profession. Historische Entwicklung und künftige Perspektiven. In: Combe, A./Helsper, W. (Hrsg.): Pädagogische Professionalität. 2. Aufl., Frankfurt am Main: Suhrkamp, 570-613.

Mierendorff, J./Olk, T. (2007): Kinder- und Jugendhilfe. In: Ecarius, J. (Hrsg.): Handbuch Familie. Wiesbaden: VS Verlag, 542–567.

Mollenhauer, K./Brumlik, M./Wudke, H. (1975): Die Familienerziehung. München: Juventa.

Nave-Herz, R. (2007): Familie heute. Wandel der Familienformen und Folgen für die Erziehung. Darmstadt: WBG.

Oelkers, N. (2011): Eltern und Elternschaft. In: Otto, H.-U./Thiersch, H. (Hrsg.): Handbuch Soziale Arbeit. 4., völlig neu bearbeitete Auflage. München/Basel: Ernst Reinhardt Verlag, 306-312.

Oelkers, N. (2012): Erschöpfte Eltern? Familie als Leistungsträger personenbezogener Wohlfahrtsproduktion. In: Lutz, R. (Hrsg.): Erschöpfte Familien. Wiesbaden: VS Verlag, 155-172.

Oelkers, N./Richter, M. (2010): Die post-wohlfahrtsstaatliche Neuordnung des Familialen. In: Böllert, K./Oelkers, N. (Hrsg.): Frauenpolitik in Familienhand? Neue Verhältnisse in Konkurrenz, Autonomie oder Kooperation. Wiesbaden: VS Verlag, 15-23.

Peter, C. (2012): Familie – worüber sprechen wir überhaupt? In: Böllert, K./Peter, C. (Hrsg.): Mutter + Vater = Eltern? Sozialer Wandel, Elternrollen und Soziale Arbeit. Wiesbaden: VS Verlag, 17-32.

Peters, F. (2012): „Erschöpfte Familie" trifft auf „ausgezehrte Soziale Arbeit" - Erfahrungen der Kinder- und Jugendhilfe mit erschöpften Familien. In: Lutz, R. (Hrsg.): Erschöpfte Familien. Wiesbaden: VS Verlag, 244-284.

Peuckert, R. (2008): Familienformen im sozialen Wandel. 7., vollständig überarbeitete Auflage. Wiesbaden: VS Verlag.

Reinecke, J./ Bauckhage-Hoffer, F. (2008): Gibt es eine „Europäische Familienpolitik"? In: Nachrichtendienst des Deutschen Vereins für öffentliche und private Fürsorge, Jg. 88, Heft 3, 111–117.

Sabla, K.-P. (2011): Erziehungsforschung im Kontext der Kinder- und Jugendhilfe. In: Arbeitskreis Jugendhilfe im Wandel (Hrsg.): Jugendhilfeforschung. Kontroversen-Transformationen-Adressierungen. Wiesbaden: VS Verlag, 85-96.

Sabla, K.-P. (2012): Vaterschaft und Erziehungshilfen: Väter zwischen sozialen Rollenerwartungen und erlebten Erziehungsschwierigkeiten. In: Böllert, K./Peter, C. (Hrsg.): Mutter

+ Vater = Eltern? Sozialer Wandel, Elternrollen und Soziale Arbeit. Wiesbaden: VS Verlag, 225-240.

Schier, M./Jurczyk, K. (2007): „Familie als Herstellungsleistung" in Zeiten der Entgrenzung. In: Aus Politik und Zeitgeschichte. Heft 34, 10-17.

Toppe, S. (2009): Rabenmütter, Supermuttis, abwesende Väter? – Familien(leit)bilder und Geschlechtertypisierungen im Kinderarmutsdiskurs. In: Villa, P.-I./Thiessen, B. (Hrsg.): Mütter - Väter: Diskurse, Medien, Praxen. Münster: Westfälisches Dampfboot, 107-123.

Uhlendorff, U./Cinkl, S./Marthaler, T. (2006): Sozialpädagogische Familiendiagnosen: Deutungsmuster familiärer Belastungssituationen und erzieherischer Notlagen in der Jugendhilfe. Weinheim: Juventa.

Uhlendorff, U./Euteneuer, M./Sabla, K.-P. (2013): Soziale Arbeit mit Familien. München: Ernst Reinhardt Verlag (im Erscheinen).

Ullrich, C. G. (2005): Soziologie des Wohlfahrtsstaates. Frankfurt am Main: Campus.

Verzeichnis der Autorinnen und Autoren

Böhnisch, Lothar, Prof. Dr., Technische Universität Dresden, Fakultät Erziehungswissenschaften und Freie Universität Bozen, Fakultät für Bildungswissenschaften
lothar.boehnisch@unibz.it

Böllert, Karin, Prof.'in Dr., Universität Münster, Institut für Erziehungswissenschaft
kaboe@uni-muenster.de

Günnewig, Nadine, Dipl.-Päd., Universität Duisburg-Essen, Fakultät für Bildungswissenschaften, Institut für Soziale Arbeit und Sozialpolitik
nadine.guennewig@uni-due.de

Heite, Catrin, Prof.'in Dr., Universität Zürich, Institut für Erziehungswissenschaft
c.heite@ife.uzh.ch

Kessl, Fabian, Prof. Dr., Universität Duisburg-Essen, Fakultät für Bildungswissenschaften, Institut für Soziale Arbeit und Sozialpolitik
fabian.kessl@uni-due.de

Meyer, Christine, Prof.'in Dr., Universität Vechta, Institut für Soziale Arbeit, Bildungs- und Sportwissenschaften
christine.meyer@uni-vechta.de

Oelkers, Nina, Prof.'in Dr., Universität Vechta, Institut für Soziale Arbeit, Bildungs- und Sportwissenschaften
nina.oelkers@uni-vechta.de

Richter, Martina, Dr., Universität Vechta, Institut für Soziale Arbeit, Bildungs- und Sportwissenschaften
martina.richter@uni-vechta.de

Sabla, Kim-Patrick, Prof. Dr., Universität Vechta, Institut für Soziale Arbeit, Bildungs- und Sportwissenschaften
kim-patrick.sabla@uni-vechta.de

Schierz, Sascha, Dr., Universität Vechta, Institut für Soziale Arbeit, Bildungs- und Sportwissenschaften
sascha.schierz@uni-vechta.de

Schröer, Wolfgang, Prof. Dr., Stiftung Universität Hildesheim, Institut für Sozial- und Organisationspädagogik
schroeer@uni-hildesheim.de

Stein, Margit, Prof.'in Dr., Universität Vechta, Institut für Soziale Arbeit, Bildungs- und Sportwissenschaften
margit.stein@uni-vechta.de

Ziegler, Holger, Prof. Dr., Universität Bielefeld, Fakultät für Erziehungswissenschaft
hziegler@uni-bielefeld.de

RES HUMANAE
Arbeiten für die Pädagogik

Herausgegeben von Nina Oelkers, Hans-Joachim Plewig und Horst Scarbath

Band   1   Thomas Voß-Fertmann: Synthesis und Wechselspiele. Eine neue Sichtweise der Mediennutzung Jugendlicher und ihre Entfaltung in zwei Fallstudien. 1995.

Band   2   Thomas Coelen: Pädagogik als "Geständniswissenschaft"? Zum Ort der Erziehung bei Foucault. 1996.

Band   3   Helmut Richter: Sozialpädagogik – Pädagogik des Sozialen. Grundlegungen – Institutionen – Perspektiven der Jugendbildung. 1998.

Band   4   Anja Stuckert: J. F. Herbart. Eine begriffliche Rekonstruktion des Verhältnisses von Ästhetik, Ethik und Erziehungstheorie in seinem Werk. 1999.

Band   5   Renate Hinz: Identitäts-Bildung zwischen Utopie und Wirklichkeit? Versuch einer erfahrungswissenschaftlich orientierten Antwort für die Lehrtätigkeit an Grundschulen. 2000.

Band   6   Helmut Richter: Kommunalpädagogik. Studien zur interkulturellen Bildung. 2001.

Band   7   Johannes Richter: Frühneuzeitliche Armenfürsorge als Disziplinierung. Zur sozialpädagogischen Bedeutung eines Perspektivenwechsels. 2001.

Band   8   Thomas Coelen: Kommunale Jugendbildung. Raumbezogene Identitätsbildung zwischen Schule und Jugendarbeit. 2002.

Band   9   Elisabeth Richter: Jugendarbeitslosigkeit und Identitätsbildung. Sozialpädagogik zwischen Arbeitserziehung und Vereinspädagogik. Eine historisch-systematische Rekonstruktion. 2004.

Band 10   Johanna Engelbrecht: Rechtsextremismus bei ostdeutschen Jugendlichen vor und nach der Wende. 2008.

Band 11   Nina Oelkers / Martina Richter (Hrsg.): Aktuelle Themen und Theoriediskurse in der Sozialen Arbeit. 2013.

www.peterlang.de